高等职业教育新形态一体化教材

阳光成长
——高职大学生心理健康教育教程（第三版）

主编　方珏
副主编　杨健
编委
王　芳
方　珏
刘也潇
杨　健
黄　辉

Yangguang Chengzhang
Gaozhi Daxuesheng Xinli Jiankang Jiaocheng

中国教育出版传媒集团
高等教育出版社·北京

内容提要

本书是高等职业教育新形态一体化教材。

本书以高职大学生成长为主线，结合学生实际，运用心理学理论，系统地介绍高职大学生适应与发展心理、学习心理、人际交往、自我意识、人格发展、情绪管理、挫折与压力管理、恋爱心理、生命教育与危机干预等内容。旨在使高职学生明确心理健康的标准及意义，增强自我心理保健意识和心理危机预防意识，掌握并应用心理健康知识，培养自我认知能力、人际沟通能力、自我调节能力，切实提高心理素质，促进学生全面发展。

本书适合作为高职高专院校心理健康教育课程教材，亦可供有关人员参阅。

本书配套开发有教学PPT等数字化教学资源，具体获取方式请见书后"郑重声明"页的资源服务提示。

图书在版编目（CIP）数据

阳光成长：高职大学生心理健康教育教程/方珏主编. --3版. --北京：高等教育出版社，2025.3.
ISBN 978-7-04-063577-5

I.G444

中国国家版本馆CIP数据核字第2024YT9543号

阳光成长——高职大学生心理健康教育教程
Yangguang Chengzhang——
Gaozhi Daxuesheng Xinli Jiankang Jiaoyu Jiaocheng

| 策划编辑 | 李岳璟 | 责任编辑 | 刘紫祎 李岳璟 | 封面设计 | 赵 阳 | 版式设计 | 童 丹 |
| 责任绘图 | 马天驰 | 责任校对 | 刘娟娟 | 责任印制 | 刁 毅 | | |

出版发行	高等教育出版社	网 址	http://www.hep.edu.cn
社 址	北京市西城区德外大街4号		http://www.hep.com.cn
邮政编码	100120	网上订购	http://www.hepmall.com.cn
印 刷	涿州市京南印刷厂		http://www.hepmall.com
开 本	787 mm×1092 mm 1/16		http://www.hepmall.cn
印 张	16.5	版 次	2012年9月第1版
字 数	410千字		2025年3月第3版
购书热线	010-58581118	印 次	2025年3月第2次印刷
咨询电话	400-810-0598	定 价	39.80元

本书如有缺页、倒页、脱页等质量问题，请到所购图书销售部门联系调换
版权所有 侵权必究
物 料 号 63577-00

大学阶段是学生的人生成长过程中一个转折性的关键时期。由于自身的生理、心理特点，这个阶段是大学生学知识、长才干、全面提升自身素质的好时期，同时也是心理问题较多的时期。高职大学生作为一个特殊的群体，有与同龄人共同的特征，也有其特殊的心理特点。在面对大学生活和学习时，他们会面临许多心理困扰和心理问题，这极大地阻碍了他们的成长，对社会也会造成一定的负面影响。因此，加强高职院校大学生心理健康教育刻不容缓。

多年实践证明，心理健康教育课程作为心理健康教育的一种形式，其覆盖面广，受益学生多，无论从宣传心理健康知识的角度还是从预防心理问题发生的角度都起到了积极的效果，有着不可替代的作用。那么，心理健康课程究竟如何上？哪些内容更符合大学生的需求并容易让大学生接受？课堂以什么方式呈现更有效？作为授课老师的我们一直在努力探索。根据中共教育部党组印发的《高等学校学生心理健康教育指导纲要》（教党〔2018〕41号），教育部等十七部门联合印发了《全面加强和改进新时代学生心理健康工作专项行动计划（2023—2025年）》（教体艺〔2023〕1号）等文件精神，我们希望利用改版机会来编写一本适合高职院校学生学情特点的心理健康教育教材，为高职院校心理健康课程提供参考。

本书以高职大学生成长为主线，结合大学生实际，运用心理学理论，系统地介绍高职大学生适应与发展心理、学习心理、人际交往、自我意识、人格发展、情绪管理、挫折与压力管理、恋爱心理、生命教育与危机干预等内容。旨在使高职大学生明确心理健康的标准及意义，增强自我心理保健意识和心理危机预防意识，掌握并应用心理健康知识，培养自我认知能力、人际沟通能力、自我调节能力，切实提高心理素质，促进大学生全面发展。在编写过程中，我们力求做到理论联系实际，体现科学性、针对性、实用性、互动性和趣味性。

一、针对性

内容充分考虑了职业教育学生的特点，贴近学生实际需求。根据同学们入校后成长发展过程中可能出现的问题，分十章逐一探讨。全书不仅适用大一学生，而且对同学们整个大学阶段的成长发展都有指导意义。

二、实用性

全书每章分为三个板块，每章均以"案例导入－知识讲授－课堂活动"为基本框架，精心构建了"学、思、用"一体化的学习闭环。教材中既有对抽象理论的深入探讨，又有丰富的案例分析，还提供了大量操作性强的心理调适方法。案例部分针对每个相关章节呈现高职大学生身边的真实案例。知识讲授部分呈现相关主题的心理学知识，通过讲授让大学生获得心理健康知识和心理调适方法。

三、互动性

本书还配套了丰富的数字化资源，相关知识点旁配有二维码，可呈现相应的数字资料，将线上和线下相结合，进一步增强了互动性。

四、趣味性

每一章节都设计相关的心理活动，并巧妙地穿插在课堂教学中，让学生在亲身体验中学习。此外，教材通过心理测试、实践活动、案例讨论、知识链接等多种形式，增强了知识的延展和趣味性。

本书由方珏编写大纲并担任主编，杨健参与编写框架制定，刘也潇参与讨论大纲设计，搜集相关素材，调研、编写案例。具体编写工作采用集体讨论、分头执笔的方式。由方珏编写第一章、第三章、第五章、第六章、第八章和第十章，由王芳编写第二章、第七章和第九章，由方珏、黄辉编写第四章。最后由方珏对部分章节进行了修改和完善并最终定稿。

本书在编写过程中参考了国内外一些研究资料和兄弟院校的教材及资料，主要参考文献在书末已经一一列出，在此向这些作者表示由衷的感谢。高等教育出版社对本书的出版给予了大力支持，赵春江、王洁、张成联和杨燕红等协助收集和整理本书资料，陈若澂、杨静芝、吕晶、邬海晔、季春兰等提供视频资料，在此一并表示诚挚的谢意。

由于时间仓促，编写人员水平有限，本书不足之处在所难免，恳请专家、学者和广大读者批评指正，我们将不胜感谢，并在今后的修订中进一步完善。

编者
2024 年 9 月

目 录

第一章　关注心灵　走近健康——心理健康绪论 / 1

第一节　健康与心理健康 ……………………………………………………3
第二节　正确认识心理问题和心理咨询 ……………………………………7
第三节　高职大学生发展过程中的心理困扰及其影响因素 ……………14
第四节　高职大学生心理健康教育的意义和途径 ………………………18
课堂活动 ………………………………………………………………………22

第二章　适应环境　融入大学——高职大学生适应与发展心理 / 27

案例导入 ………………………………………………………………………29
第一节　适应与发展的概念及相关理论 …………………………………30
第二节　高职大学生常见的心理适应问题 ………………………………34
第三节　高职大学生适应大学生活的策略 ………………………………38
课堂活动 ………………………………………………………………………42

第三章　快乐学习　奏响旋律——高职大学生学习心理 / 45

案例导入 ………………………………………………………………………47
第一节　学习心理概述 ………………………………………………………48
第二节　高职大学生常见的学习心理问题及调适 ………………………51
第三节　高职大学生学习能力的培养策略 ………………………………60
课堂活动 ………………………………………………………………………67

第四章　悦纳他人　和谐相处——高职大学生人际交往心理 / 71

案例导入 ………………………………………………………………………73
第一节　高职大学生人际交往概述 …………………………………………74
第二节　高职大学生常见人际交往特点及问题 …………………………80
第三节　高职大学生保持良好人际关系的原则与途径 …………………86
课堂活动 ………………………………………………………………………91

第五章　认清自我　完善自我——高职大学生自我意识心理 / 97

- 案例导入 ……………………………………………………………… 99
- 第一节　自我意识概述 ………………………………………………… 100
- 第二节　高职大学生自我意识发展的特点与存在的问题 …………… 108
- 第三节　高职大学生自我意识的塑造与完善 ………………………… 114
- 课堂活动 ……………………………………………………………… 118

第六章　健全人格　绽放生命——高职大学生人格心理 / 123

- 案例导入 ……………………………………………………………… 125
- 第一节　人格概述 ……………………………………………………… 126
- 第二节　气质、性格与能力概述 ……………………………………… 132
- 第三节　高职大学生人格发展缺陷及其自我调节 …………………… 138
- 第四节　高职大学生健全人格的培养 ………………………………… 143
- 课堂活动 ……………………………………………………………… 146

第七章　管理情绪　掌控自己——高职大学生情绪心理 / 149

- 案例导入 ……………………………………………………………… 151
- 第一节　情绪的概述及相关理论 ……………………………………… 152
- 第二节　高职大学生的情绪特点及不良情绪 ………………………… 160
- 第三节　高职大学生情绪的调节与培养 ……………………………… 165
- 课堂活动 ……………………………………………………………… 171

第八章　直面挫折　释放压力——高职大学生挫折心理与压力管理 / 177

- 案例导入 ……………………………………………………………… 179
- 第一节　挫折与挫折承受力概述 ……………………………………… 180
- 第二节　高职大学生挫折类型与应对方式 …………………………… 183
- 第三节　高职大学生挫折承受力的培养 ……………………………… 190
- 第四节　压力与压力管理 ……………………………………………… 194
- 课堂活动 ……………………………………………………………… 198

第九章　把握情感　勇担责任——高职大学生恋爱心理 / 203

- 案例导入 ……………………………………………………………… 205
- 第一节　恋爱心理概述 ………………………………………………… 206

第二节　高职大学生恋爱特点 ·· 211
第三节　高职大学生常见的恋爱心理困扰及调适 ·············· 214
课堂活动 ··· 223

第十章　珍爱生命　笑对人生——高职大学生生命教育与心理危机干预　/　229

案例导入 ··· 231
第一节　生命及生命教育 ·· 232
第二节　大学生的心理危机 ·· 239
第三节　大学生心理危机干预 ······································ 244
课堂活动 ··· 249

参考文献　/　253

第一章

关注心灵 走近健康——心理健康绪论

大学校园是众多学子梦寐以求的地方。如今走进了大学校园,真实的大学生活与当初在梦想中多次出现的相比,既有相似之处又很多的不同,大学生们喜忧参半,感触颇深。

然而,大学校园中心理危机事件频频发生。大学生因为各种原因引起的自残、自杀事件,让大家心痛不已。大量数据表明,目前大学生的心理健康状况不容乐观:面对社会竞争的压力,他们在学习、生活、人际交往和就业等问题上,感到苦闷、孤独、焦虑、冷漠……心理学家荣格认为,随着人们对外部空间的拓展,人们对心灵的提升却停止了,人们在智力方面收获过剩,心灵方面却沦丧殆尽。心理健康问题已成为一个"世纪性"的问题。

那么,什么是心理健康?什么是心理咨询?高职大学生有哪些心理问题?如何维护高职大学生的心理健康?如何提升高职大学生心理素养?这是本章探讨的主要问题。

第一节 健康与心理健康

一、健康的内涵与标准

长期以来,人们习惯把健康理解为身体不生病或不衰弱,也就是"无病即健康"。随着科学的发展和时代的进步,现代健康观告诉我们,健康已不再仅仅指四肢健全或无病,除了身体本身健康,还需要精神上处于良好的状态。1989年,世界卫生组织(WHO)给健康下的定义是:健康是一种在身体上、精神上的完满状态,以及良好的适应力和道德健康。主要包括以下四层意思。

(1) 躯体健康,即人体结构完整,生理功能正常。

(2) 心理健康,即情绪稳定,具有责任心和自信心,热爱生活,乐于交往,与人相处和睦,适应环境,行为符合年龄特征。

(3) 社会适应状态良好,即在不同的时间和不同的环境时各种角色的适应,适应良好是指能胜任不同的角色。

(4) 道德健康,是指不损坏他人的利益来满足自己的需要,具有辨别真伪、善恶、荣辱的是非观念和能力。

而理论研究和实践证明,人是生理、心理与社会层面的统一。人不仅仅是一个生物体,而且是有复杂的心理活动并生活在一定的社会环境中的完整的人。为了加深对健康的认识,世界卫生组织提出了健康的10条标准。

(1) 有充沛的精力,能从容不迫地担负日常工作和生活,而不感到疲劳和紧张。

(2) 积极乐观,勇于承担责任,心胸开阔。

(3) 精神饱满,情绪稳定,善于休息,睡眠良好。

(4) 自我控制能力强,善于排除干扰。

(5) 应变能力强,能适应外界环境的各种变化。

(6) 体重得当,身材匀称。

(7) 牙齿清洁,无空洞,无痛感,无出血现象。

(8) 头发有光泽,无头屑。

(9) 反应敏锐,眼睛明亮,眼睑不发炎。

(10) 肌肉和皮肤富有弹性,步伐轻松自如。

因此，健康是生理健康与心理健康的统一，二者是相互联系，密不可分的。当人的生理产生疾病时，其心理也必然受到影响，会产生情绪低落、烦躁不安、容易发怒等问题，从而导致心理不适。同样，长期心情抑郁、精神负担重、焦虑的人也易产生身体不适。因此，健全的心理与健康的身体是相互依赖、相互促进的。

二、正确认识心理健康

（一）心理健康的内涵与标准

知识链接1-1

心理健康的兴起

　　心理健康的兴起与一位大学生的贡献分不开。20世纪初，美国有一位来自康涅狄格州，就读于耶鲁大学商学院的名叫比尔斯（C. W. Beers）的大学生，比尔斯与他的哥哥住在一起，他哥哥患有癫痫，发作时四肢抽搐，口吐白沫，神志不清，痛苦万分，使他非常害怕。比尔斯听说此病有遗传，总担心自己会像哥哥一样，因此终日生活在恐惧之中。终于，1900年，他因心理失常被送进精神病院。住院期间，他亲眼目睹了精神病人所受到的种种粗暴、残酷的待遇和非人的生活，不胜悲愤，同时有感于社会对心理异常者的歧视、偏见和冷漠。病愈出院后，他根据自己3年的亲身经历和体会，用生动的文笔写了一本书：《一颗自我发现的心》（A Mind That Found Itself）。1908年3月该书出版。哈佛大学心理学教授威廉·詹姆斯（W. James）给予了高度评价，并为此书作序。康奈尔大学校长列文斯通·法兰被此书感动，表示支持比尔斯。于是，1908年5月，世界上第一个心理卫生组织"康涅狄格州心理卫生协会"诞生了。1909年2月，在比尔斯等人的积极努力下，"美国全国心理卫生委员会"在纽约成立。此后，心理卫生运动不仅在美国发展迅速，而且扩展到世界各国。1930年，"第一届国际心理卫生大会"在华盛顿召开，到会3 042人，代表53个国家和地区，会上成立了一个永久的"心理卫生委员会"，它的宗旨是"完全从事慈善的、科学的、文化的、教育的活动。尤其关注世界各国人民的心理健康的保持和增进，心理疾病、心理缺陷等的研究、治疗与预防，以及全体人类幸福的增进"。

　　1946年，第三届国际心理卫生大会就指出："所谓心理健康，是指在身体、智能及情感上与人的心理健康不相矛盾的范围内，将个人心境发展成最佳状态。"并指出心理健康的标志：第一，身体、智力、情绪十分调和；第二，适应环境，人际关系中彼此能谦让；第三，有幸福感；第四，在工作和职业中，能充分发挥自己的能力，过有效率的生活（马绍斌，1995）。

　　《简明不列颠百科全书》中指出：心理健康是指个体在本身及环境许可的范围内所达到的最佳功能状态，但不是指十全十美的绝对状态。

　　有学者认为，"心理健康是个体在良好的生理状态基础上的自我和谐及与外部社会的和谐所表现出的个体的主观幸福感。也就是说，心理健康应是个体的一种主观体验，是身心和谐的结果。主观幸福感是心理健康的最终表现，也是个体良好的生理状态以及个体的内部和外部和谐的结果。"

　　总之，强调人的内部协调和外部适应，是一种内外和谐的良好状态。而心理健康的标准实质上是心理健康概念的具体化。正如前面人们对心理健康的认识不同,国内外学者提出的心理健康标准也不尽相同。

美国心理学家马斯洛(Maslow)和密特尔曼(Mittelman)提出判断心理健康的10个维度如下:
(1) 是否有充分的安全感。
(2) 是否对自己有较充分的了解,并能恰当地评价自己的能力。
(3) 自己的生活和理想是否切合实际。
(4) 能否与周围环境保持良好的接触。
(5) 能否保持自身人格的完整与和谐。
(6) 是否具备从经验中学习的能力。
(7) 能否保持适当和良好的人际关系。
(8) 能否适度地表达与控制自己的情绪。
(9) 能否在集体允许的前提下,有限度地发挥自己的个性。
(10) 能否在社会规范的范围内,适度地满足个人的基本需求。

清华大学樊富珉提出了大学生心理健康的7个标准:
(1) 能保持对学习较浓厚的兴趣和求知欲望。
(2) 能保持正确的自我意识,接纳自我。
(3) 能协调与控制情绪,保持良好的心境。
(4) 能保持和谐的人际关系,乐于交往。
(5) 能保持完整统一的人格品质。
(6) 能保持良好的环境适应能力。
(7) 心理行为符合年龄特征。

综上所述,我们可以从广义和狭义两种角度来定义心理健康。从广义上讲,心理健康是一种持续高效而满意的心理状态;从狭义上讲,心理健康是指人的基本心理活动的过程完整、协调一致,即认识、情感、意志、行为、人格完整和协调,能顺应社会,与社会保持同步。

(二) 正确理解心理健康标准

人的心理健康是指一种持续的、积极的心理状态。正确理解大学生心理健康的标准应重视以下几个方面。

1. 标准的相对性

事实上,大学生心理健康与不健康并无明显的界限,而是一个连续化的过程,如将正常比作白色,将不正常比作黑色,那么在白色与黑色之间存在着一个巨大的缓冲区域——灰色区,世间大多数人都散落在这一区域内。这说明,对多数大学生而言,在人生的发展过程中面临心理问题是正常的,不必过分恐慌,应积极加以矫正。如图1-1所示。

2. 发展性

事实上,不健康的心理可能是人的发展中不可避免的发展性问题,会随着个体的心理成长逐渐调整而趋于健康。

心理健康的标准是一种理想尺度。它为人们提供了衡量心理是否健康的标准,同时也为人们指出了提高心理健康水平的努力方向。如果每个人在自己的现有基础上能够做不同程度的努力,都可追求自身心理发展的更高层次,从而不断发挥自身的潜能。大学生心理健康的基本标准,是他们能够进行有效的学习和生活。如果正常的学习和生活都难以维持,就应该及时

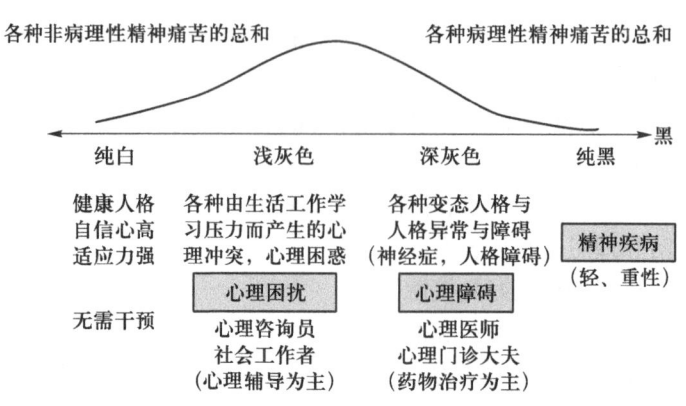

图 1-1 心理健康的"灰色区"

予以调整。

3. 整体协调性

把握心理健康的标准,应以心理活动为本考察其内外关系的整体协调性。从心理过程看,健康的人的心理活动是一个完整统一的协调体。这种整体协调保证了个体在反映客观世界的过程中的高度准确性和有效性。事实表明,认识是健康心理结构的起点,意志行为是人格面貌的归宿,情感是认识与意志之间的中介因素。从心理结构的几个方面看,一旦它们不能符合规律地进行协调运作时,就可能产生一系列的心理困扰或问题。从个性角度看,每个人都有自己长期形成的稳定的个性心理,一个人的个性在没有明显的、剧烈的外部因素影响下是不会轻易发生变化的。从个体与群体的关系看,每个人在其现实性上可划分成不同的群体,不同群体间的心理健康标准是有差异的。

三、大学生心理健康的标准

大学生的年龄一般在 17~24 岁,从心理学的观点来看,此时他们正处于青年中期。大学生的心理具有青年中期的许多特点,但作为一个特殊群体,大学生又不能完全等同于社会上的青年。心理是否健康一般采用量表测量,其标准不是固定不变的。心理健康标准随着时代变迁、文化背景变化而变化。根据我国大学生的实际情况,评判大学生的心理健康水平应从以下几个标准给予重点考虑。

(一) 智力正常

智力,是人的观察力、注意力、记忆力、想象力、思维力、创造力及实践活动能力等的综合,包括在经验中学习或理解的能力、获得和保持知识的能力、迅速而成功地对新情境做出反应的能力、运用推理有效地解决问题的能力等。这是大学生学习、生活与工作的基本心理条件,也是适应周围环境变化所必需的心理保证。因此,衡量大学生的智力是否正常,关键在于其是否正常地、充分地发挥了自我效能,即有强烈的求知欲,乐于学习,能够积极参与学习活动。

(二) 情绪健康

情绪健康的标志是情绪稳定和心情愉快。包括的内容有:愉快情绪多于负性情绪、乐观开朗、富有朝气,对生活充满希望;情绪较稳定,善于控制与调节自己的情绪,既能克制又能合理宣泄自己的情绪,情绪的表达既符合社会的要求又符合自身的需要,在不同的时间和场合有恰如其分的情绪表达;情绪反应与环境相适应,反应的强度与引起这种反应的情境相符合。

(三) 意志健全

意志是人在完成一种有目的的活动时进行的选择、决定与执行的心理过程。意志健全者在行动的自觉性、果断性、顽强性和自制力等方面都表现出较高的水平。意志健全的大学生在各种活动中都有自觉的目的性,能适时地做出决定并运用切实有效的方式解决所遇到的问题,在困难和挫折面前,能采取合理的反应方式,能在行动中控制情绪和言而有信,而不是行动盲目、畏惧困难、顽固执拗。

(四) 人格完善

人格是个体比较稳定的心理特征的总和。人格完善就是指有健全统一的人格,个人的所想、所说、所做都是协调一致的。人格完善包括人格结构的各要素完整统一;具有正确的自我意识,不产生自我同一性混乱;以积极进取的人生观作为人格的核心,并以此为中心把自己的需要、目标和行动统一起来。

(五) 自我评价正确

正确的自我评价是大学生心理健康的重要条件,大学生在进行自我观察、自我认定、自我判断和自我评价时,能做到自知,恰如其分地认识自己,摆正自己的位置,既不以自己在某些方面高于别人而自傲,也不以某些方面低于别人而自卑,面对挫折与困境,能够自我悦纳,喜欢自己,接受自己,自尊、自强、自制、自爱适度,正视现实,积极进取。

(六) 人际关系和谐

良好而深厚的人际关系,是事业成功与生活幸福的前提。其表现为:乐于与人交往,既有广泛而深厚的人际关系,又有知心朋友;在交往中保持独立而完整的人格,有自知之明,不卑不亢;能客观评价别人和自己,善取人之长补己之短,宽以待人,乐于助人,积极的交往态度多于消极态度,交往动机端正。

(七) 社会适应正常

个体应与客观现实环境保持良好的秩序,既要进行客观观察以取得正确认识,以有效的办法应付环境中的各种困难,不退缩;又要根据环境的特点和自我意识的情况努力进行协调,或改变环境适应个体需要,改造自我适应环境。

(八) 心理行为符合大学生的年龄特征

大学生是处于特定年龄阶段的特殊群体,大学生应具有与年龄及角色相适应的心理行为特征。

第二节 正确认识心理问题和心理咨询

一、心理问题分类

首先是心理正常和心理异常的分类,心理正常包括心理健康和心理不健康。其次,心理不健康分类,包括:一般心理问题、严重心理问题、疑似神经症(神经症性心理问题),我们大多数人属于这个范畴。最后,心理不正常分类,心理不正常也叫作心理异常,包括精神分裂症及其他妄想性障碍、心境障碍、神经症(非精神病性,具有精神和躯体症状,非人格障碍,具有可逆性)、应激相关障碍、人格及性心理障碍、心理生理障碍、癔症(人格倾向,自知力完整,病程反复)等,这时心理咨询不能解决问题,而需要精神科医生介入治疗,患者需要长期服药。如表 1-1 和表 1-2 所示。

表 1-1 心理正常异常分类

心理正常		心理异常
心理健康	心理不健康	含确诊的神经症、人格障碍、各类精神障碍
	一般心理问题、严重心理问题、神经症性心理问题(可疑神经症)	

表 1-2 心理不健康的鉴别

描述	一般心理问题	严重心理问题	疑似神经症(神经症性)
表现(严重程度)	现实问题,冲突,出现不良情绪(程度轻)	较强烈,现实问题,痛苦情绪(程度重),强烈的道德冲突	非现实、非道德冲突产生的痛苦情绪
持续时间	持续少于 1 个月　间断少于 2 个月	持续多于 2 个月　间断少于 6 个月	持续少于 3 个月　间断以年计
程度	社会功能没有明显受损,工作效率下降,不失控	社会功能受损相对严重,偶尔失控	社会功能受损(人际不良),失控
症状泛化	不泛化	泛化	泛化

二、走出"神经病"的误区

很多同学对心理健康有误解,认为有心理问题的人都是"精神病"。因此大家害怕面对自己的心理烦恼和困惑,不愿意让别人知道,时间久了可能会将一般心理问题发展成严重心理问题,甚至是某些神经症,影响正常的学习和生活。

在生活中,有些同学在与人开玩笑或者争吵的时候会称对方为"神经病",其实他们表达的意思是对方精神上有问题,从专业的角度区分概念,同学们表达的"神经病"是专业意义的"精神病"。神经病和精神病是两个不同的概念,不能混为一谈。

精神病也叫做精神失常,指严重的心理障碍,患者的认识、情感、意志等心理活动均会出现持久的明显的异常;不能正常地学习、工作、生活;动作行为难以被一般人理解;在病态心理的支配下,甚至有自杀或攻击、伤害他人的动作行为。

神经病是神经系统疾病的简称,是指中枢神经系统和周围神经的器质性病变,并可以通过医疗仪器找到病变的位置。常见的神经病有:脑炎、脑膜炎、脑囊虫病、脑出血、脑梗死、癫痫、脑肿瘤、重症肌无力等。患者应去神经科寻求诊治。

定义精神病的一个重要标准是看这个人是否有相对完整的自知力,就是能不能觉察到自己的病态或者不舒适状态,能够主动寻求帮助来解决自己存在的问题。

三、常见的心理异常问题

按照中国原 CCMD-3R 精神诊断手册,神经症的分类主要有:神经衰弱、焦虑症、恐怖症、强迫症、躯体形式障碍等神经症。世界卫生组织根据各国调查字库推算:5%~10% 的人口有神经症,是精神病的 5 倍。CCMD-3R 精神诊断手册中,关于精神障碍的分类主要有:器质性精神障碍、精神分裂症、心境障碍、癔症、人格障碍及其他精神障碍等。常见的心理异常问题主要有:

(一) 抑郁症

抑郁症是一种常见的心境障碍,可由各种原因引起,以显著而持久的心境低落为主要临床特征,且心境低落与其处境不相称,严重者可出现自杀念头和行为。

抑郁症临床症状典型的表现包括三个维度活动的降低:情绪低落、思维迟缓、意志活动减退,另外一些患者会以躯体症状表现为主。具体表现为:情绪持续低落,对往常感兴趣的事会表现出厌烦、冷淡、无动于衷,感到"心里有压抑感""高兴不起来",注意力难以集中;自我评价下降;失眠;食欲减退;思维力、记忆力、联想力降低。严重的个体会感到生命本身没有意义,活着还不如死了好,有自杀念头甚至自杀行为。

知识链接 1-2

抑郁和抑郁症的区别

抑郁是一种很常见的情感反应。人们遇到精神压力、痛苦的境况,产生抑郁情绪是常见的现象。那么,如何判断一个人是正常情感变化还是病理性抑郁症状呢?

(1) 正常抑郁情绪是基于一定客观事物背景的,即"事出有因"。而病理性抑郁通常无缘无故地产生,缺乏客观精神应激条件,或虽有不良因素,但是"小题大做",不足以真正解释临床征象。

(2) 一般人情绪变化有一定的时限性,是短期的,人们通常通过自我调适,可重新恢复心理平衡。而病理性抑郁症状常持续存在,甚至不经治疗难以缓解。一般心理健康者抑郁情绪变化不应超过两周。超过半个月以上,甚至数月,则属于病理性抑郁症状。

(3) 正常的情绪低落程度一般较轻,病理性抑郁程度严重,并影响学习、工作和生活,无法适应社会,可产生严重消极的言行,患者社会功能和生活质量明显下降。

(4) 抑郁症常反复发作,仔细分析和追溯病史,可发现往常有类似病史,而且每次发作的症状具有相似性。

(5) 典型的抑郁症有节律性症状特征,表现晨重夜轻的变化规律。许多患者叙述每天清晨时是心境最恶劣、最难熬的时刻,到下午 3 至 4 时后,心境逐渐好转,到了傍晚后症状大为减轻,次日清晨又陷入病理性抑郁中。

(6) 抑郁症患者家族中常有精神病史或类似发作史,而正常情绪低落者则无。

(7) 持续性、顽固性失眠,多种心理行为同时阻滞、抑制,如体重、食欲和性欲下降等,也是病理性抑郁常见征象。

(二) 焦虑症

焦虑症是内心紧张、预感到似乎即将发生不幸时的心境。几乎人人都有过焦虑情绪的体验,例如,快考试了,如果你觉得自己没复习好,就会紧张担心,这就是焦虑。这时,通常如果抓紧时间复习应考,积极去做,能减轻焦虑。这种焦虑是一种保护性反应,也称为生理性焦虑。当焦虑的严重程度和客观事件或处境明显不符,或者持续时间过长时,就变成了病理性焦虑,称为焦虑症状,是焦虑的泛化或者说是莫名其妙的焦虑,如果符合相关诊断标准,就会被诊断为焦虑症(也称为焦虑障碍)。

焦虑症可以说是人群中最常见的情绪障碍,世界卫生组织的研究表明,人群中焦虑症的终身患病率为13.6%~28.8%,90%的焦虑症患者在35岁以前发病,女性往往多于男性。我国缺乏全国性的焦虑症调查资料,河北、浙江等几个省的调查显示,焦虑症的患病率为5%~7%,据此估计全国有5 000万以上的焦虑症患者。

焦虑症就是一组以焦虑症状为主要临床表现的情绪障碍,往往包含以下两组症状。

1. **情绪症状**

患者感觉自己处于一种紧张不安、提心吊胆、恐惧、害怕、忧虑的内心体验中。紧张害怕什么呢?有些人可能会明确说出害怕的对象,也有些人可能说不清楚害怕什么,但就是觉得害怕。

2. **躯体症状**

患者紧张的同时往往会伴有自主神经功能亢进的表现,像心慌、气短、口干、出汗、颤抖、面色潮红等,有时还会有濒死感,心里难受极了,觉得自己即将死亡,严重时还会有失控感。

知识链接1-3

正常焦虑情绪与焦虑症的区别

焦虑情绪是指由紧张、忧虑、担心和恐惧等感受交织而成的一种复杂的情绪反应。它可以在人遭受挫折时出现,也可能在没有明显的诱因下发生,即在缺乏充分客观根据的情况下出现某些情绪紊乱。焦虑总是与精神打击以及即将来临的、可能造成的威胁或危险相联系,主观上感到紧张、不愉快,甚至痛苦和难以自制,并伴有植物性神经系统功能的变化或失调。焦虑伴有明显的生理变化,尤其是植物神经活动的变化。表现为血液内肾上腺素浓度增加、心悸、血压升高、呼吸加深加快、肌张力降低、皮肤苍白、失眠、尿频、腹泻,等等。

焦虑症以广泛性焦虑状态(慢性焦虑)和发作性惊恐状态(急性焦虑)为主要临床表现,常伴有头晕、胸闷、心悸、呼吸困难、口干、尿频、尿急、出汗、震颤和运动性不安等症,其焦虑并非由实际威胁所引起,或其紧张惊恐程度与现实情况很不相称。第一,它是无缘无故的、没有明确对象和内容的焦急、紧张和恐惧。第二,它是指向未来,似乎某些威胁即将来临,但是患者自己说不出究竟存在何种威胁或危险。第三,它持续时间很长,如不进行积极有效的治疗,几周、几月甚至数年迁延难愈。第四,焦虑症除了呈现持续性或发作性惊恐状态外,同时伴有多种躯体症状。焦虑症是一种具有持久性焦虑、恐惧、紧张情绪和自主神经活动障碍的脑机能失调,常伴有运动性不安和躯体不适感。发病于青壮年期,男女两性发病率无明显差异。

焦虑是人们对情境中的一些特殊刺激而产生的正常心理反应,只是每个人经历的时间长短不一或程度不同。只有当焦虑原因不存在或不明显,焦虑症状很突出而其他症状不突出,焦虑的持续时间及程度均超过一定的范围,以致影响正常的生活、学习、工作时,才可以认为患了焦虑症。

（三）强迫症

强迫症是一组以强迫症状（主要包括强迫观念和强迫行为）为主要临床表现的神经症。患者能够意识到强迫症状的异常性、违反自己的意愿，但无法摆脱。强迫症状一般具有以下特征。

（1）患者明知强迫症状不对但无法控制，因为一旦控制不去做，就会出现紧张、心慌等严重的焦虑表现，为了避免焦虑的发生，患者只好去想、去做。这个特点称为有意识的自我强迫和反强迫。

（2）患者能够意识到这种强迫的意识和冲动来自于自我，而不是来自于外界，是自己的想法。

几乎所有的人可能都经历过强迫现象。比如，有时会有一首歌老在脑海里响起，或者出门后总在担心屋门是否忘记锁了，燃气炉是不是没关好，甚至会因此回家检查。儿童、少年也会出现强迫现象，比如儿童在马路上行走时，走四步必须跳一步才能继续向前走等。可以说，人人都可能会有强迫现象，如果强迫现象程度轻微，持续时间短，不引起严重焦虑等情绪障碍的话，就可视为是正常的表现。

（四）恐怖症

恐怖症又叫做恐惧症，是以恐怖症状为主要临床表现的一种神经症。患者对某些特定的对象产生强烈和不必要的恐惧，伴有回避行为。恐惧的对象可能是单一的或多种的，如动物、广场、闭室、登高或社交活动等。患者明知其反应不合理，却难以控制而反复出现。

恐怖症分为广场恐怖症、社交恐怖症和单纯恐怖症三种类型。社交恐怖症在大学生人群中比较多，主要是害怕出现在众人面前，特别是对于被人注意更为敏感。他们不敢到公共场所，是一种缺乏自信的心态，害怕自己发抖、脸红、出汗或行为笨拙、手足无措，引起别人的注意。因此，不愿从安静的会场走出，不敢在餐馆与别人对坐吃饭，从不与人面对面就座，尤其是回避与别人谈话。

四、精神障碍

精神障碍患者的认知、情感、意志、动作行为等心理活动均可出现持久的、明显的异常，不能正常的学习、工作、生活，动作行为难以被一般人理解，在病态心理的支配下有自杀或攻击、伤害他人的动作行为。主要包括精神分裂症、狂躁抑郁性心境障碍、更年期精神障碍、偏执性精神障碍及各种器质性病变伴发的精神障碍等。

鉴定是否是精神障碍，在心理学界与精神病学界有普遍公认的判断原则。第一，是否出现了幻觉（如幻听、幻视等）或妄想；第二，自我认知是否出现问题，能否或是否愿意接受心理或精神治疗；第三，情感与认知是否倒错混乱，知、情、意是否是统一的，由此社会功能是否受到严重损害（即行为情绪是否已经严重脱离理智控制）。重点在于对幻觉妄想与情感是否倒错混乱两个方面，对于是否有自我认知的判断应是在这两个重要判断基础之上。

精神病的症状如下：

1. 思维破裂

患者思考问题时没有中心，第一个念头和第二个念头之间缺乏任何联系，讲话时前言不搭后语，颠三倒四，有头无尾，缺乏条理。医生无法与思维破裂的患者进行语言交流和进行医疗检查。

2. 情感障碍

对亲人疏远、冷淡,甚至敌对。对一切事物表现冷淡、漠不关心,整天闷坐,胡思乱想。情感障碍明显的患者完全失去自我管理的能力,严重影响进食、睡眠和休息,对患者自身的健康造成严重的危害。

3. 幻觉妄想

幻觉中以幻听为多,患者听到空中或房上有人与他讲话,或听到一些人议论他。患者的行为常常受到幻觉的影响,甚至服从幻觉的"指令"做出一些危险动作。幻觉妄想可导致突发行为改变,会突然出现自杀、自伤、冲动、出走、无自知力等精神症状。

五、正确对待心理咨询

有很多人对心理咨询存在片面甚至错误的认识,不愿或不敢去心理咨询室,怕背上"心理有病"之名,被人议论,致使心理问题越来越严重,延误救治时机。其实大可不必这样。心理咨询是受过专门训练的咨询人员提供的运用心理学的理论与技术,通过与来访者的交流、探询、解释、协商,对来访者施加心理影响,改变其认识、情感、态度、行为,维护和增加来访者心理健康,促进其人格发展和潜能发挥的一种服务,对于改善心理状态是很有帮助的。

首先,心理咨询可以使人们从不同的角度去看待自己和社会,用新的方式去体验和表达自己的思想情感,并产生新的思维方式,实现心理放松。虽然自我调节也可以减轻心理压力,但需要的时间较长,患者需忍受的痛苦也较大。其次,心理咨询可以深化来访者对自身的认识,引导来访者去发现真实的自我,解决心理冲突,恢复心理平衡。心理咨询的最终目的是助人自助,即帮助来访者自己解决问题,自己释放自己,避免来访者产生依赖心理。最后,心理咨询的基本要求是为来访者保守秘密。因为在心理咨询过程中,不可避免地要涉及来访者的个人隐私,保密不仅能获得来访者的信任,也是咨询人员职业道德的基本要求,同时还是咨询过程顺利进行的必要保证。不少想去咨询的大学生因为怕自己的隐私被传扬出去而心存疑虑,其实是完全没有必要的。目前各高校均设有心理咨询室,免费为学生开展心理咨询服务。各类精神卫生中心和三甲以上医院均设有心理科,收取一定的心理门诊费和心理咨询费。

(一)对心理咨询的误解

1. 误解之一:有问题的人才会去心理咨询

其实心理咨询包括健康心理咨询和发展心理咨询两部分,学校所开设的多为发展性咨询,面向全体学生,针对大学生在大学学习期间出现的一系列问题,包括适应性问题、学习问题、人际关系问题、求职就业问题、情感问题等,通过咨询培养学生良好的心理素质,减少由于心理冲突而引发的适应不良,预防心理疾病的产生,提高心理健康水平,促进人格成熟与完善。因此,心理咨询不仅可以帮助大学生解决自身遇到的心理问题,更可以为大学生的成长、发展以及提升生活品质提供有益的帮助。

2. 误解之二:心理咨询就是聊天

谈话是心理咨询的主要形式但并不是一般意义的聊天。心理咨询的谈话可以分为以诊断求助者心理问题为目的的摄入性谈话和以纠正求助者不合理的认知观念、挖掘求助者心理问题的根源为目的的咨询性谈话。除了谈话,心理咨询还有其他方法和形式,比如心理测验、行为训练、艺术治疗、催眠治疗、角色扮演、团体活动等。

3. 误解之三：阅读心理问题自助书籍可以解决自己的心理问题

心理问题的解决首先需要正确诊断。求助者由于缺乏专业知识和能力，对自己的心理问题性质、类型和病因缺乏正确判断，往往导致求助者夸大或者错误诊断自己的心理问题，结果自己的问题没有得到解决，反而增加了新的烦恼。许多求助者就是因为对心理诊断不了解而随意给自己诊断为抑郁症、强迫症、恐怖症等，给自己带来更大的烦恼。其次，心理自助书籍往往对心理问题提出一般性的解决方案和策略，这种策略对读者缺乏针对性。每个人问题的形成原因、每个人的生活态度、认知风格、性格和能力、每个人解决问题的资源和方式都是不同的，每个人的问题往往不可能照搬书上的解决方案。因此，寻求心理咨询有助于求助者心理问题的解决。

（二）心理咨询的原则

1. 保密原则

对来访者所有的咨询内容均应保密，不得泄露。若需要案例分析和进一步讨论，更好地帮助来访者，应对资料做保密处理，妥善保管来往信件、测试资料等材料，略去真实姓名和地址，避免给来访者造成伤害。如果来访者有自我伤害或伤害他人的紧急危害或涉及法律案件时，咨询中心将突破保密原则，采取相应措施，但也应该将信息暴露程度限制在最低范围内。

2. 自愿原则

到心理咨询室求助的来访者必须出于完全自愿，这是确立咨询关系的先决条件。

3. 理解信任原则

咨询师对来访者的语言、行动和情绪等要充分理解，对来访者应持非道德性评价的原则，帮助来访者分析原因并寻找出路。良好的咨询关系应建立在信任的基础上，只有相互信任，才能更好地沟通，这也是达到互相理解、实现咨询目标与意图所必需的。

4. 尊重原则

咨询师应尊重来访者的需求和选择权利，允许来访者选择继续或中止咨询。对于因咨询而需要了解的情况，咨询师应尽量坦诚、客观地说明原因，寻求理解与合作，不得以咨询师的主观想法强求来访者；热情、耐心、尊重、信任地接待来访者，营造亲切、自然的咨询气氛。

5. 平等原则

心理咨询的效果如何，不仅取决于咨询师专业水平的高低，更重要的是取决于他与来访者之间的咨询关系，对来访者要诚恳、耐心、热情、平等相待。对所有的来访者应一视同仁，不应主观偏颇，并依先后次序，予以接待。态度要和蔼，服务要热忱。但对问题情况较重如发生较急的心理危机，在对当前来访者予以解释后，优先接待。

6. 中立原则

咨询师应对来访者谈话中涉及的道德问题保持中立，不作评判。对来访者的生活言行也不宜批评和指责。寻求或终止心理咨询由来访者决定，咨询师只能提建议，不能强硬要求。相应地，随意终止心理咨询带来的不良影响也由来访者承担。

7. 非指导性原则

心理咨询不同于一般的问题咨询，不需要对心理问题予以更多的、具体的、直接的指导，应予以间接的、非指导性的启发、引导、帮助与辅导，使来访者自己领悟，思索寻找解决办法。帮助来访者自己解决问题，而不是代替来访者解决问题。

8. 同感真诚原则

不以是非观念评判事情的对错，充分理解对方，认真理解对方，认真倾听来访者的诉说，态度和蔼，推心置腹，让来访者把心中的困惑、怒气、忧愁等尽量抒发出来。

9. 助人自助原则

不替来访者出主意、想办法，而是帮助他自己想清楚问题的所在，并自己找出解决方法，力求在咨询过程中，来访者的心理能够得到成长。

10. 知其然并知其所以然原则

明确来访者当前心理问题或障碍的性质和程度，并深入分析，弄清楚造成当前心理的原因，提出恰当的咨询方案。

第三节　高职大学生发展过程中的心理困扰及其影响因素

一、大学生心理健康的现状

从当前的情况看，多数大学生心理状态基本处于健康水平，这种健康表现为：他们有较高的智力水平，有强烈的求知欲，对学习有兴趣，学习目标明确，学习效率较高；有较稳定的情绪，乐观自信，有年轻人的朝气和活力，对于未来满怀憧憬；有比较健全的意志，不怕困难，果断顽强，有自制力；他们的人格完整统一，敢于竞争，努力向上，积极进取；有比较完善的自我意识，能较好地认识和接纳自己；有良好的人际关系，交往广泛，有知心朋友；对于社会现状有比较客观的认识，善于进行自我调节，适应良好。

然而，大学生心理状态受多方面因素影响，也是易变化、不稳定的。大学生一般年龄在十七八岁至二十二三岁，正处在青年中期，青年期是人的一生中心理变化最激烈的时期。由于心理发展不成熟，情绪不稳定，面临一系列生理、心理、社会适应的课题时，心理冲突矛盾时有发生，如：理想与现实的冲突、理智与情感的冲突、独立与依赖的冲突、自尊与自卑的冲突、求知欲强与辨别能力弱的冲突、竞争与求稳的冲突，等等。这些冲突和矛盾若得不到有效疏导、合理解决，久而久之会形成心理障碍，特别是当代大学生，为了在激烈的高考竞争中取胜，几乎是全身心投入学习，家长的过度保护、学校的应试教育、生活经历的缺乏使这些大学生心理脆弱、意志薄弱，缺乏挫折承受力，在学习、生活、交友、恋爱、择业等方面小小的挫折足以使他们中的一些人难以承受，以致出现心理疾病，甚至离校出走、自杀等。从环境因素看，竞争的加剧、生活节奏的加速，使人产生了时间的紧迫感和压力感；个人对生活目标的选择机会增多，难以兼顾的矛盾加剧了内心的冲突，产生了无所适从的焦虑感。凡此种种，对变化的环境适应不良而出现的各种困惑、迷惘、不安、紧张在明显增加，社会的变革给正在成长着的大学生带来的心理冲击比以往任何一个时代更强烈、更复杂。各种生理因素、心理因素、社会因素交织在一起，极易造成大学生心理发展中的失衡状态。

二、高职大学生常见的心理困扰

大学生常见的心理困扰主要表现在大学生活适应、学习、情绪、人际关系、恋爱与性健康、求职择业等方面，具体表现如下。

1. 大学适应问题

适应大学生活,完成大学生作为"文化人"与"社会人"的培养任务,帮助大学生完成社会化,是大学生活的重要内容。进入高职院校后,面对新的集体、新的生活方式、新的学习方式,一些同学出现了适应困难。生活能力弱,自立能力弱,对挫折的心理承受力弱的情况普遍存在。

2. 人际关系问题

人际关系问题是高职大学生最常见的问题。进入大学,远离原来熟悉的生活与学习环境,面对新的人际群体,大学生多少有些不适。部分大学生对大学的师生关系、同学关系、异性之间的关系显得很不适应。部分大学生缺乏在公众场合表达自己思想的能力与勇气,面对各种各样的活动,充满了兴趣,却又担心失败,只是羡慕而积极参与的不多,久而久之,开始回避参与。到了周末,大学生普遍感到无处可去,甚至出现了"周末恐惧征""盼周末,又怕过周末,那种孤寂的感觉真难受",直接影响了大学生潜能的充分发挥。还有部分大学生缺乏人际交往经验,而自身在人际交往中的不自信又不利于增加自身的人际魅力,妨碍了良好的人际交往圈的形成。在处理个人情感问题上,看不清友谊与爱情,不能很好地把握男女同学交往的尺度,希望珍惜友谊又不经意地与友谊失之交臂。

3. 学业问题

高职院校学习的特点是自主性和独立性,教师只是学习的指导者,学生才是学习的主体。相当一部分高职大学生出现学习动力不足、"为学习而学习",学习目的不明确、"为别人学习",学习方法不当,"不知道怎么学习",学习效率低下,学习压力大,学习困难,学习成绩不理想等情况。还有部分大学生对所选择专业不感兴趣,无法调动自己的积极性,学习很痛苦。

4. 情绪问题

高职大学生的情绪处在易波动和最复杂的时期,鲜明的特征是情绪的两极性。情绪起伏过大,左右不定,缺乏对事物的客观判断。强烈的情感需求与内心的闭锁相冲突,情绪激荡而缺乏冷静的思考,极易走向极端,使他们常常体验着人生各种苦恼,由此产生内心矛盾冲突而诱发各种心理障碍,抑郁、焦虑情绪长期伴随。人在青年时期比任何年龄更关注自己在他人尤其是异性心目中的形象。大学生受很多因素的影响,如长相、胖瘦、高矮、能力、魄力、魅力,会产生各种各样的焦虑。有的大学生担心自己长得不够漂亮,不能获得异性的好感,甚至部分女生因没有男生追求而苦恼。有的大学生总感到自己的先天条件不够理想,因而非常自卑。遇到事情不会很好地管理自己的情绪,容易冲动并产生攻击性行为。

5. 恋爱与性问题

高职大学生正处于心理发育的青春成长期,性心理发展已逐渐成熟,对于情感产生了强烈的需求。爱情虽然在大学并非一门必修课,但是大学生仍然从各个方面开始自己的情感之旅,正确处理爱情与学业的关系是大学生的一门必修课。"专业恋爱、业余学习"的情况并不是个别现象。高职大学生存在情感迷茫和不正确的恋爱观,"普遍撒网、重点培养、择优而谈",面对爱情,大学生更多地想到的是"不在乎天长地久,只在乎曾经拥有",甚至"预约失恋",爱情与婚姻分离成为较为普遍的现象。有些大学生不懂得如何拒绝爱,无法承载失恋的痛苦而自我消沉。还有一些大学生性心理上存在着问题,如恋物癖、偷窥癖、异性癖等,由此带来巨大的心理压力。

6. 求职择业问题

高职高专的人才培养目标已经由过去的"培养高素质技能型人才"调整为"培养高素质技能人才",很多同学的自我定位不明确,面对严峻的就业形势,往往期望与现实不相符,导致产生心理困惑。具体表现是:缺乏职业生涯规划;对自己和外部环境没有充分的了解,不能把握就业机会;对自己没有信心,惧怕职业选择;缺乏主动性,依赖父母和老师;眼高手低,好高骛远;缺乏求职技巧,错失良机;遇到求职失败产生自卑焦虑情绪等。

三、影响大学生心理健康的因素

人的心理健康是一个极为复杂的动态过程,导致心理异常的因素是十分复杂的,是生理、心理、社会诸因素共同作用于个体的结果。大学生心理问题的产生是其所处的特殊年龄阶段与特殊学习环境及社会诸因素相互作用的结果。

(一) 社会因素的影响

在现代社会中,急剧的社会变革和知识与技术的高速发展,许多既有的生活方式、价值观念、评价体系、行为模式发生了巨大的变化,对于现代人的生理、心理无不产生影响。影响心理健康、造成心理问题的社会因素是复杂的、多方面的,其中关系密切的有家庭、学校和社会环境等。

1. 家庭环境影响

(1) 家庭文化环境的影响。良好的家庭文化环境对个体的心理健康有积极的影响,而不良的家庭文化环境则不利于个体的心理健康和良好心理品质的形成。在家庭文化环境中,父母的期望是一个重要的变量。父母对孩子的期望既可以成为孩子成长的动力,也可以成为压力而影响孩子的心理健康。另外一个重要变量是父母的受教育程度,父母受教育程度高,其家庭的文化环境较好。

(2) 家庭的教养方式。不同的家庭教养方式产生的结果往往是截然不同的。研究结果表明,在个体的早期发展中,父母的爱、支持和鼓励容易使个体建立起对初始接触者的信任感和安全感。这种信任感和安全感的建立,有助于子女成年后与他人顺利交往。同时,对于子女的过分保护或过分严厉,也同样会影响他们的独立性及其自信心的发展。孩子在批评中长大,学会了责难;在敌意中长大,学会了斗争;在虐待中长大,学会了伤害;在支配中长大,学会了依赖;在干涉中长大,习惯了被动和胆怯;在否定中长大,学会了拒绝;在鼓励中长大,学会了自信;在公平中长大,学会了正义;在关爱中长大,学会了信任;在宽容中长大,学会了耐心;在赞赏中长大,学会了欣赏;在关爱中成长,学会了爱他人。同时,国内外很多学者对恐怖症、强迫症、焦虑症和抑郁症四种神经症个体早期家庭关系的调查表明,这几种患者的父母与正常个体的父母相比,表现出较少的情感温暖、较多的拒绝态度或者较多的过分保护。

2. 学校影响

学校是一种有目的、有计划地向学生施加影响的教育场所。校园文化、教师、班集体都是学校教育的元素。

校园文化对学生人格发展起着潜移默化的作用。校园是学生接受教育和成长的主要场所,生活在校园中的人群,都力图对自己周围的环境客体作全面认识和综合解释,校园中的学生融入到校园环境,时刻受到校园文化潜移默化的作用。

教师对学生人格的发展具有指导定向作用,教师的言行对学生产生重要的影响。在专制型教师的管理下,学生效率提高但缺乏主动性,常有不满情绪。在放任型教师管理下,学生学习效率低下。在民主型教师管理下,学生学习效率保持稳定,行动积极主动,很少表现出不满情绪。

班集体是学校的基本组织结构,也是社会群体的缩影。班集体的特点、要求、舆论和评价对于学生人格的发展具有重要的作用。心理学家卡汉拉曾经做过实验,结果发现:学生喜欢学习成绩优秀、办事能力强、具有良好道德的领袖,他们喜欢有能力、胜任工作、具有高智商、精力充沛、富有创造力的同伴。

3. 社会环境影响

美国精神分析学家哈内认为,许多心理变态是由于对环境的适应不良而引起的。根据系统论观点,系统内任何一方发生变化,系统内其他方面就要相应地进行变革调整,不然就会引起系统内部的混乱和失调。社会系统是如此,人也是如此。当个体原有的心理定式不能随着外界环境的改变而做出相应的改变,当人们的思想状况、态度情感、意志活动等个体内在诸多心理因素来不及协调,那么个体就会承受较大的生理和心理压力;或者社会中的某些部门,社会中的某些人没能做出相一致的调整,那么个体就会与社会、与他人发生矛盾和冲突。另外,社会还未形成可以宣泄解脱这种不安与焦虑的方式,因而易使人产生一种混乱、空虚、压抑、紧张或无所适从感。

随着社会的发展,人们面临着转变思想观念、选择价值体系坐标、适应新的生活方式等问题。社会在加速度地发展,生活在日新月异地变化,这对于人们来说是一种心理的考验。比起以往人的生理压力,现在的人需要承受更多的心理压力。

现代社会中,大学生面临的挑战很多,心理上存在着多方面的压力源。

(1) 来自于社会责任的压力。

(2) 来自于生活本身的压力。

(3) 来自于竞争和就业的压力。

(4) 来自于整个社会不断加快的节奏所带来的压力。

(5) 来自于不同文化、价值观的碰撞和冲突以及社会上错误思潮影响的压力。

由于这些不利因素的存在,迫使大学生要改变原有的生活方式,调整生活节奏。越是敏感、进取心强的大学生,这种压力感也就越明显。这种压力感过于沉重,长时间的心理失调,必然带来心理上的冲突,出现适应不良的种种反应,阻碍他们的健康成长。

(二) 个体生理心理因素的影响

1. 个体心理因素

大学生的个体心理因素是影响和制约大学生心理健康的主要内因,主要表现在以下几点。

(1) 自我同一性的危机。在大学阶段,许多大学生不断反省自我、探索自我、思考人生,在确定"自我同一性"的过程中,大学生会经历种种内心矛盾和迷惘,情感起伏大,容易诱发一些心理障碍。

(2) 个性的缺陷。同样的环境,同样的挫折,不同的个体会有不同的反应。这与人的个性有直接关系。过于斤斤计较的人、孤僻封闭的人、自卑忧郁的人、急躁冲动的人、固执多疑的人、爱慕虚荣的人、娇生惯养而感情脆弱的人,都比个性开朗大度、乐观的人更易患心理疾病,而且其中有些本身就是心理障碍的表现。

（3）心理素质的不完备。大学生的心理素质不仅影响他们的成长和发展，而且也影响其健康。从现实看，随着整个社会紧张性刺激增多而带来的应激和压力增加，不少大学生的心理素质已跟不上时代的要求。不少大学生自制能力差，对挫折缺乏必要的承受能力，惧怕失败，一遇到矛盾就自怨自艾或一味埋怨社会和他人，灰心失望、精神不振，由此造成恶性循环而陷入消极的心理状态，久而久之，就形成了心理疾病。

（4）情绪发展的不稳定性。大学生的情绪处在最富动荡和最复杂的时期，鲜明的特征是情绪的两极性。情绪起伏过大，左右不定，而缺乏对事物的客观判断；强烈的情感需求与内心的闭锁，情绪激荡而缺乏冷静的思考，极易走向极端，使他们常常体验着人生各种苦恼，由此产生内心矛盾冲突而诱发各种心理障碍。

2. 生理因素影响

对大学生的心理健康产生影响的是生物遗传因素。一般来说，人的心理活动是不能遗传的，人的心理活动主要是在后天的社会环境中形成和发展起来的。但是，一个人作为整体（包括其身心两方面），与遗传因素的关系却是十分密切的。尤其是一个人的体型、气质、神经结构的活动特点、能力与性格的某些成分等，都受遗传因素的明显影响。不少研究表明，在精神疾病中，尤其是在精神分裂症、精神发育不全、躁狂抑郁症等的发病因素中，遗传因素起着重要的作用。

第四节　高职大学生心理健康教育的意义和途径

一、心理健康教育的意义

（一）全面推进素质教育的需要

全面推进素质教育，是提高人才综合素质的需要，也是促进社会进步的迫切需要。

心理素质是人整体素质的组成部分。一个人的心理素质是在先天素质的基础上，经过后天的环境与教育的影响而逐步形成的，包括人的认识能力、情绪和情感品质、意志品质、气质和性格等个性品质诸方面。大学生的成长应从"德、智、体、美、劳"等多方面进行培养，这实质上也是一种持续不断的心理活动和心理发展过程。学生综合素质的提高，在很大程度上要受到心理素质的影响。学生各种素质的形成，要以心理素质为媒介，同时其他各方面能力的形成和发展要以心理素质为先导。

良好的心理素质可调节身体生理机制保持积极的活动状态，并促进生理素质的提高，不良的心理素质常常影响生理素质的维持与发展。因此，加强心理健康教育，优化大学生的心理素质，促进人才综合素质的提高，是当前高等教育的重要任务，也是高校实施素质教育的需要。

（二）大学生健康成长的需要

大学生群体成才的欲望非常强烈，但可能对自身估计过高，在家庭与社会期望过大的情况下，加之心理发育尚未完全成熟、稳定，当大学生在成长过程中遇到问题时，心理承受和调适能力不足的问题就会显示出来。特别是在当前，大学生面对的学习压力、经济压力、就业压力、竞争压力、情感压力等普遍加大，他们在环境适应、自我管理、理想现实、学习成才、交友恋爱、求职择业和情绪调节等方面反映出来的心理困惑和问题日益突出，从而对大学生心理素质提出了更高的要求。据调查，近年来大学生中由于心理问题或由心理因素引发的休学、退学乃至伤害等恶性事件日益增多，已严重影响了学生的健康成长。由此可见，当代大学生的心理健康状况面临着某些潜在的威胁,直接关系到大学生能否全面发展和早日成才。因此,开展和加强大学生心理健康教育,维护和提高大学生的心理健康水平,避免和减少各种心理问题、疾病的发生,就是高校人才培养工作的迫切需要。

(三) 开发学生潜能的可靠途径

教育的目的之一就是要开发受教育者的潜能,并为其能力的发展提供一个稳定有利的环境。良好的心理素质和潜能开发是相互促进、互为前提的,心理健康教育为二者的协调发展创造必要条件。心理健康教育通过激发受教育者的自信心,帮助主体在更高的层次上认识自我,从而实现角色转换,发展对环境的适应能力,最终使潜能得到充分发展。

(四) 适应社会发展的需要

在国际上,我们正面临着世界经济竞争、政治竞争和新技术革命的挑战。要在这样一个严峻而紧迫的局势下求得生存与发展,就必须有良好的心理素质作为后盾和保证,方能适应变化、克服阻力、承受压力,方能执著追求、锐意进取。世界各国都十分重视人才素质培养,对未来研究极具权威的罗马俱乐部的总裁佩西在《世界的未来——未来问题一百页》的报告中指出,"无论从哪个角度揭示未来,有一点是首肯的,未来是以个人素质全面发展为基础的社会"。佩西进一步指出,未来社会是"一场人的革命"。所谓"人的革命"就是人类自身在思想、道德、心理等素质方面的改善与变革,而在这场"人的革命"中,心理素质逐渐占据重要位置。随着人类历史的发展和社会的进步,社会对人的心理素质的要求将越来越高。只有优化人的心理素质,个体及其整个社会的发展才会拥有更高的起点和更大的潜能。因此,开展心理健康教育是参与国际竞争和振兴中华民族的需要。

二、心理健康教育的途径

(一) 开展心理健康教育

心理健康教育是维护高职大学生心理健康的重要途径,学校应大力宣传普及心理健康知识,传授必要的心理调适技巧,培养学生健全的人格。通过心理健康教育的课程、专题讲座、报告、校内网页和杂志等,广泛开展心理健康教育活动,如一年一度的"320"心理健康教育周和"5·25"大学生心理健康教育月系列活动,教育学生正确认识、对待各种心理问题,学会寻求帮助,学会自助。同时,让学生学习一些心理调适的方法、人际交往的技巧等,培养学生自我心理调适能力,以解决学习、生活和工作中的实际问题,从而缓解和解除心理困惑与压力。

(二) 形成良好的校园氛围

大学校园是大学生生活、学习最主要的场所,校园文化、校园氛围对大学生心理健康有着重要影响。全体高校师生应共同努力创造一个良好、宽松的心理氛围。优美的校园环境、合理的作息安排、丰富的业余文化生活、和谐的人际关系。这一切都为大学生的生活增添了许多色彩,有益于大学生的身心健康。相反,单调、呆板的生活节奏,沉闷、压抑的校园气氛,则不利于大学生健康心理的培养。同时,加强校风、班风、学风建设,规范管理,形成团结求实、文明创新的校风和刻苦钻研、活学活用的学风,辅导员和班主任充分尊重每个大学生的个性差异,善于发现和激发每个大学生的潜能,给予每个大学生一个积极稳定的情感支持,让大学生体验到班级是一个互相关心、互相支持的温暖集体,满足大学生获得归属感和被尊重的需要。

(三) 建立心理咨询机构

针对目前我国高校心理健康教育的实际情况,建立大学生心理健康教育与咨询机构,负责高校大学生的心理健康教育和咨询工作,并为每一个大学生建立心理健康档案,有利于专职心理教师更好地了解大学生,因材施教,提高教学质量和教学水平,而且有利于大学生更好地认识自己,把握未来。学校通过心理健康调查和测试,掌握大学生的心理健康现状和主要问题,有针对性地举办心理讲座,帮助大学生摆脱困扰。对于某类共性的问题,可以组织开展团体心理辅导活动,让大学生在团体中成长。对于有特殊需要的个别大学生,可以做个别咨询,深度了解并解决问题。心理咨询中心遵循"早发现、早报告、早预防、早诊断、早干预"的原则,争取把问题消灭在萌芽状态。

(四)建立心理健康教育与危机干预四级工作机制

1. 一级:学院

由学院分管领导、学院心理健康教育与危机干预工作领导小组、心理健康教育中心和相关职能部门组成。

大学生社团成立心理部和心理健康协会,负责开展大学生心理健康教育有关的工作,在专业上接受心理健康教育中心的指导。

2. 二级:系

由系书记、副书记、辅导员、专职大学生工作干部组成。

(1) 成立院系学生会心理部。由院学生会心理部负责工作指导。

(2) 建设心理社团。在大学生当中广泛开展心理健康教育方面的活动。

(3) 培养大学生心理骨干。各系有意识地在大学生当中培养部分心理健康教育活动骨干,协助本系和心理健康教育中心开展工作。

3. 三级:班级

由班主任、任课教师、学生干部组成。设置心理委员或者心理气象员,接受学院心理健康教育中心的领导和管理。

知识链接 1-4

心理委员的职责

(1) 注重维护自身的心理健康,保持乐观向上的积极心态,发现问题及时解决。

(2) 及时关注班级同学的心理状况,对心理有困惑的同学进行耐心开导,积极帮助。

(3) 做好信息反馈,发现有心理障碍的同学,及时向辅导员和心理咨询中心反映,以便采取及时的应对措施,同时做好疏导和陪伴工作。

(4) 按时参加心理健康教育与咨询中心和心理工作委员会组织的各项会议,并将会议有关精神传达给同学。

(5) 积极参加培训,不断充实心理学知识,以提高自身心理服务能力。

---

4. 四级:宿舍

由宿舍楼长、宿舍舍长和热心此项工作的宿舍成员组成。

(五)心理健康的自我调适

1. 养成健康的生活方式

生活方式对心理健康的影响已经被越来越多的人所关注,生活没有规律、随心所欲、懒散、放荡与过度学习等都是不健康的生活方式。为了完成繁重的学习任务,提高身体素质,一定要养成健康的生活方式,使自己身体强健、精力充沛、朝气蓬勃。应注意以下几个方面。

(1) 生活规律,合理安排时间。人们的日常生活、学习和工作都是通过一定的安排而有秩序地进行的。大学生应学做生活的主人,安排好自己的生活与学习。首先要合理安排时间,既不能过分地荒废时间,也不能为了学习给自己施加不必要的压力,更不能在学习上搞疲劳战术,应学会科学用脑。

(2) 培养兴趣,丰富生活。大学校园的生活应是丰富多彩的,大学生在校学习期间应积极培养自己的兴趣爱好,参加各种社团活动,增加生活情趣,调剂单调的学习生活。这样,不仅能增加自己的知识与能力,还能广交朋友,满足社交要求。此外,大学生还要注意在学习之余多参加娱乐休闲活动。这样不仅可以消除疲劳,还能放松紧张情绪,增加生活乐趣,使自己的生活有节奏感,劳逸结合,提高学习效率。

(3) 合理饮食,禁忌烟酒。合理的饮食包括三餐定时定量,不暴饮暴食或偏食,注意营养调剂。不少大学生忽视早餐甚至不吃早餐,这是一种不良习惯。对于大学生来讲,早餐是非常重要的,因为上午的学习负担繁重,身体最需要营养。有些大学生还养成吸烟酗酒的不良习惯,这是有害身体健康的。医学证明,烟草中多含尼古丁,对人体尤其是对呼吸系统危害很大,长期吸烟往往会导致慢性支气管炎、肺炎、冠心病等疾病的发生,既影响自己也危害他人,同时还污染周围环境。为了自己与他人的身心健康着想,也应不吸烟、少喝酒,倡导文明的生活方式。

2. 提高心理调节水平

为了提高心理健康水平,必须不断提高自己的认识水平,调节情绪,完善自我意识与个性,开发自我潜能,实现自我价值。

(1) 改变认知,逐步形成科学思维方式。心理专家认为,人的大部分情绪困扰和心理问题,都来自不合理或不合逻辑的思维方式,主要体现在对客观现实缺乏合理的认识。一些认识有误区的大学生以自己的意愿为出发点,形成了固执、以点代面、以偏概全的不合理思维方式。比如,因为一次失恋,便全面否定自己,陷入自卑、焦虑、抑郁之中难以自拔,或从此不再与异性接触,甚至仇视异性。其实任何事物都具有两面性,"塞翁失马,焉知非福"。大学生应学会客观、全面、理性地看待问题,摒弃主观绝对化的唯心主义认知。

(2) 正确认识自己,培养自我悦纳的态度。心理学研究表明,对自己的认识和评价与本人实际情况越接近的人,其自我防御行为就越少,社会适应能力就越强。因此,大学生在日常生活中可以通过与他人的横向比较、与自己的过去比较、与他人的评价来认清自己。同时,不苛求自己,也不为自己的缺点感到沮丧和自卑,不以己之长与他人之短比较,也不以己之短与他人之长比较;确定适合自己实际情况的目标计划;善于欣赏自己的优点,包容自己的缺点。

(3) 调节控制情绪,培养乐观精神。心理学家认为,情绪长期处于压抑、失衡状态或其他不良状态极易引起心理障碍。因此要学会宣泄不良的情绪,调节控制自己的情绪。调节情绪的方法有很多种,如合理宣泄、转移、升华等。

(4) 锻炼意志品质,提高对挫折的承受能力。人生逆境,十有八九,无论是谁,都会遇到大大小小的挫折。一个人如果没有顽强的意志,干什么也不会成功。意志不坚强的大学生在挫折面前往往知难而退,或不战自败,致使他们的理想、计划半途而废或功亏一篑。

(5) 塑造健康人格，促进个性完善。人格统一是大学生心理健康的一个重要标准。当代大学生一般具有聪慧、机敏、乐观、自信、敢于竞争、积极进取等人格特点。但其中也有一些大学生存在人格缺陷，如偏执、多疑、狭隘、鲁莽、急躁、孤僻等。要培养良好的个性品质，首先，要学会认识自己的个性，扬长避短，发挥主观能动性，优化个性品质。其次，努力学习，博学多才。大学生积极参与人际交往、社会实践活动，对培养其独立性、创造性和自信、宽容、热情、开朗、果断等性格品质有积极作用。

(6) 克服社交障碍，改善人际关系。大量研究表明，大学生许多心理问题的产生都源于人际交往中的障碍或挫折。要培养人际交往能力，首先，要调整认知结构，对人际关系要有积极、全面、客观的认知，不能戴"有色眼镜"看人。其次，要完善个性品质，培养热情、开朗、真诚、善良和乐于助人的优秀品质。最后，要克服情绪障碍，交往中的恐惧、嫉妒、焦虑、抑郁等情绪往往成为交往障碍，要把握人际交往的原则与技巧，最重要的是要学会真诚地赞赏对方，学会倾听，学会主动交往，学会表达自己的感情。

(7) 不断开发自我潜能。在信息社会，墨守成规、故步自封、不思进取的行为已越来越不合时宜了。当今社会需要的是开放的思想和进取的个性，更要有创造的精神和无畏的勇气。科学研究表明，人的大脑潜力还远没有被完全开发出来，人类只用了其中很少的一部分。因此，大学生要相信自己的潜能，不断追求，敢于实践，不怕困难，全面发展自己。

当大学生遇到严重的心理问题时，除了接受心理咨询，还应采取其他自助和求助的形式，譬如加入心理学社团、拨打热线电话、接受心理治疗等方式。

课堂活动

一、活动："滚雪球"

（一）目的

认识团队中的成员，扩大交往范围，体验在人际交往中关注和倾听的重要性。

（二）操作方法

1. 给同学们随机分组，尽量保证每组人数均衡，剩余的"无家可归"的同学可以分散到各组里。

2. 小组成员站成一个圆，逆时针方向开始"滚雪球"式介绍。第一人介绍自己的籍贯、班级、性格特点、姓名（比如，"我是来自××地方的××班级的××的×××"，性格特点以一两个词来简要概括即可）。第二个人重复介绍一下第一人的情况，再介绍自己，如"我是来自××地方的××班级的××的×××右边的来自××地方的××班级的××的×××"。第三人重复介绍前两人，再介绍自己，如"我是来自××地方的××班级的××的×××右边的来自××地方的××班级的××的×××右边的来自××地方的××班级的××的×××"。依此类推，最后一人需复述所有人的情况，最后介绍自己。

3. 每个小组推举一名成员把本小组的成员介绍给大家。分组可不断变换，交叉认识。

（三）活动成长

大家在欢快的气氛中通过不断强化，尽快熟悉彼此。最后指导教师引导大家谈谈活动体会，看哪位同学通过活动准确记住的同伴信息最多。

二、心理测试

症状自评量表(SCL90)[①]

表 1-3 列出了有些人可能会有的问题,请仔细阅读每一条,然后根据最近一周自己的实际感觉,选择最符合自己的一种情况,填在后面的测验答卷纸中相应题号的评分等级栏中。其中"没有"是指自觉并无该项症状(问题),记 1 分;"较轻"是指自觉有该项症状,但对你并无实际影响或影响轻微,记 2 分;"中度"是指自觉有该项症状,对你有一定的影响,记 3 分;"相当重"是指自觉常有该项症状,对你有相当程度的影响,记 4 分;"严重"是指自觉该症状的频度和强度都十分严重,对你的影响严重,记 5 分。

表 1-3 症状自评量表(SCL90)

项目	等级
1. 头痛	
2. 神经过敏,心中不踏实	
3. 头脑中有不必要的想法或字句盘旋	
4. 头昏或昏倒	
5. 对异性的兴趣减退	
6. 对旁人责备求全	
7. 感到别人能控制自己的思想	
8. 责怪别人制造麻烦	
9. 忘性大	
10. 担心自己的衣饰整齐及仪态的端正	
11. 容易烦恼和激动	
12. 胸痛	
13. 害怕空旷的场所或街道	
14. 感到自己的精力下降,活动减慢	
15. 想结束自己的生命	
16. 听到旁人听不到的声音	
17. 发抖	
18. 感到大多数人都不可信任	
19. 胃口不好	
20. 容易哭泣	
21. 同异性相处时感到害羞、不自在	
22. 感到受骗、中了圈套或有人想抓住自己	

---

① 汪向东,王希林,马弘. 心理卫生量表评定手册[M]. 增订版. 中国心理卫生杂志社,1999:31~35.

续表

项目	等级
23. 无缘无故地突然感到害怕	
24. 自己不能控制地大发脾气	
25. 怕单独出门	
26. 经常责怪自己	
27. 腰痛	
28. 感到难以完成任务	
29. 感到孤独	
30. 感到苦闷	
31. 过分担忧	
32. 对事物不感兴趣	
33. 感到害怕	
34. 自己的感情容易受到伤害	
35. 旁人能知道自己的私下想法	
36. 感到别人不理解自己、不同情自己	
37. 感到人们对自己不友好、不喜欢自己	
38. 做事必须做得很慢以保证做得正确	
39. 心跳得很厉害	
40. 恶心或胃部不舒服	
41. 感到比不上他人	
42. 肌肉酸痛	
43. 感到有人在监视自己、谈论自己	
44. 难以入睡	
45. 做事必须反复检查	
46. 难以做出决定	
47. 怕乘电车、公共汽车、地铁或火车	
48. 呼吸有困难	
49. 一阵阵发冷或发热	
50. 因为感到害怕而避开某些东西、场合或活动	
51. 大脑空白	
52. 身体发麻或刺痛	
53. 喉咙有梗塞感	
54. 感到没有前途、没有希望	

续表

项目	等级
55. 不能集中注意力	
56. 感到身体的某一部分软弱无力	
57. 感到紧张或容易紧张	
58. 感到手或脚发重	
59. 想到死亡的事	
60. 吃得太多	
61. 当别人看着自己或谈论自己时感到不自在	
62. 有一些不属于自己的想法	
63. 有想打人或伤害他人的冲动	
64. 醒得太早	
65. 必须反复洗手、点数或触摸某些东西	
66. 睡得不稳不深	
67. 有想摔坏或破坏东西的冲动	
68. 有一些别人没有的想法或念头	
69. 感到对别人神经过敏	
70. 在商店或电影院等人多的地方感到不自在	
71. 感到任何事情都很困难	
72. 一阵阵恐惧或惊恐	
73. 感到在公共场合吃东西很不舒服	
74. 常与人争论	
75. 独自一人时神经很紧张	
76. 别人对自己的成绩没有作出恰当的评价	
77. 即使和别人在一起也感到孤单	
78. 感到坐立不安、心神不定	
79. 感到自己没有什么价值	
80. 感到熟悉的东西变成陌生或不像是真的	
81. 大叫或摔东西	
82. 害怕会在公共场合昏倒	
83. 感到别人想占自己的便宜	
84. 为一些有关"性"的想法而很苦恼	
85. 认为应该因为自己的过错而受到惩罚	
86. 感到要赶快把事情做完	

续表

项目	等级
87. 感到自己的身体有严重问题	
88. 从未感到和其他人很亲近	
89. 感到自己有罪	
90. 感到自己的脑子有毛病	

备注：此测试做好后，请心理教师分析测试结果。

第二章

适应环境 融入大学——
高职大学生适应与发展心理

案例导入

案例2-1：刚入学就退学

小周从家乡考入了上海某大学,可是她对新环境极不适应,口音不习惯,生活也不习惯,周围又没有一个熟人。父母不停地打电话问她的情况,这位女生每次接电话都哭泣不止。无奈的父母只得来到上海陪了她一个月。可父母刚走一个星期,她便主动退了学,偷偷地回到了家乡。

案例2-2：小杨该怎么办

入校刚刚满一个月的小杨来自祖国的边疆。在来大学之前,小杨已经在某师范大学预科学习了两年汉语。汉语水平很好,能够顺畅地听和写,但是在说的方面有些困难。自己在原来的学校中一直是受人注目的出色学生。希望自己来到内地大学能够充分地发展自己、展示自己。可是,自从进入大学以来,就不能再像以前那样处处出色了,学习状态不理想,尤其学习高等数学很吃力,与周围同学的交往不是很愉快,情绪经常波动。再有,自己的家庭经济状况很差,常常担心自己不能顺利完成学业。因此,产生了许多心理上的矛盾和困惑。

案例2-3：迷惘、空虚的家仪

经过12年的苦读,家仪实现了读大学的梦想。家仪梦想中的大学近乎完美:大学是梦想开始的地方,大学是一个书香之地、学术之府,名儒汇集,大学生活是充实、丰富多彩的。但是,现实的大学生活并非如此,经历短暂的兴奋与新奇之后,家仪陷入了困惑与迷惘、空虚与无助之中。

家仪是从一个比较贫穷的地方考入上海一所名牌大学的。她从小学到高中一直在一个山清水秀的小县城中度过,清清的泉水、幽静的山谷、清新的空气一直陪伴着她。一到上海,上海的车水马龙以及噪声雾霾,就令她头昏脑涨,难以忍受。进入大学校园后,远离家乡,远离熟悉的环境,使她对新环境感到陌生、恐惧。同时,以往未住过宿舍的她有早睡的习惯,可寝室的同学晚上十一二点还在高谈阔论,她睡不着,每天只好忍着。这些让她陷入了想家的愁绪中。

接下来,大学的学习、生活更让她感到一片茫然。她在日记中写道:"终于奋战过黑色的6月,换来了这张大学录取通知书。可是,刚进入大学的新鲜感还没有来得及细细品味,就发觉'脱缰'之后又涌生了新的迷惘。以前总是抱怨自己像是被家长和老师赶着上架的'鸭子',没有自由,总是憧憬着解放的那一天。那时,虽感受逼迫,但目标明确、动力十足;现在任务完成了,没有升学的压力了,又开始了远离父母的独立生活,似乎应该是'海阔凭鱼跃,天高任鸟飞',尽享轻松自在了。但静下心来却感到空落落的,不知今后该向哪里去。我就像一心向往蓝天的小鸟,冲出巢穴,却发现翅膀还是那么稚嫩无力,奋飞的感觉并不像想象中的那么淋漓痛快,倒是很吃力。"

"我带着家人及父老乡亲的期望考入大学,一心想好好学习,将来能有一个美好的前程。可是进入大学后,我根本找不到学习的感觉。课程不是很紧,老师上课来,下课就走,也不给我们留作业。课想上就上,不想上似乎也无大碍。大学教师好像不太关注我们是否努力学习。我不知道教师希望我们怎样学习,他们欣赏怎样的学生,也不知道学什么、怎么学、怎么选课。上课时,我常常不知道该听些什么,下课后也不知道该复习什么,更想象不出考试时会出什么类型的题目。"

"从小学到高中,我是父母的骄子、老师和同学注目的中心;进入大学后,我不再是出类拔萃的'尖子生',不再受到老师、同学的宠爱,不再是大家关注的焦点。在新生联欢会上,我发现班上的同学多才多艺,音乐、书法、绘画等能力都很强,而自己以前只关心学习成绩,对其他方面很少关注,一项专长都没有。我内心很自卑,觉得自己一无是处。"

"我渴望融入寝室、融入班级,我渴望与同学、老师交流,渴望能有一个知心朋友,能够听我诉说内心的烦恼,给我心灵上的支持,可是我不知道怎么与同学交流。我看到寝室里别的同学在一起说说笑笑,我既羡慕又难过,为什么没人理我?没人主动找我说笑?这段时间,我觉得同学们都轻视我、排斥我,我内心既孤独又痛苦。我每天独来独往,与同学们有点格格不入。最近,我吃不进饭,睡眠也不好。每天精神不振,昏昏沉沉的。"

"为什么我会有这么多苦恼与困扰?好不容易进入了梦想中的大学,真想好好地生活,可我现在真的很无聊、很空虚、很苦闷,我该怎么办?"

(资料来源:摘自李忠军《高校辅导员工作案例研究方法与实证》)

作为刚入校的高职大学生,由于生活环境变化、角色转换不到位、就业压力等问题,会出现案例 2-1、2-2、2-3 中的种种矛盾和困惑,从而引发孤独、压抑、自卑等消极的情绪体验,并伴有一定的生理反应。本章从适应理论、影响高职大学生心理适应不良的因素着手,透过心理适应不良的具体表现,和大家一起探讨高职新生适应大学生活的方法策略。

第一节 适应与发展的概念及相关理论

一、适应与发展的含义

(一)适应的含义

适应本是生物科学中的一个基本概念,它是指所有活着的有机体都要随着周围环境的改变而改变其活动。一种生物只有不断地适应它所生存的环境的变化并改变其反应方式,才能继续生存。达尔文《进化论》中的"物竞天择、适者生存"就是对生物适应环境的经典概括。

在心理学上,适应是指一个人通过不断调整自己的机体与心理状态,使个人需要能够在环境中得到满足的过程,适应也是自我与环境和谐统一的一种良好的生存状态。这种环境,既指个体生存与发展的外部环境,包括自然、社会、人际环境,也指个体生长与发育的内部环境,即个体的生理、心理环境。人与环境的适应通过两种途径来实现:一种是人自身做出改变,另一种是环境改变。通常的情况下,人们选择环境、改变环境是有一定限度的。大多数的时候,人与环境的适应,要求人自身做出调节,适应既定的环境。人在环境中生活,总要与环境相适相宜,保持一种相互平衡的状态。我们生活的环境在不断变化,因此适应就是一个连续不断的动态过程。人的一生就是由一个个不同的适应阶段组建而成,而每一阶段都会对个人的生活发展产生一定的影响。

高职大学生的适应问题,是指高职大学生对高职生活的适应,即在外部环境发生变化时,高职大学生通过自我调节系统做出能动反应,使自己的心理活动和行为方式更加符合环境变化和自身发展的要求,保持自身与所处环境刺激之间较好的平衡状态。

知识链接 2-1

哲学家和渔夫的故事

一位哲学家搭乘一个渔夫的小船过河。行船之际,这位哲学家向渔夫问道:"你懂得数学吗?"渔夫回答:"不懂。"哲学家说:"你失去了三分之一的生命。"哲学家又问:"你懂得历史吗?"渔夫回答:"不懂。"哲学家说:"你失去了一半的生命。"哲学家再问:"你懂得哲学吗?"渔夫回答:"不懂。"哲学家叹道:"你失去了一半以上的生命。"这时水面上刮起了一阵狂风,把小船给掀翻了。渔夫和哲学家都掉进了水里。渔夫向哲学家喊道:"先生,你会游泳吗?"哲学家回答说:"不会。"渔夫非常遗憾地说:"那么你将失去整个生命了!"

这是伟人马克思给他心爱的女儿劳拉·法格所讲的一个故事。它寓含了一个非常深刻的人生哲理:一个没有学会在人生长河中游泳的人,即使其他的东西学得再多,他也无法在这人生的长河中生存下来。因为他缺乏基本的适应和生存能力。[①]

(二) 发展的含义

在心理学上,发展通常指个体以一定年龄阶段的身心成熟状态为基础,通过学习达到较高水平的知识和技能的一个阶段和过程。人的发展是指人生的发展过程,是人的身心随着时间的推进不断变化的过程。人的心理发展是伴随着人的身体发育成熟,人的认识、情感、能力和社会性等方面获得完善成长的过程,它贯穿人的一生。

人的发展是获得与丧失的结合,是得与失的选择。换句话说,人的任何发展既是新的适应能力的获得,又是以前存在的某些东西的丧失。人就是在不断地完成每一个阶段的人生发展任务中,逐渐走向完善,从而度过自己的生命历程。与此同时,人们充分地挖掘自身的潜力,实现着自己的人生价值和社会价值。另一方面,社会环境在一定程度上影响、塑造着人的个性,对人的发展有着巨大的影响。人不同于动物,人的发展不都是被动地取决于环境。相反,人会主动地选择生存的环境,寻求自身更好发展。人的心理活动,人对自我、环境的认知,人的个性特点,都对人的发展具有重要的作用。

(三) 人的适应与发展的关系

人的适应和发展是密切相关的。适应可能是发展,也可能不是发展。换句话说,适应构成了发展的基础,并且可能就是发展的前一阶段。但适应也可能不导致发展,而是停留在前一阶段。这可以从适应的态度上来得到解释。按适应的态度,可以将适应分为消极适应和积极适应。[②] 消极适应是人与环境的消极互动过程,个体认同、顺应了环境中的消极因素,压抑了自身的积极因素及自身的潜能,违背了人的心理发展方向。积极适应是指个体在客观环境中积极主动地调整自己与环境的不适应行为,增强个体在环境中的主动性、积极性,使自身得到发展。发展是人对环境的积极的适应。任何环境中都存在着有利于个人成长的积极因素和不利于个人成长的消极因素。积极的适应是要正确地分析自身的特点及环境因素,从而找到适合自己的成长点。

马斯洛说:"环境的作用最终只是允许他和帮助他,使他自己的潜能现实化,而不是实现

[①] 陶爱荣. 微笑成长——高职院校心理健康教育 [M]. 南京:南京大学出版社,2010:50.
[②] 桑志芹. 大学生心理健康学 [M]. 北京:科学出版社,2007:22.

环境的潜能。环境并不赋予人潜能,是人自身以萌芽或胚胎的形态具有这些潜能,正如他的胚胎形成的胳膊和腿一样。创造性、自发性、个性、真诚、关心别人、爱的能力、向往真理全都是胚胎形成的潜能,属于人类全体成员,正如他的胳膊、腿、脑、眼睛一样。"每个人都存在着潜能,环境只是才能发展的条件,而不是"种子"。潜能发挥的重要条件是个体的实践,是个体在具体环境条件下能动的活动。当个体将环境中的有利因素和个性中的积极因素统一在自己能动的实践活动中,那么个体就获得了一种积极的适应。

二、人的适应与发展的主要理论

高职大学生处于人生发展的青年后期和成年早期阶段。高职大学生在这一时期适应和发展的主要任务是确立一个正确的自我概念。

(一)一般适应理论

一般适应理论认为,减少负性刺激,提高认知评价能力,从身体上缓解应激等都可以提升社会适应程度。不同的刺激情境会产生不同的应激反应。一般而言,正性的刺激情境比负性的刺激情境产生的应激反应小。例如,因为失业、失恋、失去亲人等负性生活事件较之成功就业、恋爱、结婚等正性生活事件,更易产生心理紧张和生理失调。我们可通过预测、阻止或变更负性生活事件的发生,或想办法让其尽快终止来减少负性刺激,增强社会适应能力。心理学研究认为,受个体价值观、性格和知识经验等影响形成的不同认知评价系统对同一刺激情境的解释不同,反应也不同。性格外向、善良、宽容、淡泊的人较内向、自卑、偏执的人更容易摆脱应激状态。另外,还可通过直接改变人的身体状态缓解应激。如生物反馈法,即先利用仪器测得血压、脉搏等生理指标,然后反馈给个体,让其集中精力设想尽量将这些生理指标维持在正常范围内。

(二)埃里克森关于人的发展理论

埃里克森认为,人一生随年龄发展经历八个发展阶段,每个年龄阶段都会产生不同的心理危机,即遇到不同的社会适应问题。如果某个阶段任务完成得好,人就会具备相应的心理特征。如果某个阶段任务未完成,则会出现一定的心理障碍。人的发展过程就是人不断地学习,在经验中调适自我,使自己逐渐完成每一个阶段的适应任务的过程。

埃里克森的八阶段发展理论如表 2-1 所示。

表 2-1 埃里克森的八阶段发展理论[①]

阶段	年龄	发展危机	发展顺利者的心理特征	发展障碍者的心理特征
1	0~1 岁	信任对不信任	对人信任,有安全感	面对新环境时会焦虑不安
2	1~3 岁	自主行动对羞怯怀疑	能按社会要求表现目的性行为	缺乏信心,行动畏首畏尾
3	3~6 岁	主动对退缩愧疚	主动好奇,行动有方向,开始有责任感	畏惧退缩,缺少自我价值感

---

① 吴菁.大学生心理健康教程[M].苏州:苏州大学出版社,2009:28.

续表

阶段	年龄	发展危机	发展顺利者的心理特征	发展障碍者的心理特征
4	6岁至青春期	勤奋进取对自卑	具有求学、做事、待人的基本能力	缺乏生活基本能力,充满失败感
5	青年期	自我统合对角色混乱	有明确的自我观念与自我追寻的方向	生活无目的、无方向,感到彷徨
6	成年期	友爱亲密对孤僻疏离	与人相处有亲密感	与社会疏离,时感寂寞孤独
7	中年期	精力充沛对颓废迟滞	热爱家庭关怀社会,有责任心有义务感	不关心别人与社会,缺少生活意义
8	老年期	完美无缺对悲观绝望	随心所欲,安享余年	悔恨旧事,消极失望

(三)人本主义关于人的发展理论

以比勒、马斯洛、罗杰斯等人为代表的人本主义关于人的发展理论认为,人天生存在着一种发展潜能,可以促进自我逐渐现实化和整合,达到自我不断完善成熟。人的发展有三个阶段:外在化自我、内在化自我、整合化和现实化自我。每个阶段的基础都取决于前一阶段自我的形成和发展,一个人在某个阶段停留过长时间,甚至毕生停留在某个阶段都是可能的。

外在化自我:在这一阶段,婴儿发展的状况大多取决于父母。在这个阶段父母规定了婴儿的特性,赋予他意义,使他局限在某种作用的范围内。

内在化自我:在这一阶段人要打破周围那些决定个人发展的外在力量,强调个人应有自己的自省、自我体验和发挥个人重要作用的机会。

整合化与现实化自我:这一阶段的特征是放弃和解放内在化自我,最终实现质上的整合和现实化。正如马斯洛和罗杰斯所说,成为一个自由和谐的、充分发挥自我潜能的人。

(四)行为主义关于人的发展的理论

下面介绍桑代克(Edward L.Thorndike)的一个经典实验——迷箱实验。

桑代克将饥饿的猫禁闭于迷箱之内(见图2-1),饿猫可以用抓绳或按钮动作逃出箱外获得食物。饥饿的猫第一次被关进迷箱时,开始盲目地乱撞乱叫,东抓西咬,经过一段时间后,它可能做对了打开迷箱门的动作,逃出箱外。桑代克重新将猫再关入箱内,并记录每次从实验开始到猫做出打开箱门的正确动作所用的时间。经过上述多次重复实验,桑代克得出猫的学习曲线。图2-2是桑代克实验中两只猫的学习曲线。该曲线表明猫逃脱所需时间与实验次数的关系。桑代克认为猫是在进行"尝试错误"的学习,经过多次的尝试错误,饿猫学会了打开箱门的动作。因此,有人将桑代克的这种观点称为学习的"尝试错误说",或简称为"试误说"。

人的适应与发展过程与动物有相似之处。困难或障碍可能来自于客观的环境、个人能力的欠缺或个体需要的内在矛盾。面对困难或障碍,人们会产生不同程度的紧张和焦虑。为了解决这种紧张和焦虑,人就尝试着寻求新的解决问题反应方式。在一次次的尝试中,学会了适应,得到了发展。

(五)社会角色理论关于人的发展理论

该理论认为每个人在社会中都扮演着一定的社会角色,都要按照社会规范来指导和约束

图 2-1 迷箱

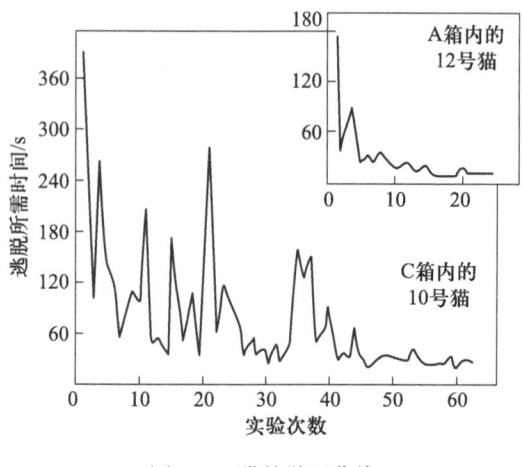

图 2-2 猫的学习曲线

自己的行为。每个社会角色,都有与其相应的社会地位、身份相一致的一整套的权利、义务的规范与行为模式。

角色期望:每个人在社会关系系统中都扮演一定的角色,周围的人也总要按照社会角色的一般模式对他的态度、行为提出种种合乎身份的要求并寄予期待,这就叫做"角色期望"。一个人的态度、行为如果偏离了角色期望,就可能引起周围人的异议或反对。

角色采择:人会按照别人的期望不断调节自己的行为与塑造自己,这就叫做"角色采择"。

人的发展理论认为,每个人都处在一定的社会关系和环境中,周围的社会关系和他人都会根据人们的职位、个性、家庭背景等不断地提出一定的"角色期望",而每个人都会通过"角色采择"塑造自己的自我形象,并不断向这个方向靠近。如果"角色采择"的自我形象和"角色期望"中的一样,这个人就能和谐地发展。如果不一致,个人就可能出现一定的不适应,可能会出现心理失衡、发展受阻等问题。

第二节 高职大学生常见的心理适应问题

从高中升入高职院校,许多学生都会有不适应的感觉。出现这种情况的原因是多种多样的。既有共性的,也有个性的。这一时期的高职大学生正处于青少年向成年的转变时期。高职院校相较于高中,对学生的学习能力、自理能力、自控能力等都提出了更高的要求。能否尽早适应新环境,适应高职生活,是决定高职大学生能否赢在新的起跑线上的关键所在。

一、影响高职大学生心理适应的因素

进入高职院校后,面对环境的巨大变化,高职大学生既感到新鲜有趣,也会或多或少出现对环境的不适应,存在一些消极的心理体验。这些消极的情绪体验表现为空虚、自卑、失落、孤独、恐惧等,反映到生理上就会出现睡眠不佳、食欲不振、免疫力下降、心身疾病等。还会有一些消极的行为反应,如记忆力下降、学习效率降低、违反校规校纪、网络依赖等。这些皆表明高职大学生出现了适应问题。一般来说,影响高职大学生心理适应的因素有以下几个方面。

（一）生活模式变化带来的不适应

1. 生活环境的变化

新生入学首先面临的就是生活环境的变化。学校的环境变化带给来自不同中学的高职大学生的感受是不一样的。相比高职校园,中学学校的硬件设施、软件配备相对落后。一部分新生进入高职院校后会表现出退缩、害怕。也有一部分高职大学生,对高等学府期望很高,与一些综合性院校比较,特别是与一些具有深厚文化底蕴的高等院校相比,则又会觉得很失望。[1]

其次是在地域上的变化。高职院校的学生或来自本省,或来自全国各地。由于东西南北在饮食、语言文化、风俗习惯等方面的差异,高职大学生个人的生活方式也将随着学校所在地区的不同有很大差异。如南方多雨,北方干旱。重庆、湖南、湖北、四川等地的饮食与江苏、浙江等地就有很大差异。

再次是在生活方式上的变化。在上大学前,许多学生为了应付考试,全身心投入学习,饮食起居由父母包办。同时,在家里可能还拥有属于自己的一块天地。进入高职院校后,远离父母、同学、朋友,生活在6个人左右的集体宿舍里,自己要安排自己的日常起居,自己洗衣服、收拾宿舍。这一切与之前的生活有了很大的改变。踏入大学也就意味着自己从父母身边的中学生要变成有独立生活能力的大学生,从熟悉的家乡来到陌生的校园,这种环境的变迁是在瞬间完成的。有些大学新生不能适应环境的变化,有的表现为一时生活上不能自理,宿舍卫生一团糟。有的大学生不会计划每月开支,时常出现"经济危机"。有些无视现实生活,一味沉湎于对过去,在对家乡,对父母、老师、同学的思念之中不能自拔;有些沉迷于电脑、手机游戏,无心学习。

最后就是生活范围的变化。高职院校的大学生与中学生相比,在生活范围上发生了较大的改变。中学生活的主要内容是学习,课余时间有限,基本上都是家—学校两点一线或教室—食堂—宿舍三点一线的生活。进入高职院校后,同学们突然发现自主的时间一下子多了很多。如何安排自己的课外生活,如何让自己的大学丰富多彩,又是摆在高职大学生面前的重要课题。

2. 学习环境的变化

学习环境的变化主要体现在学校环境、学习任务、教学形式、学习方式等方面。

在学校环境上的变化有:在中学,每个人都有固定的座位,大多也是在固定的教室上课,很少变动。而进入高职院校,每个人没有固定的座位,教室也不是固定的。而同学、老师之间的见面也仅是在上课时间。老师会因为课程的不同而经常变化。高职院校上课由于师资、课时的限制,很多是2~3个班在一起,以大班的形式上课。

在学习任务上的变化有:在中学,学习的主要任务是学好科学文化基础知识。[2] 而高等职业教育强调在普通文化教育的基础上开展专门技术的实践性教育。在学习专业理论的同时,还要掌握必要的操作技术,对学生的动手能力要求较高。这对于一直停留在书本知识学习的学生来讲,会感到难以适应。另外,在中学的学习时,学生瞄准了高考,目标明确而单一。进入高职院校后,考试分数早已不是衡量高职大学生优秀与否的唯一标准。在目前的高职

---

[1] 陶爱荣. 微笑成长——高职院校心理健康教育[M]. 南京:南京大学出版社,2010:54~55.
[2] 陶爱荣. 微笑成长——高职院校心理健康教育[M]. 南京:南京大学出版社,2010:55.

院校大学生综合素质评价体系中,参与活动的能力、组织管理能力、人际沟通能力都已逐步纳入考核体系。

在学习方式上的变化有:在中学,以教师为主,预习、复习都是跟着教师的安排走。进入高职院校后,学习主要靠学生自己,教师只是承担指导和引导的任务。这种学习方式对大学生自身的学习能力、自控能力是一个很大的考验。一般学习动机强的大学生上课会坐在教室的前排,课后还会花大量的时间阅读专业相关知识。学习动机较弱的大学生一般会选择坐在教室后排或角落,尽可能避开老师的关注,用玩游戏或睡觉来熬过上课时间。

3. 人际环境的变化

高职大学生在人际交往方面的变化,主要体现在人际交往的范围和人际交往的要求上。进入高职院校后,人际交往的范围已不仅仅局限于班级,往往系与系之间、教师与学生之间、各年级之间、不同专业之间、大学校园不同社团、学生会组织等都存在结识朋友的机会。在人际交往的要求上,与中学由于学习压力大,无暇顾及友情和爱情相比,进入高职院校后,学习压力减轻,课余时间相对宽松,许多同学迫切希望结交到更多的朋友。

大学新生在中学阶段一般都有自己稳定的交际圈。进入大学之后彼此陌生,受青春期"闭锁性"的心理的影响,自我保护意识比较强,同学之间交往较为谨慎。由于不愿意主动接近别人,思想情感得不到及时沟通和表达,很多大学新生会出现人际关系不协调,感到"知音难觅",产生了压抑、孤寂和抑郁心理。另外,对他人和社会的片面评价会导致人际关系的不适应。如一些人只看到别人的缺点和短处,对别人的优点和长处却视而不见,与人相处时表现出排斥、敌视、厌烦。大多数大学生对社会能够客观地做出评价,他们能在积极地适应社会的同时,认识到社会的光明面,感受到社会、集体的温暖,可以较为公正地看待问题,对于个别负面现象也不会因之否定整个社会。但也有少数大学生往往由于听到、看到或亲身经历了一些社会阴暗面,便偏激地认为社会一团漆黑,甚至认为社会上一些美好的现象也是虚伪的,产生愤世嫉俗的情绪,使得自身失去奋斗的动力,得过且过,对前途失去信心。另外,大学不同类型的校内团体使得人际关系的内容复杂化。学习不再是大学生唯一的追求目标,他们思考的内容更为丰富,对人际交往中的细节也更为在意。多种因素叠加起来,由人际交往引发的心理不适在高职新生中表现明显。

(二)高职新生社会角色定位带来的不适应

社会角色是指与人们的社会地位、身份相一致的一整套权利、义务的规范与行为模式。社会对中学生和高职大学生的角色期待有所不同。

社会对高职大学生的一般角色期待包括:有独立生活的能力,能安排好自己的吃、穿、住,能使住宿环境相对舒适的能力;有自觉学习、主动学习的能力;有自我调节情绪能力和一定的人际交往能力;有较强的自控、自律能力,能够处理好学习与娱乐的时间、精力分配问题,能自我约束,遵从高校管理规范;有独立的、正确的价值观、人生观;有较好的处理突发事件的能力,等等。

而社会对中学生的角色期待一般为:具备基本的生活自理能力;能处理简单的人际关系;能在教师的指导下,按时完成学习任务等。

相比较而言,社会对高职大学生的角色期待较中学生有明显的提高。

高职大学生从中学迈入高职院校,在学习和生活上都要完成从中学生到高职大学生的角色的转变,按照社会期待的方向发展。如果这种转变不能顺利进行,就会影响到高职大学生对新环境的适应。

二、心理适应不良的主要表现

造成高职院校大学生心理不适应的因素有很多。但对每个人而言，可能原因各不相同。这里简要分析一下造成心理适应不良的原因及主要表现。

（一）对高职生活缺乏必要的心理准备而带来的失望

在进入大学前，许多学生想象中的大学都是校园风景如画，学校生活自由而多彩，老师博学多才，同学相互关爱，生活设施完备，处处欢歌笑语，充满诗情画意。然而，进入大学，经历短暂的兴奋期之后，这些学生却发现现实中的大学并非自己想象得那么完美，生活被各种活动、课程排得满满的，再加上这样那样的不如意，这一切都是他们入学前没有考虑到的，心理上产生了较大的落差。有些大学生因此出现了失望、苦闷等消极情绪。[①]

（二）角色变化引发心理冲突

在前面已经提到社会对高职大学生和中学生的角色期待有很大的差异。如果高职大学生在进入高职院校后，虽然感受到自己的角色变化，但却不能确定自己的行为，不知道如何定位自己，就会产生迷惘、无措，慢慢迷失目标或错选目标。有部分高职新生因为无法进行角色调适，而不得不中途退出角色。或有的大学生因无法适应新角色，而采取逃避角色的方法面对大学生活。某校一大学生由于对大学学习的不适应，第一学期的学习成绩不理想，此时的他不是积极地想办法让自己尽快适应大学生活，而是迷上了网络游戏，每天花大量的时间玩网络游戏，甚至逃课，通宵地玩。他觉得自己的聪明才智能够在网络游戏中得到发挥，其结果是学业荒废。在大学生群体中，有少数与他类似的学生，他们在现实的学习和生活中找不到自信，于是采取逃避现实的态度，沉溺网络，用虚拟的世界取代现实生活，继而迷失自我，找不到积极向上的动力。

（三）过分的怀旧心理而导致孤独

进入一个新的群体，就应该考虑如何尽快地融入这个群体。高职大学生进入院校后一般都存在这样一个过渡状态：一方面，极力渴望被新的同学、老师接纳，能够结识一些好朋友，但另一方面，又会特别怀念小学、中学的朋友、同学，总会自觉不自觉地拿现在的同学与过去的同学进行比较。网络聊天，电话沟通已成为高职新生入校后生活的重头。如果这个过程过渡得平稳，那么高职大学生逐渐能找到所在高职院校的人际位置。如果一直困守于过去的人际网，慢慢地就会发现，自己离现在的群体越来越远了，再想走进去则要困难得多。这个时候，随着与旧日朋友的联络渐少，新的人际网络还未建立，部分高职大学生就会因为在大学找不到知心朋友而感到孤独。

（四）缺乏沟通技巧导致人际关系紧张而感到压抑

高职大学生的年龄属于心理上的敏感阶段，真正的自我价值感还在确立当中，受他人评价影响很大。别人的一个眼神、一句不经意的话都可能引发矛盾。而在一个由6个同学组成的宿舍中，同学性格、风俗习惯、行为方式不同难免会发生冲突。高职大学生常会因行为过界、语言表达欠缺、缺乏宽容等，造成宿舍关系紧张。另一方面，由于爱的暂时缺失，人际相处或封闭，或盲目，或冲动。进入高职院校后，很多高职大学生都是初次远离家乡、远离朋友和亲人，

---

① 陶爱荣.微笑成长——高职院校心理健康教育[M].南京：南京大学出版社，2010：59.

在没有父母呵护的情形下过着独立的大学生活,他们的情感易处于失落状态,产生深层的挫折感,从而对新的人际关系的建立还抱有迟疑态度,交往中就会显得相对封闭。但是另一方面,由于性生理和性心理的逐渐成熟,产生与异性交往的渴望和兴趣,在交往过程中,由于自身阅历、经验等因素影响很难把握学习、友谊、爱情的关系和分寸,也会出现强烈的交往需求得不到满足,感到生活索然无味,因而出现不适应心理。

(五) 时间安排不当导致内疚与空虚

高职院校的管理模式与中学相比较为松散。部分高职学生脱离了高中的束缚,一下子觉得时间多了,不知道如何安排,也不知道该干什么,光阴就在得过且过中度过,每天觉得空虚不说,整个人的精神状态也很糟糕。也有一些高职学生一进入大学校园,立刻被五花八门的社团活动吸引,只要有社团纳新,都会去报名参加。结果整天忙忙碌碌,连专业学习的时间都没了。等到一段时间下来,发现自己什么都没学到,对照入学前的宏图志向,顿觉内疚。

(六) 对高等职业教育认识不足而导致自卑

由于高职学生、学生家长对高等职业教育缺乏正确的认识,总觉得进入高职院校是一种无奈的选择。他们把高等职业教育看成是一种低层次、低水平的二流教育,在本科生面前,高职学生会显得低人一等。有部分高职学生在入校后,甚至在对外介绍自己的时候都不愿意承认自己是高职院校的学生。由高等教育类型不同而引发的高职院校学生的身份焦虑带来的自卑也是心理不适应的一个重要表现。

产生自卑心理的另一方面是因自我价值的认知重构出现认知误差。多数高职生在中学时代虽不是佼佼者,但自我感觉良好,如有比较的话,大多只是成绩上的差异,很少涉及其他方面。进入大学之后,面对从四面八方汇集而来的同学们,不是学习上优秀,就是有其他特长,明显感觉到自己的不足。发现自己在过去的十多年,除了学习,其他什么都不会,而且学习成绩的优势也不那么明显。有些同学开始怀疑自己的能力,产生了某种程度的失落感与自卑情绪。这些消极情绪在比较中日益严重,很快就淹没了初入大学的兴奋感。

第三节　高职大学生适应大学生活的策略

刚进入高职院校,会面临人际关系、学习、情绪、生活等方面的适应问题。如果适应问题处理不好,可能会导致新生学业兴趣淡漠、学习参与度降低、学习成绩不佳、人际关系出现障碍、精神和健康状态不良,甚至中断学业。不少学生克服重重困难进入大学校门,却因为不适应高校生活而终结自己的大学梦。换句话说,适应不良即意味着很有可能在接下来的大学三年都很难有更好的发展。大学的成功在很大程度上取决于新生第一年的经历。良好的开端是成功的一半。

如何适应大学生活

作为一名高职新生,怎样才能尽快适应大学生活,身心健康地投入大学学习,并成功迈向将来的人生发展之路? 在此提出一些适应策略。

一、积极向外部环境寻求支持

在大学校园里,可为高职新生提供支持的资源有很多。如具有丰富经验的学姐、学长,他们会告诉你诸多实用有效的校园生活、学习方法;班主任、辅导员老师会及时关注大学新生的心理、思想动向,提供及时有效的帮助;学院安排的心理讲座、专业指导、科普宣传等都可以帮助高职新生消解对陌生校园的不安;学校图书馆、心理咨询中心免费对大家开放。只要高职新生积极有效地运用这些资源,大学新生的适应问题将能得到大大缓解。

(一) 利用学校资源增加适应能力

在大学校园里,大学的教师可以分成两类:一类是从事专业课教学的教师,他们重在教学与科研,另一类是从事行政管理工作的教师,其中如人事处、科研处等部门的人员,与学生接触较少,有些如辅导员、班主任老师则与学生联系紧密。我们可以通过专业教师获得对本专业课程内容、专业学习方法、未来工作方向等方面的认识,从辅导员、班主任那里学习为人处世、探讨人生价值等。毛泽东曾经在他的老师——徐特立先生六十岁寿诞的贺信开头写道:"你是我二十年前的先生,你现在仍然是我的先生,你将来必定还是我的先生。"

在学校的图书馆里,有当期的报纸杂志、畅销图书、专业书籍、学习工具书、数字图书等大量丰富的学习资源。如大学三年能利用好图书馆资源,到毕业时,你将会获益无穷。大学的校园社团也是五花八门,有绘画的、武术的、音乐创作的、演讲比赛的、民间艺术的等等,在这里,你可以找到适合自己的舞台,在趣味相投的同学间相互交流合作,共同提升。社团、院系学生会、班级管理组织都是锻炼学生自我服务、自我管理、组织能力一个非常广阔的舞台。学生会的组织体系建设,院系班级活动的组织与策划,社团的宣传与扩展,这些团体都可以成为高职生的用武之地。此外,勤工助学、社会兼职也是我们获取社会信息、了解专业走向的重要渠道,在获得一定的经济收益的同时,也为毕业后适应社会做好了准备。

(二) 利用家庭、社会资源提高适应能力

入学前,可通过朋友、亲戚、网络等多种途径了解大学是什么样的,你即将踏入的大学又是什么样的,它的管理方式、校园文化如何等问题。这种初步程度的了解可以适当缓解你的入学焦虑。入学初,可以定期和家长、朋友通话缓解离家焦虑。与家长沟通,一方面可以了解家庭的近况,另一方面可以把校园里的所见所感与家长沟通,在让家长了解你在校的学习、生活情况的同时,你也可以达到心理宣泄的效果。另外,也可以利用周末到学校所在的城市看看,了解这个城市的文化、生活方式,从而更好地适应这个城市中的大学生活。

二、积极从自身心理适应大学生活

(一) 确立奋斗目标

高考的压力,使大多数中学生只考虑近期目标,缺乏长远目标,眼睛盯着高考,不敢或极少设想上大学以后的事情。进入大学以后,高中的近期目标已成为现实,新的目标又未确立,在一种前所未有的轻松感过后,不少学生感到茫然、空虚,进入了一个"动力真空带"或"理想间隙期",出现懈怠情绪。因此对未来进行规划,制订学习计划和奋斗目标,对每个大学生来说都是非常重要的,对大学新生来说尤其重要。从心理学角度来讲,有一个明确而现实的目标会使心理指向集中一处,更多关注于目标的实现,这样周边环境对自己的实际影响力则会大大减少,从而更有利于各种心理问题的解决和心理障碍的消除。当人们没有目标时,会感到迷茫和空虚;目标过低时,就会缺乏动力;目标过高时,又会因为达不到理想而失望。很多困难与问题都与目标确定不当有关。而有效的职业生涯规划是帮助大学生确立目标的可行做法。在进行职业生涯规划、确定学习目标时,需综合考虑大学生价值观、性格、兴趣、大学生所在家庭、当前学校与社会发展状况等因素,在此基础上进行科学决策,制定出可行的职业规划,并付诸行动。

知识链接 2-2

职业兴趣类型

当前运用最为广泛的职业测试量表是霍兰德的职业兴趣类型量表。霍兰德认为职业选择是人格的一种表现，工作兴趣类型即人格类型。大多数人的人格特质可以归纳为六种类型：现实型、研究型、艺术型、社会型、企业型、常规型。由于同一职业吸引有相似人格特质的人，他们对情境和问题会有类似的反应，因此，工作环境也可以分为与人格类型的分类一致的六种类型。

六种兴趣类型分别如下。

(1) 现实型的人：喜欢有规则的具体劳动和需要基本技能的工作。这类职业一般是指熟练的手工业行业和技术工作，通常要运用手工工具或机器进行劳动。这类人往往缺乏社交能力。现实型的人适于做木匠、农民、技师、工程师、机械师、鱼类和野生动物专家、车工、钳工、电工、报务员、火车司机、机械制图员、电器师、机器修理工、长途公共汽车司机。代表人物：爱迪生、鲁班。

(2) 研究型的人：喜欢智力的、抽象的、分析的、推理的、独立的任务。这类职业主要指科学研究和实验方面的工作。这类人往往缺乏领导能力。研究型的人适于做生物学者、天文学者、气象学者、药剂师、动物学者、化学家、科学报刊编辑、植物学者、地质学者、物理学者、数学家、实验员等。代表人物：达尔文、屠呦呦。

(3) 艺术型的人：喜欢通过艺术作品来达到自我表现，爱想象，感情丰富，不顺从，有创造性，能反省。艺术型的人缺乏办事员的能力，适于做室内装饰专家、摄影师、作家、音乐教师、演员、记者、作曲家、诗人、编剧、雕刻家、漫画家等。代表人物：莫扎特。

(4) 社会型的人：喜欢社会交往，常出席社交场所，关心社会问题，愿为别人服务，对教育活动感兴趣。这类人往往缺乏机械能力。社会型的人适于做导游、福利机构工作者、社会学者、咨询人员、社会工作者、学校教师、精神卫生工作者、公共保健护士。代表人物：南丁格尔。

(5) 企业型的人：性格外向，爱冒险活动，喜欢担任领导角色，具有支配、劝说和言语技能。这类人往往缺乏科学研究能力。企业型的人适于做推销员、商品批发员、进货员、福利机构工作者、旅馆经理、广告宣传员、调度员、律师、政治家、零售商等。代表人物：马云、福特。

(6) 常规型的人：喜欢系统的有条理的工作任务，具有实际、自控、友善、保守的特点。这类人往往缺乏艺术能力。常规型的人适于做记账员、银行出纳、成本估算员、核对员、打字员、办公室职员、统计员、计算机操作员、秘书、法庭速记员等。代表人物：洛克菲勒。

霍兰德提出六角形模型来解释六种兴趣类型之间的关系。六角形模型可以帮助我们对人格特质类型与职业环境类型之间的适配性进行评估。如果人格类型与职业环境匹配，就有可能增加职业满意度，带来职业成就感和提高职业稳定性。因此，占主导地位的特质类型可以为个人选择职业和工作环境提供方向。

(资料来源网络)

职业兴趣的六角形模型如图 2-3 所示。

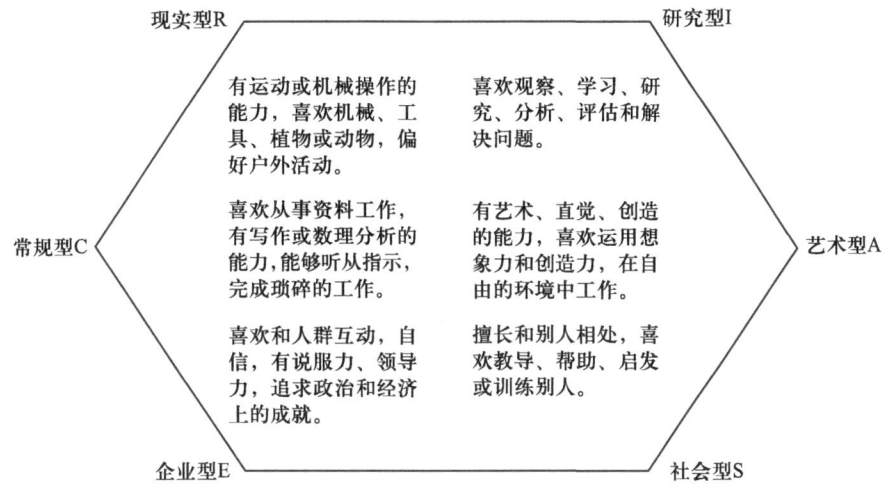

图 2-3　职业兴趣的六角形模型

哈佛大学曾对一群即将从学校毕业的大学生进行了一次关于人生目标的调查。调查的结果是：27%的人没有目标；60%的人目标模糊；10%的人有清晰但比较短期的目标；3%的人有清晰而长远的目标。25年后，哈佛大学再次对这群学生进行了跟踪调查。调查结果是3%（有清晰而长远的目标）的人在25年间朝着一个方向不断努力，几乎都成为社会各界的成功人士。10%（有清晰但比较短期的目标）的人，他们的短期目标不断地实现，成为各个领域中的专业人士，生活水平较高。60%（目标模糊）的人安稳地生活与工作，没有什么特别成绩。27%（没有目标）的人，他们的生活过得很不如意，并且常常抱怨他人，抱怨社会。

因此，为了更好地适应大学生活，为了未来人生幸福，我们不仅要制定长远目标，还要将长远目标转化为一个个阶段性的发展目标，从而有效地帮助我们实现从中学生到大学生的角色转变。

（二）悦纳自我

心理健康的标准之一是悦纳自我。每个人都会遇到一些不如意的事情，如家境贫寒、学习条件差、人际关系不融洽等。在这些困难面前，我们常常要有归零的想法。[①] 这样才能丢掉负担，轻装上阵，才能有进步的原动力，才能重新接纳新的领域和视野，才能以一种全新的姿态面对大学生活。同样，不管你在中学表现多么突出，你的家庭环境多么优越，在踏入大学校门的那一刻，也要有归零的想法，放弃原有的心理优越感，从头开始，主动接纳自己是大学校园里再普通不过的一员这个事实。从这个事实出发，你才可能脚踏实地，不断向前。

（三）寻求社会支持

异地求学而产生的失落感在一定程度上需要由良好的人际关系来弥补。很多处于情绪困扰中的人，常常想得越多越觉得烦躁和焦虑。如果有了良好的人际关系，就有了支持的力量。如果会合理宣泄，有效管理情绪，构建有效的社会支持网络，你就能获得归属感和安全感，消极情绪也能缓解许多。因此，大学生应主动开放自己，学会交流。大学生交友一定要有原则，

---

① 吴继霞，黄辛隐. 大学生心理健康学[M]. 上海：学林出版社，2007：109.

与谁深交，与谁浅交，谁该拒交，要做到心中有数。在与性格、特点各不相同的同学的交往中，要注意求大同、存小异，彼此要多一点沟通、谅解，少一点埋怨、猜疑。要相互尊重，多看别人的优点，诚心诚意地对待别人。只有通过自身的努力，积极的行动，掌握人际交往的艺术，主动与同学交往并善于关心帮助同学，才有可能获得集体与他人的认同，建立起新的、良好的人际关系，以稳定、愉快、高涨的情绪投入紧张的学习生活。

三、采取积极行动

戴尔·卡耐基曾经说过，如果想要快乐，就为自己树立一个目标，使它支配自己的思想，释放自己的活力，并鼓舞自己的信心，快乐就在你心里。换句话说就是：去做具体而明确的事，把自己的全部心思和活力都放在其中，在行动中收获快乐。

积极行动可以摆脱由于环境不适应带来的孤独、苦闷、烦躁、恐惧和空虚。行动会使你获得充实和愉快。积极行动意味着你要积极投入到学习和学校的各项活动中去。高职生除了可能之前受过一些学习挫折，很少经历过其他挫折的磨炼，挫折的忍受力、耐受力较差。在大学校园里，可通过积极参加社团活动、勤工助学、校外社会调查等活动，在丰富阅历、了解人生的同时，也磨炼一下自己的意志品质，提升抗挫能力。大学生也只有具备了良好的心理适应能力，才能从容地应对各种挫折环境，减轻和排除精神压力，有效地防止心理失调，才能在激烈竞争的环境中游刃有余。丰富的社会实践活动是提高人际交往能力、认识了解社会、增强抗挫能力的一个有效途径。

知识链接 2-3

山不过来，我过去

- 我改变不了现实，但我可以改变态度。
- 我改变不了过去，但我可以改变现在。
- 我不能控制他人，但我可以掌握自己。
- 我不能预知明天，但我可以把握今天。
- 我不可能样样顺利，但我可以事事顺心。
- 我不能延伸生命的长度，但我可以决定生命的宽度。
- 我不能左右天气，但我可以改变心情。
- 我不能选择容貌，但我可以展现笑容。

课堂活动

一、活动

（一）换位置练习

1. 目的

体会环境适应的重要性，以及学会接纳和理解环境变化的不适应。

2. 操作

请所有同学离开自己原来的座位,换到离这个座位较远的位置上,体会一下换座位后的感受,全班进行分享。体会换座位这样一个小的环境变化带给人的不适应感受。

(二) 交流入学感受

1. 目的

分享入学后的感受,提高适应能力。

2. 操作

分组讨论,将学生分成若干小组,讨论一下几个问题:进入大学后,最满意的是什么? 最高兴的是什么? 最关心的是什么? 最担心的是什么? 最想做的是什么? 然后请每个小组推选一名代表来谈谈这些问题。让学生交流入学以来的感想,对自己的大学生活有一个梳理的过程。

二、心理测试

大学生心理适应能力自测量表

下面的问题能帮助你进行心理适应能力的自我判别。请认真阅读,根据你的实际情况从每个项目下面所附的3种备选答案中选出1个符合你的答案。

1. 我最怕转学或转班级。每到一个新环境,我总要很长一段时间才能适应。
   A. 是　　　　　　　B. 无法肯定　　　　　　　C. 不是
2. 每到一个新的地方,我都很容易与别人接近。
   A. 是　　　　　　　B. 无法肯定　　　　　　　C. 不是
3. 在陌生人面前,我常无话可说,以致感到尴尬。
   A. 是　　　　　　　B. 无法肯定　　　　　　　C. 不是
4. 我最喜欢学习新知识或新学科,它给我一种新鲜感,能调动我的积极性。
   A. 是　　　　　　　B. 无法肯定　　　　　　　C. 不是
5. 每到一个新地方,我第一天总是睡不好,就是在家里,只要换一张床,有时也会失眠。
   A. 是　　　　　　　B. 无法肯定　　　　　　　C. 不是
6. 不管生活条件有多大变化,我也能很快习惯。
   A. 是　　　　　　　B. 无法肯定　　　　　　　C. 不是
7. 越是人多的地方,我越感到紧张。
   A. 是　　　　　　　B. 无法肯定　　　　　　　C. 不是
8. 我的期末成绩多半不会比平时练习差。
   A. 是　　　　　　　B. 无法肯定　　　　　　　C. 不是
9. 全班同学都看着我,心都快跳出来了。
   A. 是　　　　　　　B. 无法肯定　　　　　　　C. 不是
10. 对他(她)有看法,我仍能同他(她)交往。
    A. 是　　　　　　　B. 无法肯定　　　　　　　C. 不是
11. 我做事情总有些不自在。
    A. 是　　　　　　　B. 无法肯定　　　　　　　C. 不是
12. 我很少固执己见,常常乐于采纳别人的观点。

A. 是 B. 无法肯定 C. 不是
13. 同别人争论时,我常常感到语塞,事后才想起该怎样反驳对方,可惜已经太迟了。
A. 是 B. 无法肯定 C. 不是
14. 我对生活条件要求不高,即使生活条件很艰苦,我也能过得很愉快。
A. 是 B. 无法肯定 C. 不是
15. 有时自己私下里明明把材料背得滚瓜烂熟,可在当众背的时候,还是会出差错。
A. 是 B. 无法肯定 C. 不是
16. 在决定胜负成败的关键时刻,我虽然很紧张,但总能很快地使自己镇定下来。
A. 是 B. 无法肯定 C. 不是
17. 我不喜欢的东西,不管怎么学也学不会。
A. 是 B. 无法肯定 C. 不是
18. 在嘈杂混乱的环境里,我仍然能集中精力学习,并且效率较高。
A. 是 B. 无法肯定 C. 不是
19. 我不喜欢陌生人来家里做客,每逢这种情况,我就有意回避。
A. 是 B. 无法肯定 C. 不是
20. 我很喜欢参加社交活动,我感到这是交朋友的好机会。
A. 是 B. 无法肯定 C. 不是

【评分规则】

1. 凡是单数号题(1,3,5,7,……),选"是"得 –2 分,选"无法肯定"得 0 分,选"不是"得 2 分。

2. 凡是双数号题(2,4,6,8,……),选"是"得 2 分,选"无法肯定"得 0 分,选"不是"得 –2 分。

3. 将各题的得分相加,即得总分。

【结果解释】

(1) 35~40 分:心理适应能力强。能较快地适应新的学习、生活环境,与人交往轻松、大方。给人印象好,无论进入什么样的环境,都能应付自如,左右逢源。

(2) 29~34 分:心理适应能力良好。

(3) 17~28 分:心理适应能力一般,当进入一个新的环境,经过一段时间的努力,基本上能适应。

(4) 6~16 分:心理适应能力较差,依赖于较好的学习、生活环境,一旦遇到困难则易怨天尤人,甚至消沉。

(5) 5 分以下:心理适应能力很差,在各种新环境中,即使经过相当长时间的努力,也不一定能够适应,常常困惑,因与周围事物格格不入而十分苦恼。在与他人的交往中,总是显得拘谨、羞怯、手足无措。

如果你在这个测试中得分较高,说明你的心理适应能力较强,但需保持和继续努力。如果你得分较低,也不必忧心忡忡,因为一个人的心理适应能力是随着年龄的增长、知识经验的丰富、各种能力的提高而不断增强的。只要你充满信心,刻苦学习,虚心求教,加强锻炼,你的心理适应能力一定会增强的。

第三章

快乐学习　奏响旋律——
高职大学生学习心理

案例导入

案例 3-1：培养专业兴趣，增强学习信心

丁某，男，19 岁，某高职院校工科一年级大学生。填报大学志愿时未报考自己感兴趣的文科某专业，而是遵从了父母意见报考了工科。现在所学的专业又是当前不"热"的专业，担心毕业后分配不理想，所以不喜欢专业，但又认为应该学好专业。上学期期末两科不及格。寒假回家后不想返校。本学期情绪低落，听课时常头痛。睡眠不好，梦多，感觉"头紧绷绷"的。医生说他神经衰弱，让他注意休息。他怕脑子坏了，怕成"疯子"。一想到父母工作担子重，经济负担重，对自己寄予很大希望，就拼命读书。但学习效率极低，有很多时候一晚上一道题也解答不出来。只有一个多月又要期末考试了。"我的功课欠账太多。急欲向前走，走不动又不敢歇脚"，真不知所措。生怕补考不及格被退学。

案例 3-2：学习"没劲"，根源何在

张某，男，19 岁，某高职院校文科大学二年级学生，优秀班长。该生主诉："现代社会确实很需要知识，可我对学习就是没劲，为什么学？学什么？现在所学的每门课我不用上课，只需两三天就可考出较好成绩，剩下的时间没事可干，我就找朋友、同学聊天，每个月要花几百元电话费，现在就连聊天我也不感兴趣了。我最感兴趣的是动手做东西，我考大学时所报的志愿是建筑工程技术，可后来录取的是物流，真是一点办法也没有。也想过退学重考，可左思右想不行，还得在这儿继续学。"

案例 3-3：我的计划全被打乱了

易某，男，某高职院校二年级学生。该生自述在刚进大学时就给自己制订了一整套严密的学习计划，具有明确的学习目标。但是现在情况有了一些变化，让他心里觉得特别烦。比如，在他的学习计划里，要在大一下学期通过英语四级，可是学校不允许学生直接报考四级，而是得先报考英语应用能力 A 级。让他觉得自己的计划全被打乱了，很不甘心从而严重影响了他的心情，觉得特别烦躁。另外，他认为计划应该是固定不变、雷打不动的，必须坚持，不然就不叫计划了。现在自己很想按计划走下去，但却遇到了外力的阻碍，更让他心理上接受不了。

案例 3-4：一名女生的考试焦虑

曾某，女，18 岁，某高职院校一年级学生。自述到这个学校来以后，平时学习比较松散，不像高中时经常考试，对考试感觉很平常。可到了大学后，平时几乎没有什么考试，现在突然要进行期末考试，对考试感到特别紧张。上星期考政治时，手一直发抖，心里特别紧张。明天又要进行计算机的操作考试，现在自己心里又觉得特别紧张，非常担心明天的考试。不知道该怎么办。

案例 3-5：从不及格到优秀

王某，女，某高职院校学生。她从小的志向是当一名会计，如愿考上会计专业，她的学习目的更加明确。除了学好教师教授的课程，她大量地阅读财务管理方面的书籍，培养自己的自学能力，增加自己的知识面。大学的许多课程对王某来说很陌生，有些可以说是很困难。比如一年级开设的高等数学课，王某开始学得很困难，阶段考试得了个不及格。沮丧之余，她并不泄气，而是请老师帮助她分析考试失败的原因，和学习好的同学一起探讨学习方法，大量做针对性的练习。半学期努力下来，成绩显著提高，期末还得了个优秀呢！大学毕业时，王某以优异的成绩和出众的个人素质被录用于一家当地知名的会计师事务所。

从上面的案例可以看出,尽管他们已经是高职大学生了,但仍有少部分同学存在着因专业不感兴趣、学习目的不明确、动力不足、厌学、焦虑、缺乏明确的奋斗目标而感到迷茫等问题。学习是学生的主要任务,现代社会是学习型社会,"学会学习"已成为时代要求高职大学生所必须具备的基本素质。大学的生活主要围绕学习而展开,在学习过程中,大学生不仅掌握知识、技术和发展智力,而且还形成世界观、道德品质和行为习惯,以适应知识社会对他们的要求。然而学习是一种十分复杂的心理过程,它需要智力因素和各种非智力因素的积极参与。如何理解学习的真正含义、有效地学习、快乐地学习,从而提高个人素质,对当代高职大学生有着重要的现实意义。

第一节 学习心理概述

一、学习的含义

学习最早见于我国古代儒家名著《论语》。《论语·学而》说:"学而时习之,不亦说乎?"但在我国古代,"学"与"习"两字是分开使用和理解的。一般说来,所谓的"学",主要是指获取知识和技能,有时指接受各种感性知识和有关六经之类的书本知识。所谓"习",主要是指巩固知识和技能。它一般有三种含义:温习、练习、实习。总之,所谓"学习",包括"学、思、习、行",而学、思、习、行的过程,就是学习的全过程。

学习是在人和动物活动中普遍存在的一种现象。从广义上讲,学习是人和动物在生活过程中通过实践训练而获得的由经验引起的相对持久的适应性的心理变化,即有机体以经验方式引起的对环境相对持久的适应性的心理变化。在这个定义中,体现了四个论点。

一是学习是动物和人共有的心理现象,虽然人的学习是相当复杂的,与动物的学习有本质区别,但不能否认动物也是有学习的。

二是学习不是本能活动,而是后天习得的。

三是任何水平的学习都将引起适应性的行为变化,不仅是外显行为的变化(有时并不显著),也有内隐行为或内部过程的变化,即个体内部经验的改组和重建,这种变化不是短暂的而是长久的。

四是不能把个体的一切变化都归为学习,只有通过学习活动产生的变化才是学习(如由于疲劳、生长、机体损伤以及其他生理变化所产生的变化都不是学习)。

狭义的学习是指人类的一般学习。人类的学习是在社会生活实践活动中,以语言为中介,经思维活动而自觉积极主动地获取经验和知识,掌握客观规律,使身心获得发展的社会活动,学习的本质是人类个体和人类整体的自我意识和自我超越。

学生的学习是指学生在教师的指导下,有目的、有计划、有组织地进行以获得人类知识经验,以发展能力为主的活动。其主要特点是:学习的计划性、组织性、目的性十分明确;学习内容以间接知识经验为主;学习过程是主动的,包含了复杂的心理因素和活动;学习的目的是形成一定的价值观、世界观、道德品质、系统的知识技能,获得全面发展。

二、学习理论

学习理论是研究人类学习本质及其形成机制的心理学理论,它重点研究学习的性质、过程、动机以及方法和策略等。主要的学习理论有以下几种：

1. 行为主义学习理论

行为主义学习理论诞生于 20 世纪初，代表人物有巴甫洛夫、桑代克和斯金纳等。行为主义者认为，学习是刺激与反应之间的联结。他们的基本假设是：行为是学习者对环境刺激所做出的反应，用公式 S-R 来表示。他们把环境看做刺激 S，把随之相伴的有机体行为看做反应 R，认为所有行为都是习得的。行为主义学习理论应用在学校教育实践上，就是要求教师掌握塑造和矫正学生行为的方法，为学生创设一种环境，尽可能在最大程度上强化学生的合适行为，消除不合适行为。

2. 认知主义学习理论

认知主义学习理论源自格式塔学派的认知主义学习论。从 20 世纪 50 年代中期之后，随着布鲁纳、奥苏伯尔等一批认知心理学家的大量创造性的工作，使学习理论的研究自桑代克之后又进入了一个辉煌时期。代表人物有布鲁纳、奥苏伯尔、加涅和皮亚杰，认知派学习理论家认为学习在于内部认知的变化，学习就是面对当前的问题情境，在内心经过积极的组织，从而形成和发展认知结构的过程，强调刺激反应之间的联系是以意识为中介的，强调认知过程的重要性，即学习是一个比 S-O-R 联结要复杂得多的过程，他们注重解释学习行为的中间过程 O，即目的、意义等，认为这些过程才是控制学习的可变因素。

3. 建构主义学习理论

建构主义是认知主义的进一步发展。建构主义者更加关注学习者如何以原有的经验、心理结构和信念为基础来建构知识，更加强调学习的主观性、社会性和情景性。个体在进行学习的时候，头脑中并不是空的，而是由先前的生活经验在头脑中保存着自己特有的认知图式，在学习过程中，通过与外界环境的相互作用，而建构新的认知图式，这种新的认知图式是创造性的，在性质上不是原有图示的延续。所以，与行为学派的理论相比，认为学习的过程是一种质的变化，一种主动建构的过程，而不是被动的刺激反应模式的建立。教学不是知识的传递，而是知识的处理和转换。教师不单是知识的呈现者，也不是知识权威的象征。教师应该重视学生自己对各种现象的理解，倾听他们的想法，思考这些想法的由来，并以此为据，引导学生丰富或调整自己的解释。

4. 人本主义学习理论

人本主义是 20 世纪 50 年代末 60 年代初在美国出现的一种重要的教育思潮，主要的代表人物是马斯洛、罗杰斯、凯利等。这些心理学家反对把对白鼠、鸽子、猫和猴子的研究结果应用于人类学习，主张采用个案研究方法。人的学习是个人潜能的充分发展，是人格的发展。马斯洛指出学习的本质是发展人的潜能，尤其是那种成为一个真正人的潜能。学习要在满足人最基本的需要的基础上，强调学习者自我实现需要的发展。人的社会化过程与个性化的过程是完全统一的。因而，许多人本主义教育家认为，教育的根本目标是帮助发展人的个体性，帮助学生认识到他们自己是独特的人类并最终帮助学生实现其潜能。人本主义者强调在教学过程中，应以学生为中心，这是其自我实现的教育目的的必然产物，教学以学习者为中心，让学生成为学习的真正主体，学校教师在教学过程中应重点帮助学生明确学习的目标和学习的内容，创设能促进学生学习的良好的心理氛围，保证学生在充满满足感、安全感的情境中通过教师安排的合适的学习活动，发现学习内容的价值、意义，使学习者成为充分发展的人。

三、大学生学习的特点

大学生学习的特点

大学生学习是学习的一种特殊形式。学习是大学生的主要任务,大学生正处于智力发展的高峰期,记忆力、观察力、思考力、逻辑思维能力与创造性都有很大的发展。大学生学习既不同于儿童的学习,也不同于成人的学习。大学生学习有其独特性,其特点主要表现在以下几个方面:

1. 学习内容的专业性

高职大学生是按照国家需要培养的高素质技能人才,从一入学就确定了基本的专业方向。因此其学习的职业定向性较为明确,即为将来走上工作岗位,适应社会需要所进行的学习。专业与学科群的划分也将大学学习与未来职业生涯紧密联系在一起,而专业学习要求大学生既要了解本专业的前沿知识与经典理论,又要掌握与专业相关的基础知识和专业知识,还要掌握本专业的基本操作技能。

2. 学习主体的变化

中小学时期的学习以教师组织教学为主,大学生学习是以教师为主导、学生为主体进行的,这就决定了大学的学习带有一定的创造性,即学生不仅能举一反三,还能提出自己的独到见解,活化所学知识。

3. 学习过程的自主性

大学生的学习虽然也有教师讲课,但是在教师讲授之后的理解、消化、巩固等各个环节主要靠学生独立去完成。无论从学习内容、学习时间及学习方式都更加强调个体在学习活动中承担角色,主要强调学习的自觉性与能动性。教师不会规定学生该用什么方法去学习,往往直接提出学习目标和要求,至于怎么完成则由学生自己选择。如果学生还希望在教师手把手教的教学方法下进行学习,显然是不合适的,也是不现实的。

4. 学习方式的多样化

信息时代,教师不再是知识的中心,学习获取知识的多元化带动了学习方式的变迁,网络又开辟了一条学习的新途径。大学开放式的教学为学生提供了多种多样的成功之路,除了课堂教学,课外实习、课程设计、实训、科研训练计划、实践创新项目、专家讲座、学术报告及走向社会的社会实践、咨询服务等都为大学生学习提供了广阔的道路。

5. 学习内容的扩展性

大学学习除了学习知识,各种能力也需要得到提升,这也是学习获得的。目前正在进行的高等教育改革一再强调知识技能的学习与实践能力的培养同样重要。受长期应试教育的影响,那种只重视学生学习具有实用价值的知识,忽视学生创造能力的培养的观念,必须摒弃。因此很多用人单位在考察一个毕业生时,除了了解他的学习成绩外,还要看他的综合素质和能力。

6. 学习的探索性和创造性

大学生学习已具有一定的探索性,即对书本之外的新观点、新理论进行深入的钻研与探索。大学学习不仅仅在于掌握知识,更在于探究知识的形成过程与科学的研究方法,了解学科发展前沿、存在的问题及解决的思路。目前,高等学校普遍加强大学生创新能力的培养,在课程设置、课程安排、课程衔接上突出学生的主体地位,体现创新,加大了学生实践环节的培养,旨在提高大学生的创新能力。

四、大学生学习的任务

联合国教科文组织把大学生的主要任务界定为"四个学会":学会学习(learn to how to learn)、学会做人(learn to be)、学会做事(learn to do)、学会与人相处(learn to be with others)。

(一) 学会学习

学会学习是当今时代的总体要求,也是大学学习的改变所在。大量的知识需要在实际工作中不断学习和掌握,因此在大学阶段对知识的掌握只是学习的一部分,更重要的是要学会学习的方法。学会如何学习,不仅是大学学习的目标,也是未来胜任工作的关键。

学会学习就是要培养独立自主的学习能力,摸索出一套科学的、适合自己的高效学习方法;形成良好的学习习惯,学会合理安排自己的时间;学会并熟练地掌握查阅文献、综合分析信息的方法和能力。学会学习是一个过程,它不是一蹴而就的,需要大学生具有培养自己学会学习的意识,在学习基础知识和专业知识的过程中不断探索,要在学习中处处留心,不断总结,逐步达到真正会学习的境界。

(二) 学会做人

学会做人是指建构符合道德的价值体系,并承担个体的社会责任,热爱生命并感激生活的给予。学会做人还意味着除关注自己之外,还有对亲情和友情的看重,与亲朋好友之间的密切联系,对父母的关心和体贴,并承担应尽的义务,这是"做人"本来的含义。

(三) 学会做事

学会做事是指用一种善始善终的态度认真地对待和处理各种事务,坚持不懈并力求完善。很多学生做事只注重其中的某些"有意思"的环节,而不太注意那些需要默默无闻地工作的环节,殊不知这样会错失许多人生体验。

学会做事并不是一件容易的事情,它需要具备一定的素质及能力。大学生应抓紧在校的学习时间,不断培养和提高自己各方面的素质及能力,为将来走上社会、做好事情打下基础。能力作为胜任工作的主观条件,不是与生俱来的,必须经过学习和培训才能获得。大学生要成就事业应具备的能力,包括熟练运用专业知识的能力,辨别是非的能力,组织管理能力,敏锐的信息收集、综合、分析能力,建立良好人际关系的能力,勇往直前的开拓创新能力,语言表达和写作能力。

(四) 学会与人相处

为了更好地发挥自己的潜能,人们需要得到周围环境的支持和帮助,至少不应该受到别人有意的阻挠。而良好的人际关系是营造个人工作和生活环境的必要前提。即使彼此不能成为朋友,也至少需要有一种相互尊重的关系,这是成人的人际关系的最大特点。

第二节 高职大学生常见的学习心理问题及调适

一、高职大学生常见的学习心理问题

(一) 学习适应不良

学习适应不良是大学新生常见的问题之一,对他们心理造成不同程度的影响。由于大学学习时间自由度大,自己可支配的时间多,不知道如何合理安排时间和有效地学习,课余时间

很多,开始觉得很好,和朋友出去逛街、上网等,但是时间长了就没有意思了,有的觉得周末很无聊。教师教学方式和高中也发生了很大变化,学生不适应"教无定法",学习的科目比高中时难度大,教师讲得快,学生感觉听不懂。另外,教师讲课只是提一些思路,教学容量大,有的课程一次可以讲述一章内容,跟不上教师的教学节奏,对教师依赖性大。许多大学生对学习效果把握不了,好多知识没有专门的题,也不常考试,不知学到什么程度。

案例3-6:学习适应不良的个案

申某,男,大学二年级学生。高中时学习成绩较好,高考发挥失常,进入大学后,学习成绩一再下降,由入校的中游水平到第一学期末时名次排在倒数十名之内。寒假里,成绩被寄回家,"父母极其失望,自己也无法相信,以致整个寒假是在痛苦和焦灼中度过的,自信心几乎降到了最低点,什么也不想做,而且觉得自己突然之间什么也不会做了",甚至"一度头痛欲裂,整天卧床不起"。开学后,情绪低落、郁郁寡欢,"觉得自己成了一个废人,整天都在自我压抑中度过"。

这个案例反映了大学生对学习生活的不适应,主要表现为:学习成绩下降,情绪低落,有自卑感、孤独感等。大学与中学的学习方式、习惯、要求等都存在很大差异。在大学学习中,没有教师督促,教师也不完全讲授课本上的内容,学生们大都以自学为主,这就要求大学生在学习上要有高度的自觉性,建立自学的概念,养成良好的学习习惯,转变学习方法等。

(二) 对所学专业不感兴趣

高职学生不喜欢自己的专业主要有以下原因。

(1) 很多学生在高考填报志愿时是盲目的,因为对专业的不了解或一知半解而随意地填报了某个专业。

(2) 被所填报的专业录取了,入校接触后发现与原来理解的专业相差甚远。曾经有个学模具专业的女生描述当初选择这个专业的原因:"以为这个专业学了以后做的工作就像小时候捏橡皮泥一样"。

(3) 志愿服从调配,所学专业不是自己喜欢的专业,但又不得不去读,因而感到很无奈。

(4) 受社会需求影响,认为自己所学专业没有前途,缺乏学习的积极性。

由此可见,大学生在选择专业之初是非常盲目和冲动的,以至于进入大学真正接触该专业后才发现对专业不感兴趣,不能有效地学习。心中一直耿耿于怀没能报上理想的专业,甚至有点受到打击,提不起精神来学习,对服从调剂的专业不感兴趣,心中念念不忘着理想的专业、理想的职业。可放弃重新再来的可能性又很小,因此备受煎熬,甚至放任自己,有点"破罐子破摔",根本不能好好学习。

案例3-1中的丁某就属于第四种情况,其实他原来并不讨厌这个专业,只是由于进大学后感到学习吃力,两门补考,由此认为自己不是学工科的"料",自信心受挫。同时,由于担心专业不"热"不好找工作,从而对专业产生了阻抗情绪,对专业没了兴趣。正所谓"兴趣是最好的老师",最好的"催化剂",高职学生应正确看待所学专业与社会需要之间的关系、人文科学与工程技术之间的关系,努力培养自己的专业兴趣,增强学习的信心。

(三) 学习动机问题

动机是直接推动一个人进行行为活动的内部动力。学习动机就是激发个体进行学习活动,维持已引起的学习活动,并使行为朝向一定的学习目标的一种内在的心理过程或内部心理状态。学习动机在大学生学习过程中具有重要的作用,一方面可唤起大学生对学习的准备状态,促进一些非智力因素,如集中注意、坚持不懈以及挫折的忍受性等意志和情感方面的品质形成和提高,间接地促进了学习;另一方面,学习动机又可以作为一种学习结果,强化学习行为本身,促进"学习—动机—学习"的良性循环。

案例3-7:为什么学习

我是一位来自农村的大学生,家庭经济困难,高考发挥失常进入了高职院校。上大学后,忽然感到心中茫然,学习没有动力,生活懒散。有时候想到在家务农的母亲和在外打工的父亲,我也恨自己不争气。可我的确找不到奋斗的目标与学习的动力,上课打不起精神,容易走神。我时常想为什么来上大学,可我又不能放弃。我不是因为喜欢上网而荒废了学业,而是因为实在没劲才去上网聊天打游戏。我如何才能摆脱这种状态?

这是一个学习动机不足的典型案例,而案例3-3与其相反,是一个动机过强的学生表现。

1. 学习动机缺乏

学习动机缺乏是指大学生学习缺乏内驱力,无学习兴趣,无知识渴求,不想学习,就是学生中常讲的"学得没劲"。学习动机缺乏的学生学习主动性差,逃课,上课时无精打采,作业敷衍了事,把大量的时间用在上网、打游戏、聊天等方面。具体表现在以下几方面。

(1) 学习无目标。这类学生在学习上既无长期目标,也无近期安排,对自己每个阶段要达到的状态心里没数,没有前进的动力。据一项调查,当问及"你读书的动力是什么"时,有超过50%的同学选择了"没想过,也没有任何理由,只是看大家都这样,所以也跟着学""迫于文凭的压力""父母的期望"等。

(2) 学习无计划。每天的学习时间怎么安排,学习什么内容,如何协调各门课程的时间和精力,都没有具体的打算,过一天是一天,得过且过。

(3) 学习无成就感。这类学生在学习上缺乏自信心,没有求知的需要和激情。总认为自己就是学不好,认为自己天生就不行,在学习上不求进取,从不与别人比学习,也不羡慕学习好的同学,没有远大抱负和期望。

(4) 学习无兴趣。厌倦学习,逃避学习。上课时不专心,不能集中精力思考问题,思路不能跟着教师走,人在课堂心在外。学习不深入,常常满足于一知半解。学习成绩不好也不觉得羞愧,成绩不及格也不在乎。

(5) 学习无方法。这类学生由于学习方法不当,学习上一直处于被动、消极的状态。他们常把学习看成是奉命的、被迫的苦差事,不愿积极寻求适合自己的学习方法,只满足于死记硬背,应付考试。由于缺乏正确而灵活的学习方法,因而往往不能适应紧张、繁忙的学习生活。

2. 学习动机过强

学习动机对学习活动起着发动、维护和推进作用,但并不意味着学习动机越强,学习效果就越好,也就是说学习动机与学习效果并不完全是一个正比关系。心理学界著名的耶克斯-多德森定律告诉我们:动机强度和学习效果之间可以用一个倒"U"形描述,即中等程度的动机激起水平有利于学习效果的提高,而动机过低和过强都会影响学习效果。如图3-1所示。

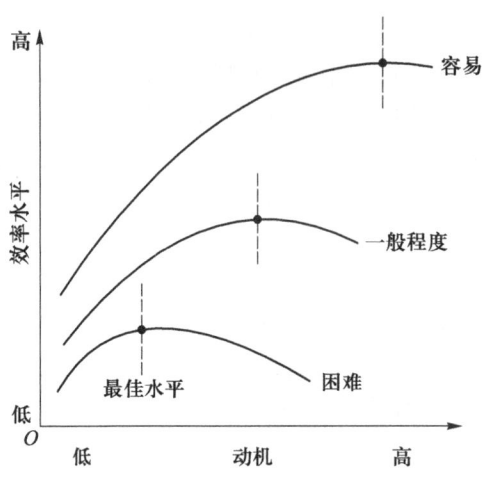

图 3-1　动机强度、学习难度和学习效率的关系

知识链接 3-1

耶克斯－多德森定律

在运动界,有一个名词叫做"克拉克现象"。

克拉克是澳大利亚著名的长跑健将,在 1963 年至 1968 年曾 17 次打破世界纪录,被称为田径场上的奇才。然而,正处于运动巅峰期而且众望所归的他,却在两届奥运会的赛场上发挥失常,而与金牌失之交臂。

后来,人们把那些平时训练水平高、成绩好的运动员在大赛中的失常现象,称为"克拉克现象"。

其实不仅是在运动场上,凡是带有测试和竞赛性质的地方,都存在着很多高水准参加者临场发挥失常的现象。这到底是什么原因呢?

1980 年,心理学家耶克斯和多德森通过动物实验发现,随着任务难度的增加,表现水平有下降的趋势,这种现象称为耶克斯－多德森定律。

后续对人类进行的研究则证明,个体智力活动的效率与其相应的焦虑水平之间存在着一定的函数关系,表现为一种倒"U"形曲线。

也就是说,随着考试焦虑水平的增加,个体积极性、主动性以及克服困难的意志力也会随之增强。这时焦虑水平对效率可以起到促进作用,当焦虑水平为中等时,能力发挥的效率最高;而当焦虑水平超过了一定的限度时,过强的焦虑对学习和能力的发挥又会产生阻碍作用。

心理学家把"测试焦虑"分为低、中、高三级水平:当人的情绪过于放松,丝毫也不紧张时,认识操作的成绩很差;当人的情绪比较紧张但又不过分紧张时,认识操作成绩最好;当情绪进一步紧张,达到过度兴奋时,认识操作的成绩又降下来。

耶克斯－多德森定律揭示了紧张焦虑程度对能力发挥的影响:轻度紧张、过度焦虑,相当于神经内分泌功能的总动员,会调动自己生理、心理的各种积极因素,以应付紧急情况,有助于临床竞技水平的发挥。但是,如果过分紧张、焦虑过度,使测试焦虑达到第三级水平时,会出现上述精神疲劳和心理疲劳现象,严重地影响能力的发挥。

这个定律告诉我们,要想发挥出最好的成绩,适度的压力和轻度兴奋是最好的心理状态。打个比方来说,压力过大就像一个铅球一样,压力不够就像一片树叶一样,而适度的压力就像一块石子。铅球太重,树叶太轻,我们都没办法扔得很远,而只有轻重适中的石子可以抛得最远。

因而我们对自己在某件事情上发挥水平的期待,必须是适度的。在面临重大行动之际,一定要根据自己的实际能力和目标的相对难度来调节焦虑水平,可以通过类比或参照以往的结果来了解自我,判断行动的难度,然后量力而行。

案例3-3中的易某就是学习动机过强的表现,目标抱负大,而且"非此不可",这样反而不利于他的正常学习。俗话说"计划赶不上变化",实际情况有变是很常见的现象,所以要给自己留有一定的余地,而并非"非此不可"地给自己定硬指标,否则一旦目标没有实现就会出现无法接受的状况。学习动机过强的具体表现有以下几方面:

(1) 自我期望值过高。这类学生由于缺乏对自身各方面素质的全面认识和外界客观条件的认识,为自己所确立的抱负与期望远远超过了自己的实际水平,目标过高,成就欲望过于强烈,形成了只能胜利,不能失败的单项定式心理。可是自己的水平和能力又达不到目标的要求,从而造成失败。失败的体验又挫伤了自尊心、自信心,严重的会产生自卑、压抑等心理问题,影响了学习效果。

(2) 学习过于勤奋。学习动机过强的学生往往把学习看成是至高无上的,把时间全部用在学习上,从不或很少将时间花在娱乐或文体活动中,认为时间不用在学习上就是一种浪费。他们在学习上不怕苦、不怕累,对待学习到了废寝忘食的地步,把全部的心思都用在了学习上。如此长久下去,将会影响一个人正常人格的发展,影响身心健康,不利于个人发展。

(3) 有强烈的争强好胜心理。学习动机过强的学生常把分数和名次放在很重要的位置上,他们争强好胜,在每次考试或竞赛中总想取得第一名,害怕失败。他们很想得到老师、长辈或亲朋好友的肯定与表扬,唯恐失败而被人看不起。看到别人超过自己就不高兴,嫉妒心强。一旦没有达到自己设置的目标,就会责备自己,并给自己施加更大的压力,期望下次获得成功。他们通常不满意自己的现状,总觉得自己应该做得更好,即使成功也并不能给他们带来多少喜悦。

(4) 精神紧张。学习动机过强的学生由于长时间超负荷学习,压力巨大而导致心理脆弱,情绪上难以松弛,常伴随着学习焦虑和考试焦虑现象。精神紧张易引起学习过程中注意力不能集中、记忆力下降、思维迟钝等问题,从而造成学习效率低下。久而久之还容易产生头痛、头昏、耳鸣、心悸、胃肠不好、失眠多梦等许多身心疾病。

(四) 注意障碍

注意是人的各种心理过程正常进行的保证,它在人的各种感受器所接受的种种信息中选出符合个体当前需要的信息进行加工;它能维持信息在意识中进行精加工;它能监督和调节个体的行为,使之指向一定的目标,促进目标的实现。

注意障碍主要表现为注意的稳定性差,难以长时间集中在特定的对象或活动上,注意力分散且难以持久;或稳定性极高,某种观念固定不变,无法推脱这种观念,不能转移注意力。大学生的注意力障碍主要表现是前者,即注意力不集中,具体表现如下:

1. 容易走神

学习时注意力不集中的大学生,常在学习时不能有效地控制自己的心理活动,想一些与学习毫无关系的事情,思维远离当前的学习活动,且不易收回。

2. 易受干扰

注意力不集中的大学生,在学习时很容易被外界无关刺激所吸引,有时甚至是很微弱的刺激,也能引起他们注意力的分散,偏离当前的学习活动。

3. 无关动作增多

注意力不集中的大学生,在学习时往往伴随着一些与学习无关的动作,如说话、东张西望、玩弄手指、摆弄笔杆、拨弄手机等,始终不能把注意力维持在学习上。

4. 效率低下

注意力不集中的大学生学习效率是很低的,他们通常给人的印象是花在学习上的时间很多,却见不到成效。如有的大学生一个晚上都在看书,可是可能一页书都没有看完。

(五)记忆障碍

记忆是人脑对过去经历过的事物的反映,它是认知活动的主要组成部分。记忆障碍是在学习过程中利用记忆学习时,在识记、保持、回忆等方面产生的困难或异常。高职大学生的记忆障碍表现有以下几方面。

1. 识记速度慢

有的同学常常抱怨自己的脑子大不如从前,记忆力差,尤其在记忆英语单词方面,怎么也记不住,要比别人花费更多的学习时间。

2. 保持时间短

有的同学抱怨对识记的材料忘得快。对于学习的材料,要重复几次才能保持记忆。

(六)学习疲劳

学习疲劳是指连续学习之后,学习效率下降,学习进步速度缓慢,身心症状增加的一种心理与生理的异常状态。学习疲劳包括生理疲劳和心理疲劳。生理疲劳主要是机体受力过久或肌肉重复伸缩而造成的一些机体上的疲劳症状。心理疲劳一般是由于长时间从事心智活动,大脑得不到休息,大脑皮质的兴奋区域代谢旺盛或兴奋持续时间过长,消耗过程超过恢复过程,脑细胞处于抑制状态所引起的心理反应。

学习疲劳是一种保护性抑制,一般来说,经过适当的休息即可得到恢复,对大学生的身心发展不会造成什么影响。但如果长期处于疲劳状态,勉强让大脑的有关部位保持兴奋,就会导致大脑兴奋和抑制过程的失调,严重的还会引起神经衰弱等疾病,并可能引发身体器官的病变,严重影响大学生的学习。

大学生学习疲劳的具体表现如下。

1. 学习生理疲劳的表现

大学生在学习时间、强度等方面的过度造成的生理疲劳,主要表现为肌肉痉挛、麻木、眼球发酸、头脑发胀、腰酸背痛、动作不准确、僵硬、打瞌睡等机体反应。

2. 学习心理疲劳的表现

大学生学习用脑过度,造成的学习心理疲劳主要表现为注意力分散,思维迟钝,情绪易躁动、忧郁、易怒,学习效率下降,对学习易产生厌烦情绪。

(七)学习焦虑

学习焦虑是人的一种情绪状态,是个体由于不能达到预期的学习目标或不能克服学习上的困难而使自信心受到挫伤,或者使失败感和内疚感增加而形成的一种紧张不安、带有恐惧的情绪状态。人的焦虑情绪有高、中、低程度的不同,焦虑程度过高或过低都对学习有不利的影响,只有适中的焦虑程度,才有利于提高学习效率。

处于严重学习焦虑状态下的大学生,由于精神过于紧张,顾虑的问题较多,常表现为在学习上注意力涣散、记忆力减退、思维混乱、烦躁、易怒等。严重的还常伴有头晕、头痛、忧虑等现象,影响了身心健康。他们往往采用回避和退缩的方式消极对待学习,过早地放弃努力。但这样做反而使他们不能取得应有的成绩,学习每况愈下,自责感不断增加,心理压力更大,进一步增加了焦虑,形成恶性循环,引起行为上的进一步混乱、盲动,以致发生心理疾病。

学习焦虑的突出表现是考试焦虑,即在临考前或临考时产生紧张与恐惧的情绪状态。考试焦虑表现在临考前神情紧张、心烦意乱、无精打采、肠胃不适,可能出现原因不明的腹泻、多汗、尿频、头痛、失眠、记忆力减退、学习效率下降等。在临考时肌肉紧张、心跳加快、血压上升、手足发凉、注意力不集中、思维僵化、记忆受阻,原本熟悉的材料这时也因过度紧张而回忆不起来,严重时还会出现"晕场"的现象。

案例3-4中的曾某面临大学期间的第一次正式考试,心理上由以前比较放松、松弛的状态转向需要面对严肃的考试的压力状态,出现了紧张、焦虑甚至恐惧的心理,属于典型的考试焦虑。由于大学学习和中学学习存在很大的差异,所以大一新生应及早转变学习习惯、学习方法等,学会自主性学习,在平时抓紧宝贵的学习时间多学多练,打好坚实的学习基础,不能停留在高中时为了应付考试而学习的状态,这样平时没有考试的压力便不努力学习,而一旦面临考试则由于平时没有积累而感到心虚、发慌、紧张。

二、高职大学生心理问题产生的原因

高职大学生产生的心理问题,其原因主要有以下几方面:

(一)社会原因

我国当前社会处于转型期,在社会价值观念领域中也出现了一系列新观念、新思想,促进了大学生形成新的学习观念。但由于社会发展速度加快,人们的心理较为浮躁,功利化意识较浓,实用主义、拜金主义盛行,使有的大学生产生了厌学情绪,诱发了"读书无用论"的错误思想。他们认为学与不学一个样,学好学坏一个样,"好成绩不如好关系",因而未把全部精力集中于学习。

(二)学校原因

学校是育人的场所,也是大学生生活的最直接环境。学校的办学思想、教育理念、教育方式、管理体制以及校园环境都对大学生的学习心理产生直接或间接影响。学风、校风不良,容易形成不好的学习氛围而影响大学生的学习动机。师资水平不高,课程设置不合理,教学方式陈旧,将不能激起大学生的学习兴趣,最终影响大学生的学习动机。另外,教学管理理念陈旧,教学内容落后,用非所学、学而无用,导致学生择业困难也是原因之一。

（三）家庭原因

有的父母在孩子上大学后就放任不管，缺少约束力。也有的父母对孩子要求过严，对孩子的学习干涉过多，没有按照孩子的实际状况设置目标。而有的家庭学习气氛不浓厚，他们的主要精力在吃、喝、玩、乐上，即使大学生主观愿望想把自己的学习管理好，但也会受到家庭成员的影响。还有的家庭富裕，家长自认为能为孩子找到一份理想的工作，因此，平时不重视孩子的教育，对孩子的了解和关心不够，对孩子进入大学后的所作所为毫不在意也会让大学生产生不良的学习心理。

（四）个体原因

上大学是大学生独立人生的开始。学生自我认识的偏差、错误的学习观念和内心世界的失衡。思想松动，不思进取，是导致高职院校大学生不愿意、不勤奋学习的主要因素。对待学习有消极情绪，对所学专业不感兴趣，很难想象他们会有强烈的学习动机。同时，有些学生把考上大学当做个人的奋斗目标，他们感觉目标实现了，到了大学就是享受生活，满脑子想的都是玩。有的大学生以往的学习经历中如果遭遇到太多的失败与挫折，对待学习就会有痛苦和沮丧的情绪，挫伤学习自信心。

三、高职大学生常见的学习心理问题的调适

健康的心理有助于大学生的学习，学校应该通过多种方式进行学习心理的健康教育，大学生自己也要学会调适自己的学习心理，具体做法有以下几方面：

（一）转换角色，适应大学学习

高职院校学习与中学时期的学习相比，存在着许多不同之处，其中最主要的区别是教学方式、课程内容、学习方法和考试方式等方面发生了较大变化。进入大学之后，就应该转换角色，摆正位置，摈弃高中固化的学习方式，以大学生的姿态和心理学习，调整学习方法，提高自我管理和自学的能力，适应新的教学方式，融入大学学习环境。

（二）培养学习兴趣，掌握学习方法

兴趣是求知的动力、行为的指向和成功的起点。高职学生的学习兴趣不是天生就有的，而是随着年龄增长和实践活动的丰富培养和发展的。所以，在学习中，大学生要善于发现自己感兴趣的事情，激发兴趣，寻找学习的乐趣。大学生要根据自己所积累的学习经验和大学的学习特点，摸索出适合自己的学习方法，学习方法没有最好的，只有适合自己的才是最有效的，处理好听课与自学、理论与实践、知识和能力的关系，通过愉快的学习，把所学的知识真正转化为自己的财富（图3-2）。

（三）合理定位，调整抱负水平和学习动机

高职学生在进入大学以后，要尽快找到自己的位置，大学中高手如云，人才辈出，强中更有强中手，这就不可避免地使个人过去取得的优势不复存在。在现实面前，由于承受能力差而产生自卑感，有的大学生甚至失去了学习的信心，在这种情况下，必须重新审视自己、悦纳自己，发现自己的长处，展现自己的优势，从而树立自信心。

图3-2　调整学习方法，愉快学习

但是,在给自己寻找位置时,一定要客观分析自己的实际情况,为自己设定恰当的抱负水平,制订切实可行的学习计划,在自己原有的基础上取得进步,使自己能够体会到学习成功的喜悦。避免学习动机不足,也避免学习动机过强而"欲速则不达"。

知识链接 3-2

战胜残疾的巴雷尼

巴雷尼小时候因病成了残疾,母亲的心就像刀绞一样,但她还是强忍住自己的悲痛。她想,孩子现在最需要的是鼓励和帮助,而不是自己的眼泪。母亲来到巴雷尼的病床前,拉着他的手说:"孩子,妈妈相信你是个有志气的人,希望你能用自己的双腿,在人生的道路上勇敢地走下去!好巴雷尼,你能够答应妈妈吗?"母亲的话,像铁锤一样撞击着巴雷尼的心扉,他"哇"的一声,扑到母亲怀里大哭起来。

从那以后,母亲只要一有空,就帮助巴雷尼练习走路,做体操,常常累得满头大汗。有一次母亲得了重感冒,她想,做母亲的不仅要言传,还要身教。尽管发着高烧,她还是下床按计划帮助巴雷尼练习走路。黄豆般的汗水从妈妈脸上淌下来,她用干毛巾擦擦,咬紧牙,硬是帮巴雷尼完成了当天的锻炼计划。

体育锻炼弥补了由于残疾给巴雷尼带来的不便。母亲的榜样作用,更是深深地教育了巴雷尼,他终于经受住了命运给他的严酷打击。他刻苦学习,学习成绩一直在班上名列前茅。最后,以优异的成绩考进了维也纳大学医学院。大学毕业后,巴雷尼以全部精力,致力于耳科神经学的研究。最后,他终于登上了诺贝尔生理学或医学奖的领奖台。

(四)掌握学习规律,注意劳逸结合

"一张一弛"是文武之道,也是学习规律。因此,高职大学生在学习过程中要学会变换学习的内容和方法——课程学习交替,记忆和习题交替等。在学习之余,要参加一些文体活动,培养广泛的兴趣爱好,使生活内容丰富多彩,还应保证充足的睡眠,这样可以使身心得到放松和调节,有利于消除疲劳,提高学习效率。

(五)正确对待考试,提高应试技巧

考试对每个学生而言是再熟悉不过的事情了,从小学到大学,可谓是身经百战,考试是检验近期学习效果的手段之一,也是教学的一个重要环节,但考试分数对于学生和教师而言,它只是一个参考的数据,只能反映学生在一个阶段对知识的掌握程度和存在的纰漏,以供学生在今后的学习中能弥补不足。因此,我们不能把考试作为学习的一个目的。考试时应保持稳定的情绪,才能让自己的心态达到最佳状态,也才能够最大限度地发挥自己的应试能力。可以采取以下方法避免或缓解考试焦虑。

1. 端正考试动机

应试的高职学生应该明白,考试只是衡量自己掌握知识程度的手段之一,考试的目的是巩固所学知识,检验知识掌握情况,以便更扎实地掌握科学文化知识。因此,不能过分在意考试成绩,一味追求分数而适得其反。

2. 做好充分的准备

平时要刻苦学习,考试前认真复习,只有掌握了所学习的知识,才能对所学知识进行运

用,并能够在考试前对其进行复习和总结,只有这样才能够对考试的内容做到胸有成竹,应对自如。

3. 保持充足的睡眠
临考前几天应保持充足的睡眠,这样才能保证以清醒的头脑和充沛的精力进入考场。

4. 调控紧张情绪
在考前复习阶段,如产生紧张情绪,可采用音乐疗法,在休息时倾听一些意境广阔、轻松愉快、优雅宁静的轻音乐。在考试紧张不安时,可以用深呼吸等放松方法让情绪稳定下来,同时保持放松的坐姿,减轻或消除紧张状态。

第三节 高职大学生学习能力的培养策略

一、建立明确的学习目标

明确、合理的目标是大学生学习获得成功的基础。大学生要提高学习的质量和效果,必须在以德、智、体、美、劳全面发展为目标的基础上,制定出切合实际的、符合自身条件的、有可能实现的目标和计划。具体来说,科学的目标与计划的制订可以从以下几方面考虑。

(一)学习目标的制定

1. 学习目标要符合自身条件和发展方向
在制定学习目标以前,个人应对自己各方面的能力有个正确的评估,了解自己的特点、特长、兴趣所在,决定自己将向哪方面发展,然后再制定具体的学习目标。案例3-5中的王某对大学的学习目标非常明确,能自主安排自己的学习生活。在遇到学习困难和学习挫折时,能够主动积极地寻求应对策略,正确地面对和解决困难、战胜挫折,并得以顺利完成学业、成功就业。

2. 学习目标要难易适度
学习目标的制定要难易适度,过于简单的学习目标等于没有制定,达不到促进学习的效果。难以实现的学习目标,好似镜中花、水中月,可望而不可即,会挫伤学习的积极性。难易适度的学习目标应该是大学生在经过刻苦努力以后能够达到的,这样的学习目标才具有一定的激励和指引的作用。

3. 学习目标要长短结合
学习目标的制定要既有远期的目标,又有近期的目标。近期目标是在远期目标的基础上制定出来的,通过一个个近期目标的实现,可以让大学生体验到实现目标的喜悦,鼓足干劲去追求更高层次的学习目标,进而可以循序渐进地接近远期目标。

知识链接3-3

毛毛虫效应

法国心理学家约翰·法伯曾经做过一个著名的实验,被称之为"毛毛虫实验"。
把许多毛毛虫放在一个花盆的边缘上,使其首尾相接,围成一圈,在花盆周围不远的地方,撒了一些毛毛虫喜欢吃的松叶。毛毛虫开始一个跟着一个,绕着花盆的边缘一圈一圈地走,一小时过去了,一天过去了,又一天过去了,这些毛毛虫还是夜以继日地绕着花盆的边缘在转圈,它们最终因为饥饿和精疲力竭而相继死去。约翰·法伯在做这个实验前曾经设想:毛毛虫会很快厌倦这种毫无意义的绕圈而转向它们比较爱吃的食物,遗憾的是毛毛虫并没有这样做。后来,科学家把这种喜欢跟着前面的路线走的习惯称为"跟随者"的习惯,把因跟随而导致失败的现象称为"毛毛虫效应"。

毛毛虫习惯于固守原有的本能、习惯和经验,无法破除尾随习惯而转向去觅食。毛毛虫付出了生命,却没有任何成果。其实,如果有一个毛毛虫能够破除尾随的习惯而转向去觅食,就完全可以避免悲剧的发生。

无论在工作、生活还是学习中,我们经常会犯毛毛虫似的错误,一是思维存在惰性,二是目光短浅,三是害怕风险,四是缺乏胆识和魄力,五是缺乏创新的思想,六是缺乏可行性目标。

(二) 学习计划的制订

1. 根据自己的学习情况、生活习惯来制订学习计划

学习计划的内容包括具体措施、时间安排、进展速度、内容要求等。每个人的学习情况与生活习惯都是不一样的,因此计划对于每个人来说都不是固定统一的,别人告诉你的方法是很难完全套用的,最多只能充当一个路标的作用。学习计划的制订最终还是要依照自己的具体情况而定,不能盲目,要切合实际。

2. 学习计划要定时定量

定时学习是完成学习计划的前提。定时学习要做到每天必须保证必要的学习时间,制订的学习计划要按照时间表完成。由于长时间地使用大脑,会导致大脑的疲劳,因此学习时间的制订要注意不能排得太满,要留出一部分机动的时间去参加体育锻炼和娱乐活动,这样不仅可以使大脑得到休息,还可以丰富自己各方面的知识并提高自己各方面的能力。定量学习是完成学习计划的保证。人每天能接受的知识量是有限的,而这个限度又是因人而异的,因此,在制订计划时,要根据自己的能力制定出每一个时间段所应学习的内容。否则在学习计划中如只有时间的计划,却没有量的计划,则不利于学习效率的提高,也达不到学习的预期效果。

3. 学习计划的实施要落到实处

学习计划制订得再好,如不落到实处,就等于没有计划,起不到任何作用。因此在执行计划的过程中,要有毅力和耐心,不要轻易给自己找借口,一遇挫折就放弃。可以试着把计划列成表格,画成图形,贴在自己常能看到的地方时时提醒和约束自己。在计划制订之后,不要随意变动,更不要打乱已有的学习计划。要相信只要自己一步一个脚印去做了,预定目标就会实现。

二、掌握科学的学习方法

掌握科学而适合自己的学习方法,是学习的关键,可以事半功倍。

(一) 掌握自己的生物钟

有句话说"一日之计在于晨",指的是一天中早晨时间最宝贵,通常建议大学生早晨背书

背单词,但是每个人的生物钟是有差别的,高职大学生要充分利用自己学习上的"黄金时间"。"黄金时间"是指人的精力最充沛、注意力最集中、学习效率最高的那段时间。"黄金时间"因人不同,大致可分为三种类型:早上型——早晨的精力非常充沛;晚上型——晚上劲头十足,这种状态可持续到深夜;白天型——只要得到必要的休息和睡眠,整个白天都能保持旺盛的精力。大学生在安排时间时应考虑到自己的类别,在自己的"黄金时间"里安排最重要、最困难的功课,或思考最难解决的问题,切勿将这段时间用于聊天、游玩、做琐事或看小说等。

（二）科学用脑

脑是人的高级神经活动的中枢、思维的器官。科学地用脑,讲究用脑卫生,不但能提高学习、工作效率,而且能保持旺盛的精力。科学地用脑主要应当注意以下几个方面。

1. 劳逸结合

要科学地安排用脑,注意劳逸结合,有张有弛。这样会使大脑的工作有节制,不疲劳过度。比如有的大学生看书时,交替学习课程,这样的做法使大脑皮层中的兴奋从一个区域转到另一个区域,结果大脑皮层的神经系统不仅不会疲劳,而且能使两科的学习互相促进。另外,根据大脑的活动特点,因时而异地安排用脑也很重要。比如早晨起床后,经过一夜的休息,大脑的活动能力很强,故记忆力最好,可做一些记忆性较强的工作。临睡前,由于知识信息进入大脑后就入睡,也有助于知识的条理化。因此,早上和晚上临睡前,背单词是再适合不过的。

2. 要养成有规律睡眠的习惯

要养成按时就寝、按时起床的良好习惯。按时睡眠的习惯一旦养成,就会在大脑定型,到了晚上一定的时间,大脑工作就由兴奋逐渐转化为抑制,这时就寝,自然而然就能睡着。早上要按时起床,不睡懒觉。这样坚持一段时间,睡眠就会逐渐转好。有规律的睡眠还包括尽量保证睡眠时间,18岁以上的成年人应睡8小时左右。

3. 适当参加文体活动

在紧张学习之余,参加一些文体活动,如唱歌、跳舞、打球,或者到室外去散步等,都可以调节脑细胞的工作,并使大脑的营养物质的供应有所增加,促进新陈代谢。

4. 给大脑提供充足的营养

大脑在工作时,要消耗大量的氧气和其他营养。一个脑力劳动者看似不动,但是大脑工作所消耗的能量,并不亚于一个体力劳动者。为了保证大脑的功能,要从饮食上给予补助以增加脑的能量。要达到营养的均衡,除了必要的主食,每餐要有一定比例的鸡蛋、鱼、肉、豆制品等以及新鲜的蔬菜和水果。特别是早餐一定要保证,而且要吃好,不要因为早上时间紧,而匆匆对付一口,或者干脆不吃,这样会妨碍大脑摄取足够的营养,影响身体健康。

（三）掌握记忆规律

知识的保持在学习过程中起着非常重要的作用,但保持和遗忘是矛盾的,很多同学记得快忘得也快,有的同学记得慢忘得也慢,我们最希望的是记得快忘得慢,那么在记忆过程中我们要掌握遗忘规律,就会提高我们的记忆效果。德国心理学家艾宾浩斯（H.Ebbinghaus）研究发现,人体大脑对新事物的遗忘是循序渐进的,人们可以从遗忘曲线中掌握遗忘规律并加以利用,从而提升自我记忆能力。他发现,遗忘在学习之后立即开始,而且遗忘的进程并不是均匀的。最初的遗忘速度很快,以后逐渐缓慢,他认为"保持和遗忘是时间的函数",并根据他的实验结果绘成描述遗忘进程的曲线,即著名的艾宾浩斯记忆遗忘曲线。如图3-3所示。

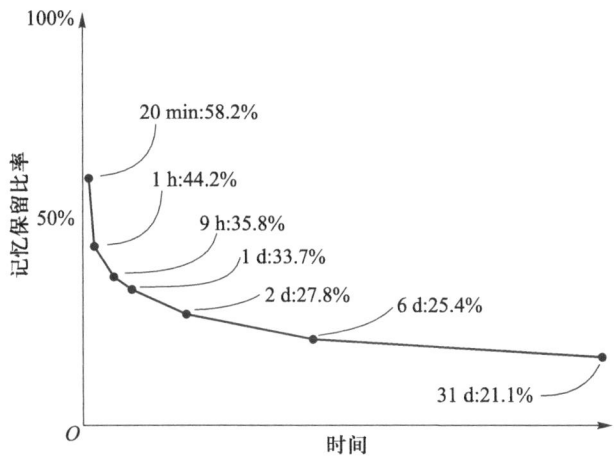

图 3-3　艾宾浩斯记忆遗忘曲线

由图 3-2 可见,刚刚记忆完毕,记忆量可保持 100%;记忆 20 分钟后,记忆保持量是 58.2%;记忆 1 小时后,记忆量为 44.2%;记忆 8~9 小时后,记忆量保持 35.8%;记忆 1 天后,记忆量保持为 33.7%;记忆 2 天后,记忆量保持为 27.8%;记忆 31 天后,记忆量保持为 21.1%。因此,学习了新知识要及时复习和巩固才能达到事半功倍的效果。

人的大脑是一个记忆的宝库,人脑经历过的事物,思考过的问题,体验过的情感和情绪,练习过的动作,都可以成为人们记忆的内容。例如英文学习中的单词、短语和句子,甚至文章的内容都是通过记忆完成的。从"记"到"忆"有一个过程,其中包括了识记、保持、再认和回忆。有很多人在学习英语的过程中,只注重了学习当时的记忆效果,殊不知,要想做好学习的记忆工作,是要下一番工夫的,单纯地注重当时的记忆效果,而忽视了后期的保持和再认,同样达不到良好的效果。

(四)改善具体学习环节

大学课堂教学与中学课堂教学的一个最显著的区别是信息量大、速度快,教师经常在一节课里要讲述书本上几十页的内容,这与大学的教学任务和教学目的是相适应的。这就要求大学生有高质量的课前预习、课堂听讲、课后复习和一定的自学能力。

三、安排有效的学习时间

学习效果是学习效率与学习时间的乘积,如果效率接近零,时间再大,乘积也趋于零。这就是有些大学生在学习上花了很多时间,可是学习成绩总不见提高的原因。提高学习效率,实际上就是如何妥善安排时间的问题。对于大学生来说,每一个人在校学习时可自由支配的学习时间是有限的,如果能对时间进行合理安排,则能大大提高学习效率,促进学习进步。合理地安排时间就是通过有目的、有计划的安排,使学习时间利用得尽量充分、合理。制订一个完备的学习计划,是合理安排时间的一个有效方法。前文讲到过制订学习计划的方法,这里补充几点注意事项。

(一)制订学习计划的注意事项

(1)根据教学大纲和教学计划进度表,了解所学课程的特点,然后根据其内在的联系,由浅入深,有主有次地安排学习内容。

(2) 计划不要安排得太紧,要留有余地作为"应急性计划"的时间,这样就能保证计划的完成。

(3) 要根据自己的生理特点、学习习惯、所处的环境及可以利用的条件等实际情况来制订计划。如可以将一些重要的、难度大的课程安排在受干扰较少的晚间来看,而把一些需要记忆的课程安排在自己记忆效果最佳的时段来看,这样就可以大大提高学习效率。

(4) 每次学习时间要恰到好处。根据学习内容以及个人的嗜好掌握好每次学习的时间。学习一段时间后应安排适当的休息,否则学习时间过长,学习效率反而降低,造成学习疲劳,学习效果下降,浪费学习时间。

(二)合理安排时间的优选法

1. 提高效率

首先,"时间就是金钱,效率就是生命",提高单位时间的利用率,是时间运筹的效率原则。在每个人的时间表里,都可能会出现低效时间段,大学生要注意审视自己低效时间段出现的时间,并分析原因找出对策,减少低效时间段,扩大高效时间段。严格的时间计划是与低效时间段抗衡的方法之一。

其次,凡事多问几个能不能,是提高时间利用效率的第二种方法。

2. 珍惜时间,积零为整

时间是由分秒积成的,善于利用零星时间的人,才会做出更大的成绩来。作为大学生来说,要优化时间安排,就应养成不浪费零碎时间的习惯。如有人坚持每天晚上睡前花10分钟背5个英语单词,日积月累,理论上一年就能背1 800多个英语单词。可见,只要能充分利用零星时间,积累起来是很了不起的。

四、培养良好的学习能力[①]

大学生生存的年代是一个科学技术高速发展的时代,在这个时代里大学生不可能在大学阶段就学完所有相关的专业知识,他们要想在以后各领域的工作中有所建树,就必须在工作以后仍不断学习,以适应时代的变化和要求。有研究表明,在现代社会里,一个人的知识只有10%是靠正规学校教育给予的,90%是在以后的工作实践和学习中获得的。可见,一个大学生毕业后还有很多知识要去学习,这就要求他们必须在大学期间具备一定的学习能力,适应时代的发展。

(一)观察能力

观察是一种有目的、有计划和持久的知觉活动,是一切真知灼见产生的基础。观察能力是人类认识事物必备的能力,是认识事物的一个起点。对于大学生来说,要培养学习能力,首先就应具备一定的观察能力。需要说明的是,观察力是一种高度自觉的习惯性行为,与个性、历练等都有密切的关系,因此大学生应逐步养成良好的观察习惯,这样才能更好、更准确地认识事物。培养良好的观察习惯可从以下几方面进行。

1. 培养客观的观察行为

任何事物都有其两面性,事物的存在也不是单一的,而是与其他事物紧密联系的。同时事物也不是静止的,而是发展变化的。要了解事物的特性,在观察事物时就应该本着客观公正的

---

① 吴畏. 大学生心理健康[M]. 苏州:苏州大学出版社,2009:113-117.

原则。大学生在平常观察事物时,要努力做到客观、全面,不应该以先入为主的心理定式观察事物,以致对事物产生成见或偏见,这样容易扭曲事实,不利于认知的进一步进行。

2. 培养细心和耐心的观察态度

通过认真细致的观察,才可能从直观的材料中获得比常人更多的知识,特别是对一些偶然的、例外的和稍纵即逝的重要现象的观察更是如此。而观察效果要达到全面的、精确的、细微的程度,就应该具备实事求是、严肃认真的态度和一丝不苟的精神,只有这样做了,观察结果才可能具有可靠性和时效性。大学生在日常学习与生活中,应注意培养自己细心和耐心的观察态度及一丝不苟的精神,这样才有可能从细微处发现更多的知识。

3. 培养浓厚的观察兴趣

对于不感兴趣的事物,人们不会用心观察。反之,浓厚的观察兴趣可以帮助人们把单调乏味的重复观察过程变成一件津津有味的事情,从而能主动克服干扰,保证观察的准确性和完整性。因此培养对事物的观察兴趣,对于完成观察任务相当重要,大学生应努力通过各种途径培养观察的直接或间接兴趣,把"要我观察"变为"我要观察",进而促进知识的获取。

(二)想象能力

想象是指在头脑中改造记忆的表象而创造新形象的过程。想象力是人类能力的试金石,人们通过观察可以获知事物的表象,但这些表面的东西是概念化的,只有赋予了想象力,这些客观的信息、客观的事实才能被赋予生命。可以说,任何创造性的活动都离不开想象,人类社会的文明史正是由人们依靠创造力实现的辉煌成就构成的。培养大学生的想象能力,对发展他们的思维能力与创造能力都有很大的帮助。

1. 培养广泛的兴趣爱好

积极的想象总是与兴趣、爱好紧密相连。大学生只有对某一学科产生兴趣,才有可能将所学的知识与日常的观察联系起来进行想象,发现新的知识。反之,想象又能促进兴趣爱好的发展,大学生通过想象有了新发现、新思想,无疑会增强他们对该学科的兴趣与爱好,甚至会将这种兴趣爱好扩展到其他的学科中。

2. 培养丰富的情感

由于人的思维活动受到情绪与情感的调节,所以丰富的情感有利于产生积极的想象,如诗人、作家、画家、演员等就是在饱满而热烈的激情下充分发挥想象力,创造出一个个动人的艺术形象。相反,如果情绪低落,心情沮丧,则想象力也会贫乏,即便有所想象,内容也是暗淡、悲观的。因此,大学生要培养良好的想象能力,首先要培养自己丰富、积极的情感,保持一个良好的心境,以促进自己想象能力的正常发挥。

3. 培养好奇心

从某种意义上说,任何一项有价值的科技成果,起初都是源于好奇心和探究心。在好奇心和探究心的驱使下,根据已有的事实材料,通过创造性的想象在头脑中再造出一个新的设想或理论的框架,然后运用种种实验手段去证实它,使它成为一个有普遍意义的科技成果。可以说,好奇心是驱动想象活动的动力。大学生要培养良好的想象品质,就要在日常生活中对任何事物都抱有一定的好奇心,探究一下为什么,这是想象迸发的源泉。

4. 积累想象素材,丰富表象储备

想象是在原有感性材料的基础上形成的,任何想象都离不开知识基础,否则就会变成空想或者胡思乱想。经验越多,知识越渊博,表象储备越充实,想象力就越丰富。因此,大学生应

该拓宽知识面,广泛涉猎文学、历史、音乐、美术、社会学、心理学、计算机等学科领域,构筑一个一专多能、文理兼备的优化的知识结构。

(三) 思维能力

思维是人脑对客观现实概括的、间接的反映。思维能力就是人脑间接地、概括地反映客观事物及其规律性的能力,是智力的核心,包括分析能力、综合能力、比较能力、抽象能力和概括能力等。思维能力在学习中的作用是毋庸置疑的,如在学习中要能提出问题,需要思维;要能深刻理解问题,离不开思维;要将所学知识加以巩固,更需要思维的参与。

建立合理的思维能力结构,分析、综合、比较、抽象和概括,是思维能力结构不可分割的环节,其中任一个环节出现问题,都会造成思维结构的不完整。大学生的思维能力应该建立在合理的思维能力结构上。学会分析事物的方法,善于对众多的事实材料加以分类整理,从中找出关键问题。在分析基础上加以综合,与相关事物进行比较,抽象出事物的本质属性,并进一步通过概括将抽象出的本质属性推广到同类事物中去,以便于解决实际问题。这样循环往复,形成习惯,能使思维的五种能力全面、均衡地发展。

(四) 创造能力

创造能力是运用一切已知信息,产生出某种新颖而独特的、具有社会价值的产品的能力。在当今社会,创造能力相当重要,因为它是科学发明和技术革新的必备能力。创造能力是大学生学习能力中最重要的组成部分,培养大学生的创造能力,是培养大学生学习能力的关键。

1. 开阔视野,积累多方面的知识经验

知识经验是创新的基础。积累多方面的科学知识与生活经验,开阔视野,就能开启人的思路,为创造性的思维开辟一条绿色通道。有些科学家表示自己的研究灵感不是来自科学本身,而是来自音乐的启示,就是这个道理。

2. 培养求知的渴望和探索新事物的激情

科学发现常常是科学家从人们司空见惯的现象中发现了问题而开始的。牛顿从苹果落地这一人人皆知的现象提出问题而发现万有引力,就是因为他具有强烈的求知渴望和探索事物奥秘的激情。因此,激发大学生的好奇心,鼓励其对事物的内在本质和规律进行探索,是培养大学生创造性的重要前提。

3. 培养从多角度思考问题的方法与习惯

思维中的定式常常束缚人的思维活动,使人的思维活动局限于已有经验的框架中而难以发挥创造性。因此,培养大学生创造性的思维能力,就要使大学生学会多角度地思考问题。为此,可以尝试以下几种方法,激发创造性思维:

第一,尽可能多地给一些东西或词汇下定义。

第二,尽可能多地说出一些东西的用途。

第三,从复杂的图形中寻找出隐藏其中的几何图形,训练识别能力。

第四,给几个短寓言补充"结尾",要求具有不同的性质,如一种是道德的结尾,一种是诙谐的结尾,一种是悲伤的结尾等。

4. 培养执著进取、勇于实践、百折不挠的顽强意志

在科学上没有平坦的大道,只有不畏劳苦,沿着陡峭山路攀登的人,才有希望达到光辉的顶点。许多科学家在取得创造发明之前,都经历过千百次的探索、实验、失败和挫折,最后才取得成功。因此,培养大学生勇于实践、大胆探索、不怕困难、不怕失败、百折不挠的顽强意志,是培养创造力的重要保证。

五、注重理论联系实际

有句话说:"我听到的会忘掉,我看到的能记住,我做过的才真正明白。"高职大学生未来的职业是一线技术工人和管理人员,强调的是技能的掌握和应用。因此,大学生应该懂得各个学科的知识、理论与具体的实践应用是如何结合起来的。无论是学习何种专业、何种课程,如果能在学习中努力实践,做到融会贯通,就可以更深入地理解知识体系,可以牢牢记住学过的知识。每个大学生可以根据自身的条件和特点对自己做出切实可行的规划,并积极主动地参与到各项实践、实训中去。

课堂活动

一、活动

自我放松训练

坐在感觉舒适的椅子上,微闭双眼,全身放松,按下列步骤进行。

1. 紧握拳头——放松;伸直五指——放松。
2. 收紧小臂——放松;收紧大臂——放松。
3. 耸肩向后——放松;提肩向前——放松。
4. 保持肩部平直转头向右——放松;保持肩部平直转头向左——放松。
5. 曲颈使下颌接触胸部——放松。
6. 张大嘴巴——放松;咬紧牙齿——放松。
7. 使劲伸长舌头——放松;卷起舌头——放松。
8. 舌头用力顶住下颚——放松;舌头用力顶住上颚——放松。
9. 用力睁大双眼——放松;紧闭双眼——放松。
10. 深吸一口气——放松。
11. 胳膊顶住椅子,弓臂——放松。
12. 收紧臀部肌肉——放松;臀部及手用力顶住椅子——放松。
13. 伸直并抬高 15~30 厘米再放松。
14. 尽可能地收缩腹部——放松;绷紧并挺腹——放松。
15. 伸直双腿。脚趾上翘——放松。
16. 曲趾——放松;翘趾——放松。

休息 2 分钟,再做一遍。

备注:考试焦虑者在考试期间,每晚睡眠前都按上述要求做两遍。

二、心理测试

考试焦虑量表(TAS)

指导语:下列 37 个句子描述人们对参加考试的感受,请你阅读每一个句子,然后根据你的实际情况(感受),在右面选择合适的答案,并在"是"或者"否"上面打"√"(答案没有对错、好坏之分,只求按实际情况填写。可尽量快些作答,但切勿遗漏)。考试焦虑量表(TAS)如表3-1所示。

表3-1 考试焦虑量表(TAS)

序号	描述	选项	
1	当一次重大考试就要来临时,我总是在想别人比我聪明得多	是	否
2	如果我将要做一次智能测试,在做之前我会非常焦虑	是	否
3	*如果我知道将会有一次智能测试,在此之前我感到很自信、很轻松	是	否
4	参加重大考试时,我会出很多汗	是	否
5	考试期间,我发现自己总是在想一些和考试内容无关的事	是	否
6	当一次突然袭击式的考试来到时,我感到害怕	是	否
7	考试期间我经常想到会失败	是	否
8	重大考试后,我经常感到紧张,以致胃不舒服	是	否
9	我对智能考试和期末考试之类的事总感到发怵	是	否
10	在一次考试中取得好成绩似乎并不能增加我在第二次考试中的信心	是	否
11	在重大考试期间,我有时感到心跳很快	是	否
12	考试完毕后我总是觉得可以比实际上做得更好	是	否
13	考试完毕后我总是感到很抑郁	是	否
14	每次期末考试之前,我总有一种紧张不安的感觉	是	否
15	*考试时,我的情绪反应不会干扰我考试	是	否
16	考试期间,我经常很紧张,以致本来知道的东西也忘了	是	否
17	复习重要的考试对我来说似乎是一个很大的挑战	是	否
18	对某一门考试,我越努力复习越感到困惑	是	否
19	某门考试一结束,我试图停止有关担忧,但做不到	是	否
20	考试期间,我有时会想我是否能完成大学学业	是	否
21	我宁愿写一篇论文,而不是参加一次考试,作为某门课程的成绩	是	否
22	我真希望考试不要那么烦人	是	否
23	我相信,如果我单独参加考试而且没有时间限制的话,我会考得更好	是	否
24	想着我在考试中能得多少分影响了我的复习和考试	是	否
25	如果考试能废除的话,我想我能学得更多	是	否
26	*我对考试抱这样的态度:"虽然我现在不懂,但我并不担心"	是	否
27	*我真不明白为什么有些人对考试那么紧张	是	否
28	我很差劲的想法会干扰我在考试中的表现	是	否

续表

序号	描述	选项	
29	*我复习期末考试并不比复习平时考试更卖力	是	否
30	尽管我对某门考试复习很好,但我仍然感到焦虑	是	否
31	在重大考试之前,我吃不香	是	否
32	在重大考试前,我发现我的手臂会颤抖	是	否
33	*在考试前,我很少有"临时抱佛脚"的需要	是	否
34	校方应该认识到有些学生对考试较为焦虑,而这会影响他们的考试成绩	是	否
35	我认为,考试期间似乎不应该搞得那么紧张	是	否
36	一接触到发下的试卷,我就觉得很不自在	是	否
37	我讨厌老师喜欢搞"突然袭击"式考试的课程	是	否

注:*题目为反向记分题。

【评分标准】

各项目均为1~0评分,对每个项目,被试根据自己的实际情况答"是"或"否"。例如,"参加重大考试时,我会出很多汗",被试根据自己的实际情况答"是"或"否"。评分时,"是"记1分,"否"记0分,但其中标*的第3、15、26、27、29、33题6个项目为反向记分,即"是"记0分,"否"记1分。

TAS只统计总量表分,把所有37个项目的得分加起来即为总量表分。TAS得分12分以下考试焦虑属较低水平,12~20分考试焦虑属中等程度,20分以上考试焦虑属较高水平。15分或以上表明测试者的确感受到了因要参加考试而带来的相当程度的不适感。

第四章

悦纳他人　和谐相处——高职大学生人际交往心理

案例导入

案例 4-1：室友相互鼓励　共同进步

2019 年 4 月某晚报报道中国计量大学同一寝室曾经一起"专升本",如今同寝室全部考研成功。

"当知道我们四个人都过线后,感觉我们寝室真的很厉害。"虽然距离得知考研成绩已过去了几天,但一聊到这个话题,林跃琴依旧很激动。林跃琴是中国计量大学知识产权 17Z1 班的大四学生,同寝室的五名同学均通过"专升本"考试进入中量大的。今年,寝室的考研战绩同样一鸣惊人——4 名同学均上了国家线。目前,林跃琴、蒋敏芝已经成功被宁波大学、浙江工业大学录取。

所有的成功都不是凭空而来的。准备考研的日子里,女孩们每天 6 点多起床学习,一直到凌晨才结束,除去不足两小时的吃饭午睡时间,都是在宿舍和图书馆两点一线地跑。最寒冷的冬天,她们选择待在图书馆的借阅室外面学习,"因为寒冷可以让我们保持清醒"。

考研无疑是一次艰苦并且长久的征程。"刷往年的考题时,即使背了很多的东西还是不会做,当时感觉很崩溃。"每每感到自己坚持不下去时,林跃琴就同妈妈打个电话,只要听到妈妈的宽慰,心里就会好很多。而蒋敏芝则表现得更加乐观。虽然所有人都说她的心态很好,但她坦言,自己也会在别人看不到的地方难过,"有时候感觉专升本的学生在考研时会碰到更多的困难",这时她就会告诉自己,"不拼何以谓人生",更坚定地走下去。考研时,这句话一直贴在蒋敏芝的书桌上。

她们在寝室里也会互相鼓励。"我们总和对方说你可以的,你一定可以的,然后大家心里就觉得自己好像真的可以一样",林跃琴半开玩笑地说着。考研的最后阶段,晚上回到寝室后,她们会互相讨论题目,各有所长恰好能各补其短。林跃琴主攻民商法,在遇到不擅长的刑法题时,就会和刑诉专业的王贝宁讨论。

专升本的经历对这群女孩的影响是巨大的,"这让我们更明确自己的目标并不断地为之努力。"这段经历也给了她们很大的信心,"既然升本科那么辛苦我可以做到,那考研究生我也一样可以做到"。

案例 4-2：交友不慎误前程

小冯是某高职院校大三学生,还有两个月就将走上工作岗位。有一天,他突然走进辅导员办公室,态度坚决地要求办理退学手续。辅导员了解到,小冯是一名贫困生,父母为了供他上学终年在外辛苦打工,还借了不少债;小冯在一年级时成绩不错,二年级下学期时开始陆续出现旷课、迟到早退等情况;目前,有多门功课不及格。了解情况后,辅导员找小冯谈了一次话,觉得无论从其本人还是从其家庭角度考虑,退学都不是最明智的选择。小冯表现得支支吾吾,一会儿说要自主创业,项目都已经与人谈好了;一会儿又说对学习失去了兴趣,这么多门课不及格也不能正常毕业。辅导员觉得另有隐情,在晚上与其父亲取得了联系,小冯父亲在电话中告诉辅导员,小冯前段时间从家里拿走了两万元钱,和家里说是要开一家装修公司,现在公司没开起来,钱也没拿回来。辅导员又找小冯谈了一次话,小冯最终承认,因为在社会上交了不好的朋友,染上了赌博,两万元钱全部赌输了,没法向父母交代,才想出退学打工,挣钱还给父母的想法。辅导员考虑到小冯的本质是好的,给了他课程重修的机会,但要求他必须做到和社会上的这些朋友断绝来往。

当代高职学生身处多元、多样、多变的社会之中，人际交往对象日益复杂，人际关系日益多样化，如何在人际交往过程中追寻到真正的友谊？如何克服人际交往中出现的交往困难与交往障碍？如何建立并维护好人际关系？这些是本章所要讨论的内容。

第一节　高职大学生人际交往概述

一、人际交往概述

（一）人际交往与人际关系

人际交往也称人际沟通，是指个体通过一定的语言、文字或肢体动作、表情等表达手段将某种信息传递给其他个体的过程。人际沟通是人际交往活动的起点和方法，人们通过沟通实现彼此的交往；而人们在交往之后必定会在情感上产生一定的结果和积淀，从而形成相对稳定的情感纽带，这就是人际关系。与前两者比较，人际交往更具整体性，更强调人们在心理、情感上交流的动态过程。所以从人际交往出发，我们能够更好地了解人际沟通和人际关系。

人际关系心理学是指从心理学的角度探讨人际交往的发生、发展、构成及表现的规律，具体指人与人之间在心理与行为上的互动，它反映了人与人之间在内心、情感方面的全部交往。

人际关系通常是指人与人交往关系的总称，而心理学将人际关系定义为人与人在交往中建立的直接的心理上的联系，包括亲属关系、朋友关系、学友（同学）关系、师生关系、雇佣关系、战友关系、同事关系、领导与被领导关系等。人是社会动物，每个个体均有其独特的思想、背景、态度、个性、行为模式及价值观。然而，人际关系对每个人的情绪、生活、工作有很大的影响，甚至对组织气氛、组织沟通、组织运作、组织效率及个人与组织之关系均有极大的影响。

（二）人际交往的特点

1. 人际交往的主体是个体的人

人际交往所反映的是个体与个体之间的关系。其主体与对象都是个人，具有显著的个体性。个人与进入个人生活范围的他人之间的关系，而不是泛指整个社会中人的相互关系，也不是个人在想象中与他人交往。这种交往活动是个体与其生活范围内的其他人之间经常性的自觉或不自觉的各种联系和往来。

2. 人际交往主要研究人们在交往中的心理情感和行为

人际交往强调的是人与人之间的情感关系和心理连接，而不是经济、政治、文化等方面的关系，但这种心理的、情感的关系反映了人的生物的、物质的、文化的、政治的关系。

3. 人际交往是一个互动过程

作为心理、情感上的沟通，不是单向的"输出—接受"关系，而是双向的"输出—反馈"关系，双方互相影响、互相作用，彼此心理和情感都发生变化。如交往中心理距离如何把握度的问题；是不是越近就越好呢？有一句话"隔帘看月，隔水看花"反映了"距离产生美"。叔本华有一段寓言：一群豪猪在寒冷的冬天挤在一起取暖，但它们开始互相击刺，于是不得不分散开。可是寒冷又把它们驱赶在一起，于是同样的事故又发生了。最后经过几番的聚散，它们发现最好是彼此保持相当的距离。同样，群居的需要使得人类要经常相聚在一起，只是人们本性中也有令人不快的"刺"使得彼此不舒服。所以再亲近的人,也应保持一定的距离,包括时间、空间和心理距离。

(三) 人际交往的心理结构

一般来说,人的心理分为知、情、意三层结构。知为认知系统,情为动力系统,意为控制系统。这三个子系统相互作用,相互影响,就构成了心理结构的整体系统与功能。人际交往的心理结构也包括人际认知、人际情感和人际行为这样三个具有内在联系的具体层面。

1. 人际认知

人际认知是指人与人在交往过程中的相互认知,即通过彼此相互感知、识别、理解而建立的一种心理联系。它包括自我认知、对他人的认知、对人际关系的认知三个方面。

人际认知是人际交往的基础。人际交往的建立是从人与人之间的相互认知开始的。人际认知是双向的互动过程,一方面要使自己了解他人,另一方面也要使他人了解自己。为使他人更好地理解自己,一定程度上的"自我暴露"是必要甚至必须的。每个人都需要向他人开放一定的自我领域。假如一个人总是像蜗牛一样,身上背着一个厚厚的硬壳,把自身紧紧地包裹在里面,使他人难识其庐山真面目,他人也就无从与其深入交往。当然,真正的人际认知是一件十分困难的事情,几乎谁都无法完全理解他人内在的精神世界,即俗话所说"画虎画皮难画骨,知人知面不知心"。人们可随着交往频率的增加,逐步加深对他人的了解。人际认知是人际交往的前提。

2. 人际情感

人际情感是指人际交往中各自的需要是否得到满足而产生的情绪、情感体验。

(1) "两分法"。通常人们将人际情感分为积极(正情感)和消极(负情感)两种类型。积极情感是指引起人际相互亲近、融合的情感,诸如喜欢、喜爱等。消极情感是指导致人际相互疏远、分离的情感,例如厌恶、仇视等。

(2) 生活中还有一种"三分法"。人际情感除了上述两种类型外,还有一种若即若离、不即不离的中性情感,而且在人际交往中这种中性情感大量存在着。

由于人际交往在心理上总是以彼此满意不满意、喜爱不喜爱等情感状态为特征,因此,人际情感就成为人际交往的核心,它是人际交往中最本质的、具有决定性影响的因素,是衡量人际关系的晴雨表。人际情感相当细腻微妙,敏感,易碎,善变,因此需要小心呵护,悉心培育,精心经营。

3. 人际行为

人际行为是指双方在相互交往过程中的外在行为的综合体现,包括人们的仪容仪表、服饰打扮、言谈举止、礼仪礼节等。在人际交往中,不论是认知因素还是情感因素,都要通过人际行为表现出来。人际行为是人际交往的调节杠杆,人们可以通过各种行为调节、修补、完善人际关系。

二、人际关系心理学相关理论基础

(一) 人际需要三维理论

社会心理学家舒茨(Alfred Schutz),提出的人际需要三维理论分为两个方面:首先,他提出了三种基本的人际需要;其次,他根据三种基本的人际需要,以及个体在表现这三种基本人际需要时的主动性和被动性,将人的社会行为划分为六种人际关系的行为模式。舒茨认为包容需要、支配需要和情感需要是三种基本的人际需要。包容需要指个体想要与人接触、交往、隶属于某个群体（团体），与他人建立并维持一种满意的相互关系的需要。支配需要指个体控制别人或被别人控制的需要，是个体在权力关系上与他人建立或维持满意人际关系的需要。情感需要指个体爱别人或被别人爱的需要，是个体在人际交往中建立并维持与他人亲密的情感联系的需要。六种基本的人际行为倾向包括：主动与他人交往、期待与他人交往、支配他人、期待他人支配、主动表示友好、期待他人情感表达。

（二）社会交换理论

社会学家霍曼斯（George Casper Homans）采用经济学概念来解释人的社会行为，提出社会交换理论，认为人和动物都有寻求奖赏、快乐并尽少付出代价的倾向，在社会互动过程中，人的社会行为实际上就是一种商品交换。人们所付出的行为是为了获得某种收获或者逃避某种惩罚，希望能够以最小的代价来获得最大的收益。人的行为服从社会交换规律，如果某一特定行为获得的奖赏越多的话，他就越会表现这种行为，而某行为付出的代价很大，且获得的收益又不大的话，个体就不会继续从事这种行为，这就是社会交换。社会交换不仅是物质的交换，而且还包括了赞许、荣誉、地位、声望、心理满足等非物质的交换。个体在进行社会交换时，付出的是代价，得到的是报偿，利润就是报偿与代价的差值。社会交换过程中，包含了深层的心理估价的问题。个体在进行社会交往时，他们对报偿和代价的认识并不是固定不变的，也不一定是根据物质的绝对价值来估计的，这是一个与心理效价有关的问题，所以，当个体对自己的报偿与代价之比的认识大于他人的报偿与代价之比时，也许会被别人所不理解或不认可。由此我们不难理解，为什么在人们的社会交往过程中，有时会出现在有些人看来根本不值得做的事情，却被当事人做得很有趣，而有些时候在别人看来是值得做的事情，却又被另一些人所不齿。

（三）戏剧交往理论

美国社会学家戈夫曼（Erving Goffman），1959年出版《日常生活中的自我呈现》认为人们在日常生活中，一个人愿意与他人交往时，就会有意无意地运用某些技巧整饰自己，以便给对方留下一个良好的印象。由于他把人们的交际行为化做戏剧表演艺术，并且借用艺术的范畴和术语来解释人际互动和印象整饰，故称为戏剧交往理论，有时又称为印象整饰理论。

（四）自我呈现理论

自我呈现理论是指一个人向另一个人暴露自己真实面目及隐秘细节的倾向性理论。自我呈现是个体之间发展友谊和爱情关系的指标，反映一方对另一方呈现真实自我的程度。自我呈现的频率和水平遵循"回报"原则。人们总是用同等水平的自我显示相互作出反应，以建立彼此信任的人际关系。研究表明，自我显示与喜欢关系密切，但合适的自我暴露至关重要。此外，自我呈现存在着明显的个体差异和性别差异。

三、高职大学生人际交往的主要类型

校园是高职学生生活、学习的主要场所，因此，高职学生的人际关系也主要集中在校园中所发生的人与人之间关系。在校园中，高职学生的人际关系主要体现为师生关系、同学关系、宿舍关系、恋人关系、同乡关系、网络关系六种类型。

（一）师生关系

师生关系是教师以教书育人为职业，学生以学习为天职而形成的人际关系。师生关系中的教师包括专业教师、学生思想政治辅导员和其他各级管理人员。

大学中的师生关系与中小学的师生关系有较大差别。在中小学阶段，教师的课时较多，多数任课教师坐班，且部分教师兼任班主任，师生之间直接接触的时间较多，师生关系较为集中。教师多以长者的身份对学生的衣食住行、喜怒哀乐、学习状况等实行全方位管理。学生年龄偏小，独立性不强，自主思考的思想尚未成熟，与教师之间的学术交流、深度沟通不多，更多是一种情感上的依赖。

大学阶段，任课教师一般不兼任学生的日常管理工作，而负责学生日常管理工作的思想政治辅导员大多不兼任专业课程。任课教师不坐班，他们上完课就回家了；思想政治辅导员虽然坐班，但他负责的学生较多，除了学生会的学生与之会有较多接触外，大多数学生与之并未有太多接触，师生关系相对松散。但是，大学教师具有知识丰富，对专业研究较为深入，对社会与人生的理解较为深刻等特点。加之高职学生年龄进入成年，独立性增强，思维活跃，与老师在学术交流、深度沟通方面增多。教师不仅能给予学生学业上的指导，而且在正确认识人生、社会的问题上，教师也能给予学生更多启迪。梅贻琦先生这样形容大学教师与学生之间的关系："学校犹水也，师生犹鱼也。其行动犹游泳也，大鱼前导，小鱼尾随，是从游也。从游既久，其濡染观摩之效，自不求而至，不为而成。"[①] 因此，大学师生关系虽然形式上松散，但内涵上深刻。良好的师生关系，对于大学生知识的积累和身心的发展具有重要的作用。

(二) 同学关系

同学关系是指以共同的理想为基础，以共同的学业维系的一种人际关系，它是高职学生人际交往中最普遍、最广泛的关系。在同学关系中同班同学关系是大学生最为主要的关系，因为同班同学能够朝夕相处，学业上相互帮助，认识上了解深刻，情感上相互依赖，这种"同窗"关系大多能保持终生。此外，同学关系还包括同专业、同学校以及校外同学之间的关系。

随着社会快速发展，当代高职学生的竞争意识、开放意识增强，高职学生的同学关系又可以分为合作型与竞争型两种。合作型的关系是指同学之间形成学业上相互切磋，取长补短，共同提高的人际关系。竞争型的关系是指同学之间你追我赶，相互比拼的人际关系。两种类型的同学关系各有长短。合作型的同学关系有助于形成友好、和谐的氛围，但容易缺少活力。竞争型的同学关系能够产生压力，激发学习动力，形成充满活力的氛围，但容易引发嫉妒、猜忌等负面心理乃至不正当的行为。

(三) 宿舍关系

宿舍关系是指因住同一宿舍而形成的人际关系。宿舍关系是当代高职学生人际关系中不可忽视的内容。之所以如此，一是因为宿舍是高职学生进入大学后在学校的"家"，是他们日常活动的最基本的单位。同宿舍的同学不仅朝夕相处，接触时间长，而且客观距离最近，无论是学习还是起居生活均在一起。因此，宿舍内的人际关系对高职学生的生活习惯、精神风貌、学习态度都有着极为重要的影响作用。二是高职院校目前普遍实行学分制，与实行学年制相比，学生在班集体中活动的时间变少，宿舍活动的时间增加，因此宿舍关系对学生的影响超过了班级关系，宿舍关系凸显。

良好的宿舍关系能对高职学生产生积极的影响。如案例4-1中，"抱团考试"从一个方

---

① 梅贻琦等. 梅贻琦教育论著选[M]. 北京：人民教育出版社，1993：120.

面反映出良好人际关系的积极意义。同学们在某种共同兴趣、爱好,或者一种志同道合的理想的基础上结成一定的人际关系,互相帮助、鼓励,最终取得了意想不到的效果。宿舍中的同学相互扶持,一起走过英语四级考试准备期这一段艰难的日子,当宿舍中有人思想发生动摇,有人想中途放弃时,其他同学适时的精神鼓励无疑具有非常重要的意义。这些鼓励是平时良好人际关系的体现,也能进一步加深彼此的情谊,形成一种良性循环的局面。相反,紧张的宿舍关系则会对高职学生产生消极的影响。

(四)恋人关系

恋人关系是指交往主体为满足情感需要所结成的朋友之间的关系。处于青年期的学生,由于生理上的成熟和性意识的觉醒,产生了对爱情的向往和关注。同时,由于高职学生年龄相仿,学习、生活朝夕相处、交往密切,加之校园交往环境较为宽松,特别自2006年起我国允许在校大学生结婚,一些学生发展成恋人关系。目前,高校恋人的身影随处可见。高职学生中恋人关系一般具有盲目性较大,理智性较弱,不持久等特点。

(五)同乡关系

同乡关系是指因地域相同或接近而结成的人际关系。一所学校、一个学院、一个班级甚至一个宿舍总会有几个来自同一省、地区、市县的同学。由于这些同学生长在相同的地方,有着共同的语言习惯和生活习惯,因而在人生地疏的环境中,他们的心理距离小,容易形成密切的人际关系。

同乡关系在刚入学的新生中尤为突出。每年的新生入学阶段,校园里的"同乡会"就十分活跃,老生们兴高采烈地查找新生同乡,新生们也感到十分亲切,同乡的出现使得他们在陌生的异地感到乡情的温暖。但是,随着时间的推移,随着高职学生社交面愈益扩大,纯粹同乡关系会逐渐减少。

高职院校中"同乡会"的出现一方面具有积极的作用,它能使处于心理"断乳期"的高职新生找到慰藉与心理寄托,缓解新生刚入学时的焦虑情绪。另一方面,如果新生不能积极融入新的集体生活,一味沉溺于同乡关系中,也可能被一些别有用心的同乡人利用,出现打群架、集体旷课等违纪现象,出现严重后果的甚至被取消学籍。

(六)网络关系

网络关系是指交往主体以网络为纽带,在虚拟的网络世界中发生互动并形成的人际关系。随着信息技术的高速发展,互联网已经变为人类进行社会交往活动的重要工具,高职学生是上网一族中的主力军。高职学生网络人际关系是指在虚拟的网络社会中,高职学生通过微信、微博、QQ、贴吧等聊天平台而彼此建立的人际关系。网络交往方式吸引着越来越多的高职学生,他们可以在虚拟的网络空间中直抒胸臆,释放个人的情感;可以通过网络的沟通,扩大交往人群的范围,寻求与自己理想、志趣、观念相投之人。

网络是一把双刃剑,它在给高职学生带来便利与乐趣的同时也向他们提出了各种挑战,网络向高职学生提出的最大挑战是对"度"的把握。目前在高职院校中总有一些学生过度依赖网络以致迷失了学习方向,失去了自我。网恋、网瘾等问题成为困扰高校教育工作者的新问题。

四、常见人际交往中的心理效应

从某种意义上来说,人际关系就是一种心理关系。人际关系不论是从其建立和发展,还是到其完善和终止,其内在机制归根结底都源于人的心理因素。心理学对印象形成因素的探讨也对人际关系研究具有启发意义。这些因素主要有首因效应、近因效应、定向效应、光环效应、刻板印象等。

1. 首因效应

首因效应,也叫第一印象,是指两个素不相识的人初次见面时所形成的印象,包括对方的衣着、神态、仪表、谈吐以及其他一切可以觉察到的外部表象,然后根据主观印象给对方做出初步评价。在交友、招聘、求职等社交活动中,我们可以利用这种效应,展示给人一种极好的形象,为以后的交流打下良好的基础。

2. 近因效应

近因效应,也叫新近印象,是指在总体印象形成过程中,最后获得的信息比原来获得的信息影响更大的现象。在人际交往中,要想吸引别人或者给对方以深刻的影响,就需要加强在谈吐、举止、修养、礼节等各方面的素质,发扬近因效应的正向作用,防止负面影响。

3. 光环效应

光环效应,也叫晕轮效应,是指当你对某个人有好感后,就会很难发现他的缺点,就像有一种光环在围绕着他,你的这种心理就是光环效应。光环效应有一定的负面影响,在这种心理作用下,你很难分辨出好与坏、真与伪,容易被人利用。所以,我们在社交过程中应警惕光环效应。

4. 刻板印象

刻板印象指的是人们对某一类人或事物产生的比较固定、概括而笼统的看法。它既有积极的一面,也有消极的一面。积极的一面表现为:在对于具有许多共同之处的某类人在一定范围内进行判断,不用探索信息,直接按照已形成的固定看法即可得出结论,这就简化了认知过程,节省了大量时间、精力。消极的一面表现为:在被给予有限材料的基础上做出带普遍性的结论,会使人在对他人的认知过程中忽视个体差异,从而导致知觉上的错误,妨碍对他人做出正确的评价。

5. 定势效应

定势效应也称定向效应,是指人们在社会生活中形成的对某个或某类人或事物的一种概括和固定倾向的心理效应。人际交往中,人们常常会用自己已经形成的分类标准去认知他人,于是很容易将不同的人归入自己所划的类,从而形成交往中的定向效应。这种定向效应容易形成一种先入为主的观念,忽视个体差异,形成错误判断,从而阻碍人与人的正常认知和人际交往。

6. 投射效应

投射效应是指将自己的特点归因到其他人身上的倾向。在认知和对他人形成印象时,以为他人也具备与自己相似的属性的现象,把自己的感情、意志、特性投射到他人身上并强加于人,即推己及人的认知障碍。比如,一个心地善良的人会以为别人都是善良的;一个经常算计别人的人就会觉得别人也在算计他等。

投射使人们倾向于按照自己是什么样的人来知觉他人,而不是按照被观察者的真实情况进行知觉。当观察者与观察对象十分相像时,观察者会很准确,但这并不是因为他们的知觉准确,而是因为此时的被观察者与自己相似。投射效应是一种严重的认知心理偏差,辩证地、一分为二地去对待别人和对待自己,是克服投射效应的方法。

第二节　高职大学生常见人际交往特点及问题

高职大学生都希望有丰富的人际交往活动,拥有令人感到温暖而友善的人际关系。但遗憾的是,他们尽管有与人交往的强烈愿望却没有几个知心朋友;虽然处于青春活力的校园,却无法摆脱心灵的孤寂。

一、高职学生人际交往特点

（一）交往愿望强烈

当代大学生独特的生活环境和思想氛围,决定了其人际交往较之中学时代具有更大的广泛性、互动性和多样性,大学生人际交往的愿望比中小学生更为迫切,他们力图通过交往去开阔视野、丰富知识、学会处世以表现自己各方面的才能,获得情绪的稳定,保持足够的自尊心和自信心。大学生思想活跃、精力充沛、兴趣广泛,有充裕的时间去思考交往,富于理想情感,讲究情投意合、融洽相处。

（二）人际交往的社会性强

大学生人际关系的社会性大大地增强,大学生年轻、有干劲,"初生牛犊不怕虎",是有冲劲和活力的一代,他们参与社会交往,不仅可以增长见识,也可以增长社会财富。大学生在中学阶段,注意力都集中在学习上,没有时间和精力进行很多的人际交往;进入大学后,他们走出家门,结交了更多的朋友,交流更多的信息,接受更多的新思想,与社会的接触比中学时更加频繁与密切,人际交往呈现出前所未有的开放式交往趋势。

（三）存在一些团体或组织

社团已成为大学生交往的重要校园空间,很多学生认为,没有参加过社团就等于没有上过大学。形成这些团体或组织的原因主要有相似性吸引、接近性吸引和补偿性吸引三类,在这些群体中,起积极作用的是多数,同学之间的情谊能用道德标准要求,有共同的兴趣和爱好,互相关心、互相帮助、共同进步。也有起消极作用的团体,交往活动常常是玩耍、娱乐、吃喝,学习、思想上不能互相帮助,不能用集体的道德标准和生活规范来约束自己的行为。

（四）交往注重自立,不依赖家庭

大学生的独立意识普遍增强,不仅理性地思考、判断、处理自身的问题,也关心社会,批判地接受知识,批判地看待其他事物,有着强烈的体现个性的见解和疑问。大学生在自我意识和社会关系相互协调的基础上,开始树立自我的个性,支持自己的主张,以独立的人格和态度处事,积极自主地开展人际交往活动。这个时期,大学生的抱负与志向鲜明,对于家庭往往已不再依赖,而是以成人的眼光参与和处理家庭事务,充分体现个人的意志和性格,这使得大学生更容易接受新事物,更容易受社会思潮的影响。

（五）交往内容多样性

大学生交往的内容除了专业知识以外,人际交往频繁,内容丰富多彩,涉及文学、艺术、体育、政治、外交、人生、理想、爱情和社会问题等各个方面。大学生交往频率提高,由偶尔的相聚发展到较为经常的聊天、社团活动、聚会、体育活动、娱乐、结伴出游以及其他一些集体活动。交往方式和渠道也越来越多样。

(六) 交往范围扩大，但仍以同龄人为主

市场经济的发展，使得人际交往的范围也随之扩大，大学生交往对象由以前的亲戚、邻居、成长伙伴转向大学同学和在社交场合认识的其他人，其中又以同学交往为主。大学生过着朝夕相处的集体生活。众多的交流机会、相似的人生经历、共同的学习任务，使得大学生的交往对象主要选择在同寝室、同班级、同乡同学之间，围绕学习、娱乐、思想交流、感情交通而展开。他们较少受社会经验和传统思想的束缚，思想开放活跃，力图突破现有的交往圈，不断以新的眼光和标准去扩大交往范围，寻求更多更好的伙伴；交往能力强的同学交往不局限于同班同学，更多的大学生突破班级、年级范围，发展到同级、同系、同校高低年级可认识的所有同学及外校、社会上的朋友。

(七) 部分大学生缺少交往技能、交往机会和环境

大学生主要任务是学习，大部分时间与精力都倾注在学习上，交往技能比较贫乏，交往方式比较被动。青年学子尚未深入接触社会，其复杂性绝非在菁菁校园中所能想象的，面对错综复杂的人际关系及各种各样的实际问题，他们开始发现以前那种认为自己可以完全独立的心态是可笑的，大学生的人际关系更因他们的年轻而难以把握。大学生人际交往是生活的重要组成部分，也是获得新知识的过程。大学生人际交往的方式、行为和观念经常改变，交往空间的逐步扩大。这些变化既是大学生自我意识进一步觉醒，也是整个社会生活状态发生质变的结果。

二、高职学生人际交往常见问题

高职学生的人际交往困难主要体现在能力上，从个体微观层面上看，主要表现为适应性困难、选择性困难和调节性困难。

(一) 适应性困难

适应性困难在大学新生中表现得较为普遍，是大学新生融入新生活的最大障碍。研究发现，大学成功在很大程度上取决于新生第一年的经历。假如第一年适应不良，可能导致新生学业兴趣淡漠、学习参与度降低、学习成绩不佳、人际关系出现障碍、精神和健康状态不良，甚至中断学业。不少学生克服重重困难进入大学校门，却因为不适应高校生活而终结自己的大学梦。

大学新生的适应性困难首先表现为人际交往的困难。步入大学后，每一位大学生都会遇到与中学不同的、多姿多彩的人际关系，除了师生、同学、班级、网友外，还会出现老乡、社团、学生组织、社会中的朋友等新的人际关系。突然面对比较复杂的人际交往，相当数量的学生表现出不适应，不知如何面对。

案例4-3：从没话说到"话痨"

某高校大一新生小西是个标准的乖乖女，和班上男生说的话都在10句以内，在公开场合发言也声如蚊蚋，头埋得低低的。下了课就回宿舍，也不参加社团活动。她说，有时想和男生多交流，却不知道说什么，大学比高中复杂。高中的同学只是学习关系，大学还有舍友、系友，出了问题也只能靠自己。

在该校英语系，一年级有10个班，29个人的班级里最多也只有6个男生，最少2个。一个多月过去了，有些男生连班里女生的名字都叫不全。"我们'00后'的通病是，对不熟的人

一句话没有,对熟人却是滔滔不绝的'话痨'。"

大学新生的适应性困难还表现为学习方式方法不适应、心理不适应、经济不适应等多个方面。有些大学新生因为不能很好适应大学生活,出现了失意、压抑、焦虑、恐惧等心理,严重的甚至出现神经衰弱等症状。

（二）选择性困难

大学生人际交往的选择性困难主要体现在人际认知价值选择上的困难。人际认知包括自我认知、对他人的认知和对人际关系的认知,因此,人际交往的选择性困难也主要从这三个方面表现出来。

1. 自我认知的困难

在现实生活中,人们对自己的认识一般有三种情况:比较客观地评价自我,过高地评价自我和过低地评价自我。大学生受阅历、思维、价值观等方面的制约,一般情况下较难做到客观地认识自己。例如,家庭贫困的学生会感到"低人一等",产生自卑心理,在人际交往中表现为不自信、躲闪、逃避、不敢表达自己的真实情感,进而与他人交往形成障碍。还有一类学生是自我认知优越感过强,譬如一些同学因为受到任课老师、辅导员的信任,渐渐生出一些优越感,表现为向同学炫耀老师对他的信任。优越感过强,会生出傲慢、自负、不合群等心理,造成人际交往的困难。

2. 对他人认知的困难

大学生在个性特征、价值取向、认识能力、处世能力等方面存在较大差异,所以在认识他人的过程中会出现能够客观地认识他人和不能够客观地认识他人两种情况。相当数量的大学生不能够客观地认识他人。中国有句俗话:"画虎画皮难画骨,知人知面不知心",因此,在人际交往建立过程中,如何排除认识对象的表面特征,把握对方的本质特征,是建立彼此之间良好人际关系的基础。

3. 对人际关系认知的困难

尽管相对于社会上的人际关系来说,大学生面对的人际关系要相对简单、单纯得多。但随着网络的普及,处于社会转型期的大学生接触的事物逐渐增多,面对的人际关系也越来越多样化。就大学校园中出现的人际关系类型来说,有师生关系、同学关系、恋人关系、同乡关系、网络人际关系等。面对多样的人际关系,究竟建立哪种关系更适合自己,更有助于自身的发展,需要大学生做出自己的判断。

（三）调节性困难

当代大学生身处多元、多样、多变的社会之中,其思想和行为受到正确与错误、积极与消极、传统与现代等多种因素的影响,思想上易产生矛盾,行动上易遭受挫折。由于受到主观或客观因素的影响,大学生自我调节能力不足,很难从矛盾与挫折中解脱出来,继而影响了人际交往。比如,大学生遇事缺乏先考虑别人的意识;缺乏全面看待别人的意识;缺乏包容意识,致使矛盾激化,最后不得不由院系老师、领导出面解决问题。可见,当代大学生应该在协调矛盾,战胜挫折中来提高认识和处理人际关系的能力。

人际交往障碍体现在高职学生的心理、观念和行为上。从心理层面看,高职学生的人际交往障碍表现为以下几个方面:

1. 自负

自负表现为只关心个人的需要,强调自己的感受,在人际交往中表现为目中无人。与同伴相聚,不高兴时会不分场合地乱发脾气,高兴时则海阔天空、手舞足蹈讲个痛快,全然不考虑别人的情绪和别人的态度。另外,在对自己与别人的关系上,过高地估计了彼此的亲密度,讲一些不该讲的话。这种过于亲昵的行为,反而会使人出于心理防范而与之疏远。

2. 忌妒

西班牙作家赛万提斯(Miguel de Cervantes Saavedra)指出:"忌妒者总是用望远镜观察一切,在望远镜中,小物体变大,矮个子变成巨人,疑点变成事实。"忌妒是对与自己有联系的而强过自己的人的一种不服、不悦、失落、仇视,甚至带有某种破坏性的危险情感,是通过把自己与他人进行对比,而产生的一种消极心态。当看到与自己有某种联系的人取得了比自己优越的地位或成绩,便产生一种忌恨心理;当对方面临或陷入灾难时,就隔岸观火、幸灾乐祸;甚至用造谣、中伤、刁难等手段贬低他人,安慰自己。正如黑格尔所说:"有忌妒心的人自己不能完成伟大事业,便尽量去低估他人的伟大,贬低他人的伟大性使之与他本人相齐。"

忌妒的特点是:① 针对性。与自己有联系的人;② 对等性。往往是和自己职业、层次、年龄相似而超过自己的人;③ 潜隐性。大多数忌妒心理潜伏较深,行为表现较为隐秘。

3. 多疑

多疑是人际交往中的一种负面的心理品质,正如英国哲学家培根(Francis Bacon)说的:"多疑之心犹如蝙蝠,它总是在黄昏中起飞。这种心情是迷陷人的,又是乱人心智的。它能使你陷入迷惘,混淆敌友,从而破坏人的事业。"具有多疑心理的人,往往先在主观上设定他人对自己不满,然后在生活中寻找证据。带着以邻为壑的心理,必然把无中生有的事实强加于人,甚至把别人的善意曲解为恶意。这是一种狭隘的、片面的、缺乏根据的一种盲目想象。

4. 自卑

心理学家的研究表明,儿童时期如果在活动中取得成绩而得到老师、家长及同伴的认可、支持和赞许,便会增强他们的自信心、求知欲,内心获得一种快乐和满足,就会养成一种勤奋好学的良好习惯。相反,他们会产生受挫感和自卑感。个体自卑感的形成主要是社会环境长期影响的结果。自卑的浅层感受是别人看不起自己,而深层的理解是自己看不起自己,即缺乏自信。

5. 干涉

心理学研究发现,人人需要一个不受侵犯的生活空间;同样,人人也需要有一个自我的心理空间。再亲密的朋友,也有个人的内心隐秘,有一个不愿向他人坦露的内心世界。有的人在相处中,偏偏喜欢询问、打听,传播他人的私事,这种人热衷于探听别人的情况,并不一定有什么实际目的,仅仅是以刺探别人隐私而沾沾自喜的低层次的心理满足而已。

知识链接 4—1

人 际 距 离

对方和你的关系如何,可以通过他与你保持的距离来判断。同样,彼此间的对话,也和双方距离的远近有很大关系。根据美国人类学家埃特瓦特·霍尔的观察,人际关系可通过 8 种距离来断定。

1. 密切距离——接近型(0.15米)

这是为了爱抚、格斗、安慰、保护而保持的距离,是双方关系最接近时所具有的距离。这时语言的作用很小。

2. 密切距离——较近型(0.16~0.45米)

这是伸手能够触及对方的距离。是关系比较密切的同伴之间的距离,也是在拥挤的电车中人与人之间不即不离的距离。

3. 个体距离——接近型(0.46~0.75米)

这是能够拥抱或抓住对方的距离。对于对方的表情一目了然。男性与其妻子处于这种位置是自然的,而其他女性处在这个距离内,则易产生误解。

4. 个体距离——稍近型(0.76~1.20米)

这是双方同时伸手才能触及的距离,这是对人有所要求时应有的一种距离。

5. 社会距离——接近型(1.21~2.10米)

这是超越身体能接触的界限,是办事时同事之间所处的一种距离。保持这种距离,使人具有一种高雅、庄严的气质。

6. 社会距离——远离型(2.11~3.60米)

这是为便于工作保持的距离,工作时既可以不受他人影响,又不给别人增添麻烦。夫妻在家时,保持这种距离,可以互不干扰。

7. 公众距离——接近型(3.61~7.50米)

如果保持4米左右的距离,说明说话人与听话人之间有许多问题或思想待解决与交流。

8. 公众距离——远离型(7.50米以上)

这是讲演时采用的一种距离,彼此互不相扰。

如能将以上8种距离铭记在心,就能准确、顺利地判断出你与对方所处的关系与密切程度。

6. 羞怯

羞怯心理是绝大多数人都会有的一种心理。具有这种心理的人,往往在交际场所或大庭广众之下,羞于启齿或害怕见人。由于过分的焦虑和不必要的担心,使得人们在言语上支支吾吾,行动上手足失措。长此下来,会不利于同他人正常交往。

7. 敌视

这是交际中比较严重的一种心理障碍。这类人总是以仇视的目光对待别人。这种心理或许来自童年时期受到的虐待家庭环境。对不如自己的人以不宽容表示敌视;对比自己厉害的人用敢怒不敢言的方式表示敌视;对处境与己类似的人则用攻击、中伤的方式表示敌视。周围的人随时有遭受其伤害的危险,而不愿与之往来。

三、高职大学生常见人际交往障碍的调适

(一)克服以下几种心理

1. 面子心理

大学生的许多人际冲突,都是发生在没有什么原则问题的小事情上,往往是一次无意的

碰撞、不经意的言语伤害或损失区区小利等,本来只要打个招呼、说声抱歉,也就没事了,但双方都"赌气",不道歉,还出言不逊,结果争吵起来。更有甚者,一个不让,一个挥拳相向,闹得头破血流,事后又懊悔不迭。从心理学角度讲,则是双方都在用不适当的方法维护自尊,即典型的面子心理。仿佛谁先道歉就伤了面子,谁在威胁面前低了头谁就孬种,于是层层升级,以悲剧而告终。

2. 冲动心理

大学生处于特定的生理发展期,自制能力较弱,遇事容易冲动,或者有些同学认为自己做事爽快,实则也是冲动表现。像骑车相撞以及类似的许多事情,是大家都不愿意发生的,有时也很难断定谁是谁非,双方谦让一下就相安无事了,即使自己有理,也可以忍让一点,好言相对,然而大学生往往一时冲动,气势汹汹,把事情弄糟。

3. 封闭心理

大学生人际和谐的表现之一是乐于与人交往,然而有的大学生由于种种原因则形成不同程度的封闭心理,阻碍其正常人际关系的形成。有的是因为性格内向,情感冲动的强度较弱,外露表现不明显,被人误认为封闭,实际上他们是情感深沉,帮人能一帮到底。有的是整天忙忙碌碌,因为紧张的工作和繁重的学习所累,始终处于疲倦状态,自然也就很少有高涨的热情,只要紧张气氛松弛了,他们的热情一般能很快调动起来。有的则是因为心灵上的创伤所致,如过去曾赤诚待人,结果却遭受欺骗、暗算,因此对人渐存戒心,不轻易暴露自己的思想感情;或者工作屡屡受挫,世界在其眼中被蒙上了一层灰暗的色彩,失去了信心,失去了对生活的追求,自以为是看破红尘,新的事物、新的活动难以再激起他的热情,看不到自己改造世界的力量,只想消极混世,了此一生。对于心理封闭的大学生,最重要的是要努力改变自我,自强不息。大家要以更大的热情关心、帮助他,不能简单予以责备或孤立他。

(二) 构建良好的人际交往原则

1. 谦虚谨慎,摆正位置

要做到这一点的关键是正确认识自己的过去,忘记过去的辉煌或阴影,把大学生活作为一个新的起点,平静地看待周围的人和事,保持一种平和而理智的心态,谦虚待人。

2. 平等相待,真诚相处

大学生的性格特点决定了其人际交往的基础只能是人格平等,以诚相待。大学生之间存在差别,但他们在交往中却都刻意追求平等,强者不愿被迎合,弱者不愿被鄙视。因此,在学习、生活、工作中,特别是困难面前,互帮互助。热诚的赞许与诚恳的批评,都能使彼此间愿意了解、信任、倾诉、交心。

3. 主动开放

每个人所隐藏的内心世界,正是别人希望发现的奥秘,一般来说只有暴露了自己的内心,才能走进别人的心里。当你对他人做出一个友好的行动,表示支持或接纳他时,他的心理就会产生一种压力,为保持自己的心理平衡,他便会对你报以相应的友好行为。善于与人交谈和一起娱乐,能恰当分配时间与人交往、参加集体活动,往往会取得思想上的沟通、感情上的融洽。

4. 心理互换与相容

生活中常常由于种种原因而导致不能准确地理解别人。但当你站在别人的位置看问题时,就会了解别人的所言所行,获得许多从未有过的理解,便会觉得心理上的距离缩短了。另一方面,每个人都有保留自己意见和按照自己意愿去生活的权力,彼此只能用自己的思想去影响别人,而不可能强制改变别人。如果时时处处尊重和理解别人的选择,不过高要求别人,就可以减少误解,拥有豁达心胸,从而达到心理相容。

5. 合作协助,友好竞争

生活在相同的环境中,彼此间的合作不可避免。你应该在别人午睡时,尽量放轻动作;自己听音乐时戴上耳塞;有同舍室友亲友来访,热情接待。"勿以善小而不为",当你设身处地为别人着想时,彼此合作的契机便已来临。在与他人的竞争中,倡导"公平公开,既竞争又以诚相助,既竞争又合作"。

如果你能努力朝这些方向前进,你就会发现,一切正在悄然改变:朋友之间的不快荡然无存;能够畅言的知音越来越多;亲友间深挚互爱。你会过得充实愉快,会觉得人际交往是一件自然与轻松的事,从而对学习生活持以乐观的态度,对塑造一段完美的大学生活以及以后的人生充满信心。

第三节 高职大学生保持良好人际关系的原则与途径

和谐的人际关系既是人们心理健康不可缺少的条件,也是人们获得心理健康的途径。卡耐基说,一个人事业的成功只有15%是靠专业技术,另外85%是靠人际关系与处事技巧。由此可见,人际关系对于一个人是多么的重要。那么,良好的人际关系要怎样去建立和维护呢?

一、高职学生人际交往的原则

(一)平等原则

首先要坚持平等的原则,无论个体具有什么条件、什么背景,都没有高低贵贱之分,要以朋友的身份进行交往,才能深交。切忌因年级低、学生工作职务低、经济条件差而自卑,也不要因为自己是高年级学生、成绩好、被老师信任而趾高气扬,这些心态都影响人际关系的顺利发展。

(二)尊重原则

尊重包括两个方面:自尊和尊重他人。自尊就是在各种场合都要尊重自己,维护自己的尊严,不要自暴自弃。尊重他人就是要尊重别人的生活习惯、兴趣爱好、人格和价值观。谦虚而不矫饰诈伪,不俯仰讨好位尊者,不藐视位卑者显示自己的自信心,只有尊重别人才能得到别人的尊重(图4-1)。

(三)相容原则

主要是心理相容,即人与人之间的融洽关系,与人相处时的容纳、包含、宽容、忍让。主动与人交往,广交朋友,交好朋友,不但交与自己相似的人、还要交与自己性格相反的人,求同存异、互学互补、处理好竞争与相容的关系,更好地完善自己。

(四)互利原则

指交往双方的互惠互利。人际交往是一种双向行为,

图4-1 平等尊重

故有"来而不往,非礼也"之说,只有单方获得好处的人际交往是不能长久的。所以要双方都受益,不仅是物质的,还有精神的,所以交往双方都要讲付出和奉献。

(五)信用原则

交往离不开信用。信用指一个人诚实、不欺、信守诺言。古人有"一言既出、驷马难追"的格言。现在有以诚实为本的原则。不要轻易许诺,一旦许诺、要设法实现,以免失信于人。朋友之间,言必信、行必果。

二、人际交往的法则

人际交往中还有很多有效的法则和习惯,可以帮助我们建立关系,获得友谊。

(一)黄金法则

你希望别人怎样对待你,你就先怎样对待别人,这就是黄金法则。它强调人际关系中的主动性,以心交心。你想要收获什么样的人际关系,首先你自己得先成为什么样人。

你想要别人真诚待你,那么你首先得真诚对待别人。但这绝不是等价交易,你付出了真诚,别人不一定会真诚待你。因为人际关系根本就不是交易。譬如有人说父母和孩子的关系是一种变相的交易,父母投资来培养孩子,为的是光宗耀祖和为自己养老送终。这样的观点太过于现实和势利,并且是片面的。父母对孩子的爱,用钱可以衡量吗?爱是无价的。人际关系中,有一些东西是无价的,不可以通过交易获得,而是要以心交心,把人际关系看作一种交易一开始就是一个错误。

黄金法则强调的是你怎样对待别人,别人就怎样对待你。但要记住这不是等价交易,你若付出,不一定有收获,你若不付出,就一定不会有收获。

(二)白金法则

白金法则是:别人希望得到你怎样的对待,你就怎样对待他。如果你是一个能同理别人的人,能够进入对方的世界,感受别人的感受,和他一起开心,也一起经历痛苦,能够懂得别人的疾苦,随时能够看到别人的需要,并且无私的给予,你一定会拥有真正的朋友。一个微笑,一个拥抱,一次陪伴……不需要钱,但要用心。

(三)20/80 法则

20/80 法则应用非常广泛,当然也包括人际交往当中。在人际关系当中,倾听是非常重要的,80% 在听,20% 在认真地回应,有时对方只是想向你倾诉内心的苦楚,你也只需要认真倾听即可,并不要求你一定要做什么事情才能表达你对他的情谊。

(四)倾听

倾听是对别人最好的尊敬。专心地听别人讲话,是你所能给予别人的最有效,也是最好的赞美。不管说话者是上司、下属、亲人或者朋友,还是其他人,倾听的功效都是同样的。人们总是更关注自己的问题和兴趣。同样,如果有人愿意听你谈论自己,你也会马上有一种被重视的感觉(图4-2)。

当然,倾听不仅仅是保持沉默,用耳朵听听而已。如果我们只用眼睛或耳朵来接收文字,而不

图 4-2 学会倾听

用心去洞察发现对方的心意,就没有听懂对方表达的意思,结果只是浪费时间,并不能达到有效沟通的目的。真正的倾听,是要专注倾听、仔细观察、用心体会。以下是交往中要掌握的倾听的技巧:

1. 要有良好的精神状态

良好的精神状态是倾听质量的重要前提,如果沟通的一方萎靡不振,是不会取得良好的倾听效果的,只能使沟通质量大打折扣。要努力维持大脑的警觉,而保持身体警觉则有助于使大脑处于兴奋状态。

2. 及时用动作和表情给予呼应

谈话时,应善于运用自己的姿态、表情、插入语和感叹词。如微笑、点头等,都会使谈话更加的融洽。

3. 使用开放性动作

开放性动作是一种信息传递方式,代表着接受、容纳、兴趣与信任。这会让说话者感到你已经做好准备积极适应他的思路,理解他所说的话,并给予及时的回应。它传达给他人的是一种肯定、信任、关心乃至鼓励的信息。

4. 必要的沉默

沉默是人际交往中的一种手段,它看似一种状态,实际蕴含着丰富的信息,它就像乐谱上的休止符,运用得当,则意味无穷,真正可以达到"无声胜有声"的效果。但沉默一定要运用得体,不可不分场合,故作高深而滥用沉默。而且,沉默一定要与语言相辅相成,才能获得最佳的效果。

5. 适时适度地提问

适时适度地提出问题是一种倾听的方法,它能够给讲话者以鼓励,有助于双方的相互沟通。

6. 不要随便打断别人讲话,要有耐心

当对方说话内容很多,或者由于情绪激动等原因,语言表达有些零散甚至混乱时,你都应该耐心地听完他的叙述。即使有些内容是你不想听的,也要耐心听完。千万不要在别人没有表达完自己的意思时,随意地打断别人的话语。当别人流畅地谈话时,随便插话打岔,改变说话人的思路和话题,或者任意发表评论,都被认为是没有教养或不礼貌的行为。

要使别人对你感兴趣,那就先对别人感兴趣。问别人喜欢回答的问题,鼓励他人谈论自己及他所取得的成就。不要忘记与你谈话的人,对他自己的一切,比对你的问题要感兴趣得多。

总之,倾听需要做到耳到、眼到、心到,当你通过巧妙的应答把别人引向你所需要的方向或层次,你就可以轻松掌握谈话的主动权了。能做个耐心的听众是一件难能可贵的事。不管是在日常的社交过程中,还是在职业场合里,都要学会做一个有耐心的听众,并且把你对说者的尊重和诚意表现在脸上,你将会有意想不到的收获。

(五)赞美

心理学家威廉·詹姆斯(William James)说:"人性最深层的需要就是渴望别人欣赏和赞美。"每一个人都喜欢别人的赞美。一句恰当的赞美犹如银盘上放的一个金苹果,使人陶醉。如果在人际交往中,懂得赞美、善于赞美,那么你将成为一个有吸引力的人。赞美人并不是一件容易的事,正如水能载舟亦能覆舟一样。适当的赞美之词,恰如人际关系的润滑剂,使你和他人关系融洽,心境美好;而肉麻的恭维话却让人觉得你不怀好意,从而对你心生抵触。

赞美是一件好事,但绝不是一件易事,赞美如果不审时适度,不掌握一定的技巧,即使你是真诚的,也会变好事为坏事。每个人都有自己的特点,因人而异、突出个性的赞美比一般的赞美能收到更好的效果。在日常生活中,成绩应从具体的事件入手,善于发现身边人的长处并不失时机地给予赞美。具体的赞美用语更表明你对他长处的了解和看重,让对方感到你的真挚,你们之间的距离会越走越近。赞美要发自内心,只有真情实意的话语,才不会给人虚假、牵强的感觉,只有真情实意的赞美才会体现出人际交往中的互动关系。

(六) 微笑

笑容是一种令人感觉愉快的面部表情,它可以缩短人与人之间的心理距离,为深入沟通与交往创造温馨和谐的氛围,因此有人把笑容比作人际交往的润滑剂。

在笑容中,微笑最自然大方、最真诚友善。在工作生活中,时常保持微笑,将带给你意想不到的收获。微笑至少有以下几个方面的作用。

1. 表现心境良好

面露平和欢愉的微笑,说明心情愉快,充实满足,乐观向上,善待人生,这样的人才会产生吸引别人的魅力。

2. 表现充满自信

面带微笑,表明对自己的能力有充分的信心,以不卑不亢的态度与人交往,使人产生信任感,容易被别人真正地接受。

3. 表现真诚友善

微笑反映自己心底坦荡,善良友好,使人在与其交往中自然放松,不知不觉地缩短了心理距离。

4. 表现乐业敬业

工作岗位上保持微笑,说明热爱本职工作,乐于恪尽职守。

三、如何建立人际关系

(一) 增强自身魅力,给别人留下好的第一印象

可以从仪表、才能和性格上增强自身的魅力。首先要有整洁的仪表,真诚的态度;此外,要培养自己的能力,让人愿意交往;并且在人际交往中有意识地培养良好的性格。综合以上几点,就能给别人一个好的第一印象。第一印象在人际交往中具有重要作用,人们会在初次交往的短短几分钟内形成对交往对象的一个总体印象,好的第一印象是良好的人际关系的开端。

(二) 明确人际交往的原则

人际交往中要真诚待人,如与人交谈时,要微笑,态度诚恳;要自尊同事尊重他人,尊重对方的兴趣爱好、人格。人际交往中,人人平等,不因出身、地位、学历等而改变彼此的态度。懂得自爱,要充满自信,给人以不卑不亢、落落大方、谈吐从容的感觉,这些都会让人对你产生好感,便于人际交往。在交往的过程中还要把握互利守信的原则,讲求精神与物质的平衡,让双方在交往过程中感到愉快。要言行一致,学会尊重别人的隐私,这样才能获得长久的友情。

(三) 学会主动交往,把握对象的特点

人际交往的成功与人的主动性程度有很大关系。很多人之所以对自身的人交往没有信心,是因为在交往过程总是有消极态度,被动的退缩方式,总是期待别人先与自己交谈。在交往的过程中,还应该把握对象的特点,学会谈对方感兴趣的事情,谈话过程中表现专注,让对

方感到尊重和认可;学会针对不同性格的人采用不同的沟通技巧。例如,对于性格内向的要主动热情,措辞委婉,善于启发;对于急躁的人要冷静、有耐心;对自负的人更要谦虚请教等。

(四) 学会共情

共情是指人们的感情相互联系,包括相互理解、同情、设身处地为他人着想等。人际关系的本质是人与人之间在情感上的联系,情感联系越密切,对方的心理感受也越相似。共情是沟通人们的内心世界的情感纽带。在人际交往中如果能想他人所想、急他人所急、帮他人所需,参与到他的情感世界中去,这样的人是能够与人建立良好的人际关系的,也是受大家爱戴的。共情不是同情,而是双方内心情感的共同与统一。人际关系的本质是人与人之间情感的联系与沟通,情感的沟通越充分,双方共同拥有的心理领域就越大,人际关系就越亲密。

(五) 把握交往的度

人际交往的"度"一方面是指保持良好人际关系要把握交往的方向、深度和广度。交友要有原则,谁该深交、谁该浅交、谁该拒交,自己要做到心中有数。交友的广度也要适当。圈子太窄,疏远了可交的益友,有碍正常交往;范围太大,必将分散自己的精力,影响学习。另一方面,这个"度"是指交往中要亲密有间。心理学家指出,每个人都有一个自我空间,在这个空间里人才能感到安全,与人自然交往。要把握好交往的尺度,关系的深浅与亲密度相符合,同事要给对方空间,再好的朋友也需要一个你不能涉及的领域。此外,异性之间的交往也要把握好度,做到自然、大方和得体。

基本上,如果做到以上几个点,基本上是可以建立一个比较好的人际关系了。然而,如何让这样的人际关系得到维持和发展,也是需要我们思考的问题。相对于人际关系的建立,人际关系的维护是一件更为困难事。当你给别人留下的印象随时间的推移而慢慢改变时,当你曾经极力掩藏的东西暴露无遗时,当你和朋友之间发生了某些不愉快的冲突时,你的人际关系就会遇到困难。这时候,就需要应用一些技巧来维护已经形成的人际关系。

四、如何维护人际关系

(一) 要学会避免争论

年轻人之间经常喜欢争论,这是很正常的事。我们会发现,这些争论往往都是以面红耳赤和不愉快结束的。事实证明,无论在争论中谁赢谁输都会很不舒服,更何况争论往往会演化成直接的人身攻击,赢者当时可能会获得一种心理满足,但是很快就会被人际关系恶化的阴影所笼罩,一时的满足心理也会变得烟消云散。输者的心理挫折感更加强烈,往往会演化成直接或者间接的人身攻击,对于人际关系是非常不利的,争论的结果往往是两败俱伤。因此,在碰到观点不一致,想法不一样时,最好的途径不是争吵,而是协商讨论。

(二) 不要直接批评、责怪和抱怨别人

卡内基警告人们:"要比别人聪明,却不要告诉别人你比他聪明。"任何自作聪明的批评都会招致别人的厌烦,会使他人的自尊心和自我价值感受挫,并且这种直接批评、责怪和抱怨则更有损于人际关系的发展。富兰克林年轻的时候处事并不圆滑,但后来却变得富有外交手腕,善于与人应对。他的成功秘诀就是:我不说别人的坏话,只说别人的好。所以,我们应该要学会用提醒别人的方式,变直接批评、责怪和抱怨为间接的暗示和提醒,效果会更好。这就是所谓的"坏话好说的艺术",使别人感到我们并不认为他不聪明或无知,绝不要伤害他人的价值感。

（三）勇于承认错误

勇于承认错误是人际关系的润滑剂。虽然承认自己的错误是一种自我否定,但承认自己的错误会给你带来巨大的轻松感。承认自己的错误也是责任感的体现。另外,对他人也具有心理感召力量,在情境中的人际僵局会就此打破。如果明知错了却不承认,会使你背上承重的思想包袱。另一方面,承认自己的错误等于变相的承认别人,显示出超乎寻常的包容性,从而维持人际关系的稳定。

（四）学会批评

不到不得已的时候,绝不要自作聪明的批评别人。但是,有时候,善意的批评是对别人行为的很有必要的一种反馈方式。因此,学会批评还是很有必要的。心理学中有个汉堡效应,指的是批评别人前先表扬几句,让对方在舒服的心理状态下受到批评,同时批评的内容要在符合事实、对方能够接受前提下,谈话最后仍然需要夸赞几句,让对方心理状态得到缓和。批评也是一种艺术,在批评时应该注意场合环境,应对事不对人,不能对一个人产生全盘否定,应该就事论事而不是翻旧账,措辞和态度上也应该是友好真诚的。

（五）有效处理冲突

在人际关系中,产生冲突是在所难免的,产生冲突之后,我们应该学会去处理好冲突,这样才能维护好人际关系。有效处理冲突的四个策略分别是:迁就、回避、协作和妥协。迁就策略是指把对方的利益放在自己的利益之前,为了维护人际关系,愿意牺牲自我;回避策略是指在意识到冲突的存在时,选择回避;协作策略是指双方互利互惠;妥协策略是指双方各自让步。一般来说,处理好冲突对人际关系的维护是很有作用的,所以应该掌握好以上四种策略,冲突少了,人际关系便能更好地发展。

课堂活动

一、人际关系拓展训练

（一）信任背摔

1. 性质

个人与团队相结合的项目。

2. 任务

全队每个人轮流上到背摔台,背摔队员背向队友,双脚后跟 1/3 出台面(培训师做示范动作),身体重心上移,尽量以垂直水平的姿态倒下去,下面的队员安全地把他接住即为完成。

3. 时间

40 分钟。

4. 动作要领

（1）背摔队员:当队员站到背摔台上后,应双脚开立,与肩同宽。体前双臂交叉,十指握拢翻至下颚处。头略含,双手离下巴约 10 厘米,双臂向胸前夹紧,然后并拢双脚。

（2）搭建人床队员:每位队员寻找与自己身高体型相仿的队友,在背摔台前相对站立,伸出同侧腿。前面的腿弓,后面的腿略绷(严禁绷直),脚心相对约10厘米距离,膝窝相抵形成轴心,上身挺直。伸出双臂,十指平伸,手心、肘心朝上,肘窝略弯,与队友手臂交错搭在队友的肩胛骨处。头向后仰并侧向背摔队友的背部,利用身体上肢移动可调整承接背摔队员的倒下方向。

搭人床队员将分为若干组,第一组队员的肩膀距背摔台沿约30厘米。每组队员的肩膀应紧密相连,勿留空隙。整个人床形状应保持由低(背摔台近端)渐高(背摔台远端)的坡状。第二、三、四组队员由于承受的压力较大,所以必须选一些力量较大的队员,同时要互换组位以免疲劳。力量较小、体重较轻的队员排在两端,一般搭建5组即可。如果队员足够多,未搭建人床的队员可用双掌推住最后一组队友的肩膀处(面向背摔台),以保证人床的牢固。

5. 注意事项

(1) 如身体存有异常的(脊椎错位、做过手术等),可告知培训师不参加这个项目。

(2) 所有队员在做活动前都要将身上的尖锐物品(如眼镜、发卡、手表、钥匙、戒指等)放在一边,做完项目后再收回去。

(3) 所有队员在做项目前都要由队长组织所有队员给他充电加油,具体方法为:让背摔队员站立在人床之间,其他所有队员用手扶住其头部、腿部、背部、腰部,背摔队员首先喊出自己的名字,接着所有队员喊出本队口号,并大喊三声"加油"。

(4) 当背摔队友准备开始背摔时,应问人床队员"准备好了吗?"人床队员应整齐高声回答"准备好了!"最后背摔队员高喊"1、2、3",随即挺直身体、重心上移,成垂直水平倒下。当听到背摔队员的询问"准备好了吗"时,人床队员的头要向后仰,同时侧向队友的背部。

(5) 背摔队员站在背摔台上不要向后窜跃,不要垂直向下跳,在倒下的过程中,背摔队员的肘关节要收紧,严禁打开,双脚也不要上下摇动并打开。

(6) 所有队员在担当人床任务承接背摔队友时,不可以撒手或撒腿。接住背摔队员后,停2秒,先放脚再将身体扶正站稳后方可松手,不可迅速撒手或鼓掌,更不许抛接和开其他玩笑。

(7) 队长协助培训师调整人床队员的队形,以确保安全。这个项目的安全要求比较高,所以大家一定要端正自己的态度,保持极高的警觉性,严格按照培训师讲解的动作要求做,方能确保自己和队友的安全。

(8) 宣布完之后,询问队员是否还有不明白的地方,待所有队员均无疑问后,方可开始项目。

6. 分享点

(1) 换位思考问题,己所不欲,勿施于人。练达思维、化解烦恼、从容应对。

(2) 为什么信任?信任是如何产生并建立起来的?

(3) 安全感取决于自己对外在世界的认知,而且是可以获得的,只有信任别人,才能获得安全感。

(4) 为什么会恐惧?为什么会弯曲?

(5) 面对未知的领域,你怎么去面对?

(6) 弯与不弯有没有本质区别?之所以弯也许是由自己的控制能力来决定的。

(7) 自控能力如何把握?

(8) 假设处在一个陌生的团队,大家素不相识,没有经过热身和团队建设,你还敢不敢摔? 我们说:信任是建立在相互了解基础上的。

(9) 如果第一个人没接住,摔伤了,你还敢不敢摔? 我们说信任很难建立,但却很容易被打破。

(10) 责任——承诺。

(11) 自信心。

(二) 心有千千结

1. 时间

约 20 分钟。

2. 场地

一小块空地即可。

3. 道具

3~4 根两端带绳套,长约 1.5 米的绳子。

4. 目的意义

(1) 培养创新能力。

(2) 训练团队合作精神。

(3) 活跃现场的气氛。

5. 规则和程序

(1) 每个团队成员都要从培训者的手中领到一根带有绳结的绳子。

(2) 每个成员将自己手中的绳子与另一位成员手中的绳子交叉。

(3) 每一位成员都要将两端的绳套套在自己双手的手腕上。

(4) 两个人在不解开绳结,不使手脱离绳套的情况下,将交叉的绳子解开。注意:每个学员手上的绳套都不能脱离手腕,不能将自己两只手上的绳套互换。

6. 体验分享

(1) 面对"死结",你们一组同学的态度有何不同?

(2) 你们是胜利了还是失败了? 如果胜利了,你们是如何解开死结的? 失败了有何感想?

(3) 在学习和生活中,有哪些"死结"? 我们该如何面对?

7. 活动总结

(1) 人的思维存在着怪圈效应,给他一个框,他就会在这个框中寻找答案。长此以往,即便不给他框框,他也会在自己设定的框框中寻找答案。这个活动的目的就是要将我们认为不可能的事情变成可能,从而最终达到思维上的创新,找到更多的解决办法。

(2) 在解开绳子的过程中需要两个人密切合作,共同想出解开绳子的办法,正如在团队中解决某些问题一样,如果有的人使劲,有的人泄劲,有的人干活,有的人说风凉话,大家不沟通合作,那么这个团队就是一个失败的团队,当然也无法做成任何事情。

二、人际关系的评价

用已经编制好的、标准化的量表来评价个人的人际关系状况。每个量表评价不同的人际关系方面。请参加测试的人根据自己的实际情况,逐一对每个问题作出"是"或"否"的回答。

(一) 人际关系行为测评[①]

本量表共 28 个问题,如果问题中描述的情况与自己的实际情况符合,请回答"是",如与自己的实际情况不符合,回答"否"。

1. 关于自己的烦恼有口难开。
2. 和陌生人见面时感觉不自在。
3. 过分羡慕和忌妒别人。
4. 与异性交往太少。
5. 对连续不断的会谈感到困难。
6. 在社交场合感到紧张。
7. 时常伤害别人。
8. 与异性交往感觉不自然。
9. 与一大群朋友在一起,常感到孤寂或失落。
10. 极易受窘。
11. 与别人不能和睦相处。
12. 不知道与异性相处如何适可而止。
13. 当不熟悉的人对自己倾诉他(她)的生平遭遇以求同情时,自己常感到不自在。
14. 担心别人对自己有什么坏印象。
15. 总是尽力使别人欣赏自己。
16. 暗自思慕异性。
17. 时常避免表达自己的感受。
18. 对自己的仪表(容貌)缺乏信心。
19. 讨厌某人或被某人讨厌。
20. 瞧不起异性。
21. 不能专注地倾听。
22. 自己的烦恼无人可诉说。
23. 受别人排斥与冷漠。
24. 被异性瞧不起。
25. 不能广泛地听取各种意见、看法。
26. 自己常因受伤害而暗自伤心。
27. 常被别人谈论、愚弄。
28. 与异性交往不知如何更好地相处。

【记分方法】

选择"是"的得 1 分,选择"否"的得 0 分。

【相关评价】

如果总分在 0~8 分,说明你在与他人相处方面困扰较少,善于交谈,性格开朗,主动关心别人。你对周围的朋友很友好,愿意与他们在一起,朋友也都喜欢你,彼此相处得不错。而且你能从与朋友的相处中得到许多快乐。生活充实、丰富多彩,与异性朋友也相处得很好。

[①] 周家华,王金凤. 大学生心理健康教育[M]. 2 版. 北京:清华大学出版社,2007.

如果总分在9~14分,说明你与朋友相处有一定的困扰,人缘一般,与朋友的关系并不牢固,时好时坏,经常处于起伏波动之中。

如果总分在15~28分,说明你在与朋友相处时存在严重困扰。分数超过20分,表明你的人际关系行为困扰程度很严重,而且心理上出现较为明显的障碍。你可能不善于交谈,也可能是个性格孤僻的人,不开朗,或者有明显的自高自大、不讨人喜欢的行为。

该测评量表适用的主要对象是大学生。

(二) 人际交往类型测评[①]

仔细了解题意,根据题意选择适合自己的答案。对下列各题作出"是"或"否"的选择。

1. 我碰到熟人时会主动打招呼。
2. 我常主动写信给友人表示思念。
3. 我旅行时常与不相识的人闲谈。
4. 有朋友来访时,我从内心里感到高兴。
5. 没有人引见,我很少主动与陌生人谈话。
6. 我喜欢在群体中发表自己的见解。
7. 我同情弱者。
8. 我喜欢给别人出主意。
9. 我做事喜欢有人陪伴。
10. 我很容易被朋友说服。
11. 我很注意自己的仪表。
12. 约会迟到,我会感到不安。
13. 我很少与异性交往。
14. 我到朋友家做客从未感到不自在。
15. 与朋友一起乘公共汽车,我不在乎谁买票。
16. 我给朋友写信时常诉说自己最近的烦恼。
17. 我常能交上新的知心朋友。
18. 我喜欢与有独到之处的人交往。
19. 我觉得随便暴露自己的内心世界是危险的事情。
20. 我对发表意见很慎重。

【记分方法】

1、2、3、4、6、7、8、9、11、12、13、16、17、18题选"是"的、每题记1分,5、10、14、15、19、20题选"否"的,每题记1分,其余情况不记分。

将1~5题得分相加,其分数说明人际交往主动性水平。得分高说明交往偏于主动型,得分低说明交往偏于被动型。主动型—被动型。主动型的人在社交上总是采取积极主动的方式,不会被动等待别人接纳自己,而是主动结交,能做交往的始动者。主动型的人对自己在人际关系方面比较有自信心,即使在交往中遇到一些误解和挫折,也能坦然对待。适应能力强,容易与人相处,为人坦率,不斤斤计较。相反,被动型的人在社交上总是采取消极的、被动的方式,总是等待别人来首先接纳他们。他们通常只是交往的响应者,而且特别害怕别人不会像自己

---

① 刘志红,王辅贤.社会心理学[M].北京:中国劳动社会保障出版社,2007:110.

期望的那样理解自己,对人较冷漠。

将6~10题得分相加,其分数说明人际交往支配型水平。得分高表明交往倾向于支配型或领袖型,得分低则偏于依从型。支配型——依从型。支配型的人在交往中往往表现得比较固执好强,独立积极,非常自信,武断而有力量,攻击性强。不愿循规蹈矩,人际接触面较广泛,有强烈的支配和命令别人的欲望。依从型的人比较谦卑、温顺、惯于服从、随和。能自我抑制,喜欢稳定、有秩序的环境,独立性较差,不喜欢支配和控制别人。

将11~15题得分相加,其分数说明人际交往的规范性水平。得分高表明交往比较严谨,得分低则意味着交往较为随便。严谨型——随便型。严谨型的人在交往中给人的印象是有很强的责任心,为人忠诚,坚韧有毅力,细心周到,有始有终,道德感强,稳重,常受到周围人的好评。随便型的人往往不讲原则,不守规则,缺乏社会责任感,做事敷衍。

将16~20题得分相加,其分数说明人际交往的开放水平。得分高表明交往偏于开放型,得分低意味着交往倾向于闭锁型。开放型——闭锁型。开放型的人比较依赖随和,易与人相处,安全感强,对人无猜忌,但也易轻信,容易合作,宽容,容易适应环境,善于体贴他人,讲信用。善于和不同类型的人交朋友,不会为一点小事而破坏友谊,对他人持开放接纳的态度。闭锁型的人对人比较戒备,在集体中总与他人保持一定的距离,比较固执己见,与人相处常斤斤计较,不太顾及别人的利益。

如果得分不是偏向最高分和最低分两个极端,而是处于中等水平,则表明交往倾向不明显,被试属于中间综合型的交往者。该测评量表主要适用于有一定自我认知和评价能力的人。

第五章

认清自我　完善自我——
高职大学生自我意识心理

案例导入

案例 5-1：争做阳光男孩

李某，男，20岁，高职二年级学生。中学就读于一所普通农村中学。上中学时因为成绩优秀深得老师信任和同学羡慕，与同班一个女同学有一段心照不宣的初恋感情。高考时因为发挥失常而进了一所不是他理想中的学校。进入大学后，发现自己失去了在中学时的优越地位，学习成绩也算不上优秀，尽管自己已经很努力了，但是计算机、英语等学科学起来非常吃力。不仅如此，其他方面也是处处不如人，如外形不够帅、服饰不时髦、说话方言太重等，因此产生了严重的自卑感。在人际交往方面也很失败，进校两年了没有交到一个知心朋友，与中学同学的联系也逐渐减少，那个曾经和他关系很好的女孩也和他断绝了往来。种种失意让他觉得非常郁闷，做什么事都打不起精神，班里的集体活动一点儿也不想参加，书也看不进去，唯一的消遣就是去看看电影。明年就要毕业了，他觉得这样下去也不是办法，尤其是就业可能会因此受到影响。于是他来到咨询室，希望能够得到帮助。

案例 5-2："牺牲"自己为获得"羡慕"与"尊重"

某大一女学生家庭十分贫困，她靠做家教挣来的工资维持生活，还要养活一个在读高中的弟弟，因此她很自卑，总是觉得同学们都瞧不起她，内心也感到很痛苦。其实，该生成绩不错，大一时获得二等奖学金，同学对她评价也不错。可她却固执地认为同学都因自己家庭困难而鄙视她，最令她苦恼的是没有男生追求她。为了改变现状，她常常连续一个月不吃肉，节约伙食开销，然后去买漂亮的衣服，甚至有时会买一些刚上市的水果，在寝室吃给同学们看，以获得同学的"羡慕"和"尊重"。这样的"牺牲"并没有让她感觉到自己的处境有任何好转，反而发现同学们投来了异样的眼光，为此心情越来越糟。而且，由于长期节食，她患上了严重的贫血，常常头晕目眩，上课注意力难以集中，记忆力减退，学习成绩大滑坡，以致多门功课补考而成为班上的困难学生，烦恼、自卑、懊悔时刻在吞噬着她不甘人后的自尊心，但此时的她已感到力不从心。

案例 5-3："我不敢说话"

王某，某高职院校大一学生，来自农村，入校后不久前往学校心理咨询室，寻求老师的帮助。第一次到咨询室时，神情紧张，表情沮丧，眼睛不敢正视教师，说话支支吾吾，在心理教师的开导下放松了些，一下子哭了出来，后来情绪缓和些才说出自己在学校很苦闷。她从小一直生活在农村，平时一直用方言交流，上大学后同学常取笑她浓重的方言腔。她不习惯用普通话交流，害怕跟同学讲话，为此在集体活动中也不愿意表现自己，自感可以做的事情也害怕出岔子遭人嘲笑。时间长了，就养成不参加任何活动的习惯，可看到别人得到的荣誉又很羡慕，心中很痛苦。想想以往在高中时快活的样子，真想回到从前，但心里知道那是不可能的事情，可是想想要在大学生活三年时间，这个样子太难熬了，心里很委屈，觉得自己不是这样的，也不应该是这样的，故想请教师帮助。

案例 5-4：将爱慕升华于学习

某校一位高二女生，对同班的一位三好男学生产生了恋情，对他的外貌和内在气质都非常着迷，一天见不到他就茶饭不思，坐卧不宁，她为自己的痴情而惊讶。但她十分明白现在的社会角色是要专心致志地学习文化和技能，倘若现在沉湎于恋爱，必定分散自己的精力，同时也打扰了他人。她暗示自己"决不能向他表露心迹"。于是她寻找转移升华自己的恋情的途径，她爱好文学，经常写作，撰写中常把他作为原型偶像加以描述，宣泄美好的情感，最终以非常优异的成绩成功考取了某知名高校。

著名心理学家科恩在他的《青年心理学》中这样写道："青年时期最重要的心理过程是自我意识和稳固的自我形象的形成。""青年时期最有价值的心理成果就是发现了自己的内部世界，对于青年来说，这种发现与哥白尼当时的革命同等重要。"那么，什么是自我意识呢？如何理解自我意识与我们心理健康之间的关系呢？

第一节　自我意识概述

古希腊人把"能认识自己"看做人类的最高智慧。"认识你自己"这句镌刻在古希腊德菲尔城阿波罗神庙里唯一的碑铭，犹如一把千年不熄的火炬，表达了人类与生俱来的内在要求和至高无上的思考命题。古希腊的这句名言，一方面代表着人类对自身的探索，另一方面意味着个人对自己内心世界的反躬自问。当我们在与人的交往过程中感到苦恼，面对未来感到困惑时，不要一味急于解决，而要警醒自己是一个什么样的人，自己现在想要什么，自己将走向何方，只有如此才能找到解决问题的方法，走出自我实现的路。

我国道家代表人物老子说："知人者智，自知者明"。一个拥有健康心理的人，必然有良好的自我意识，即准确地认识自己、体察自我，从而不断地改进和完善自我。这样的个体在人生的旅途中会不断进步，将拥有更多的成功。

知识链接 5-1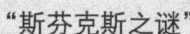

"斯芬克斯之谜"

"斯芬克斯之谜"

斯芬克斯是希腊神话中一个长着狮子躯干、女人头面的有翼怪兽。坐在忒拜城附近的悬崖上，向过路人出一个谜语："什么东西早晨用四条腿走路，中午用两条腿走路，晚上用三条腿走路？"如果路人猜不出，就被害死。俄狄浦斯猜中了谜底是人，斯芬克斯羞惭跳崖而死。斯芬克斯后来被比喻作谜一样的人和谜语。

在生命的早晨，他是个孩子，用两条腿和两只手爬行；到了生命的中午，他变成了壮年，只用两条腿走路；到了生命的傍晚，他年老体衰，必须借助拐杖走路，所以被称为三条腿。俄狄浦斯答对了。

我们对斯芬克斯之谜的深度阐释将表明：俄狄浦斯对"斯芬克斯之谜"的解答是"表象"的、"动物"层面的。换言之，他并没有真正地解开"斯芬克斯之谜"。对于今天的我们来说，德菲尔城阿波罗神庙前石碑上镌刻着的"认识你自己"几个大字仍然是一个"谜"，千百年来，人们对它的阐释构成了一道人类自我意识和认知的亮丽风景，迄今，它仍是横亘在当代人类面前的一个严峻课题。

一、自我意识的内涵

(一) 自我意识的定义

西格蒙特·弗洛伊德将人格分为本我、自我和超我三结构。本能、冲动与欲望构成本我,是人格的生物面,遵循"快乐原则"。自我的作用是一方面能使个体意识到其认识能力;另一方面使个体为了适应现实而对本我加以约束和压抑,遵循的是"现实原则"。超我由"良心"和"自我理想"组成,超我的力量是指导自我、限制本我,遵循"理想原则"。

所谓自我意识,是指个体对于自己的身心状况、自己与别人以及自己与周围世界关系的意识,是人格结构的核心部分。对自己存在的察觉,即自己对自己的认识,包括认识自己的生理状况(如身体、体重、体型)、心理特征(如兴趣爱好、能力、性格和气质等)。自己与他人的关系指自己与周围人相处的关系、自己在集体中的位置与作用等。总之,自我意识就是自己对于所有属于自己身心状况的认识和察觉。例如,当我们在与别人谈话时,自我能够意识到自己正在和人交谈,感觉到自己当时的心情愉快与否,判断自己的观点正确与否,评价自己的态度真诚与否。

(二) 自我意识的心理结构

自我意识是一种多维度、多层次的复杂心理系统,表现为一个人对自己的思想认识、情感行为、个性特征以及人际关系各个方面的统一。现代心理学一般从内容和形式上对自我意识进行多视角的理论分析。

自我意识

1. 生理自我、社会自我、心理自我

从内容上来看,自我意识可以分为生理自我、社会自我和心理自我。生理自我是指个体对自己生理状态的认识和体验。如对自己的高矮胖瘦、性别、身体健康状况等的意识。社会自我是指个体对自己与周围关系的认识与体验,如自己在群体中的地位、名望、受人尊敬、接纳的程度、拥有的家庭、亲友及对其经济、政治地位的意识。心理自我就是个体对自己心理状态的认识和体验,它包括个人对自己的人格特征、心理状态、心理过程及行为表现等方面的意识。如对自己的知识、能力、情绪、兴趣、爱好、性格等的认识和体验。

2. 自我认识、自我体验、自我调控

从结构形式来看,自我意识表现为自我认识、自我体验和自我调控三个方面。自我认识是指一个人对自己各种身心状况的认识,包括自我感觉、自我观察、自我概念、自我分析和自我评价等层次。其中自我概念和自我评价是自我认识中最主要的方面,集中反映了个体自我认识乃至自我意识的发展水平,也是自我体验和自我调控的前提。

案例 5-5:不知道自己该干什么

小刚一开始对大学生活有很多的憧憬,但是在高考落榜后进入高职院校后,很长一段时间都难以适应,不能给自己找准位置,每天都是按部就班地上课、自习、吃饭、睡觉。"现在社会上人才那么多,我们这样的高职生又能有什么竞争力呢?我都不知道自己以后毕业能干什么,也不知道自己该干什么,每天几乎就是这样迷迷糊糊地混日子。"

上面这个例子就体现了一名刚进入大学校门的大学生对自己的认识还不明确,没有找到自己的目标,没有正确地认识到自己的价值而导致的迷茫的生活状态。

自我体验是指个体在认识自己的过程中所产生的情感体验,反映了个体对自己所持的态度,包括自我感受、自尊、自爱、自卑、自信、内疚、自豪感、责任感、优越感、成就感、自我效能感等。自我认识决定自我体验,同时自我体验又往往会强化自我认识并影响自我调控。我们可能也有过这样的体验:当你对自己失望时,整个世界似乎都变成了"灰色",你心情沮丧、抑郁消沉,所看到的,所做的,甚至记忆深层挖出的点滴过去都是令人伤感的、令自己否定自己的;而充满自信时,对自己的缺点都可以合理化、积极地去看待,去争取改善。

像案例 5-2 的例子在大学里面并不鲜见,只是体现的形式与程度不同而已。由于自我认知的偏差而导致自尊与自卑的矛盾体验,内心体验也是相当痛苦的,也会以一些不正确的方式来掩饰这些自卑,做出一些常人不可理解的行为,就如案例 5-2 所表现出来的那样,直接影响着人的心理健康。

自我调控是指个体对自己的行为和心理活动的调节与控制,自己对待他人和自己态度的调节与控制等。这里包含了两层含义:其一,自己对自己的设计,即"我应该做什么、我不应该做什么";其二,自己对自己的指导,即"我可以怎么做"。如自立、自主、自制、自强、自律、自卫、自我监督、自我教育等这些词语都是积极的自我调控的描述,而自残、自虐、自暴自弃等词语都是消极的自我控制的方式,也可称为自我失控。

案例 5-4 的事例说明了这位女生处理恋情的目的十分清晰,始终保持清醒的头脑。因此,她不仅自我控制能力强,而且找到了恰当的途径,升华了初恋的情感。

自我意识的心理结构如表 5-1 所示。

表 5-1 自我意识的心理结构

心理结构	自我认识	自我评价与自我体验	自我调控
生理自我	对自己身体、外貌、衣着、风度、家属、所有物等的认识	英俊、漂亮、有吸引力、迷人、自我悦纳	追求外表,物质欲望的满足,维持家庭的利益等
社会自我	对自己的名望、地位、角色、性别、义务、责任、力量的认识	自尊、自信、自爱、自豪、自卑、自怜、自恋	追求名誉地位,与他人竞争,争取得到他人的好感等
心理自我	对自己的智力、性格、气质、兴趣、能力、记忆、思维等特点的认识	有能力、聪明、优雅、敏感、迟钝、感情丰富、细腻	追求信仰,注意行为符合社会规范,要求智慧与能力的发展

3. 现实自我、理想自我、投射自我

从自我观念来看,自我意识又可分为现实自我、理想自我和投射自我三种类型。现实自我是指个人从自己的立场出发,对自己目前的实际状况的看法,它是个体对自己现实的感知。理想自我是指个人想要达到的完善的形象,是个人追求的目标,它引导个体达到理想的个人自我。例如我们想成为一名医生、教师,或者科学家、研究者,这些都是我们的理想自我。投射自我是指个人想象在他人心目中自己的形象,想象他人对自己的评价,以及由此而产生的自我感,即"以己度人",投射自我和现实自我之间往往有距离。当距离加大时,个体便会感到自己不为别人所了解。理想自我与现实自我也不一定是一致的,但理想自我对个人的认识、情绪和行为的影响很大,是个人行为的动力和参考系。

二、自我意识的功能

(一)目标导向作用

大学生通过正确的自我认知,确立合理的理想自我,可以对个体成长和发展起到导向和激励作用。大学生很多心理问题就源于理想自我和现实自我的严重失调。在科学规划基础上，对自己的思想、行为和资源进行有效管理，可以确保"理想自我"目标的实现。在此过程中，由于主客观条件的制约，理想自我的实现可能会面临诸多阻碍，致使个体产生不同程度的挫折感。自我意识可以帮助我们通过自我分析和自觉反省，找到目标受挫的原因，帮助自己修正不切实际的过高目标，使之与理想自我趋近；或者改善现实自我，驱使现实自我与理想自我协调一致。

知识链接 5-2

期待效应或"皮格马利翁效应"

期待效应是一个心理学的概念，通常是指在人际交往中，一方充沛的感情和较高的期望可以引起另一方微妙而深刻的变化。

皮格马利翁是希腊神话中年轻的塞浦路斯国王，同时他也是一位手艺精湛的雕刻家。一次，他为雕刻一个美女石像倾注了全部心血，把她刻得活灵活现，栩栩如生，最后自己竟情不自禁地爱上了她。为此，他日思夜想，茶饭不思，最后感动了宙斯，把这个石像变成了真正的美女，满足了皮格马利翁的愿望。这个故事虽然只是一个美丽的神话，但是却说明了一个心理学的原理：在人际交往中，一方充沛的感情和较高的期望可以引起另一方微妙而深刻的变化。那么，在教育实践中有没有这样的实例呢？请看下面的介绍。

美国哈佛大学的著名心理学家罗森塔尔曾经做过一个教育效应的实验。他把一群小老鼠一分为二，把其中的一小群（A群）交给一个实验员说："这一群老鼠是属于特别聪明的一类，请你来训练"；他把另一群（B群）老鼠交给另外一名实验员，告诉他这是智力普通的老鼠。两个实验员分别对这两群老鼠进行训练。一段时间后，罗森塔尔教授对这两群老鼠进行测试，测试的方法是老鼠穿越迷宫，结果发现，A群老鼠比B群老鼠聪明得多，都先跑出去了。其实，罗森塔尔教授对这两群老鼠的分组是随机的，他自己也根本不知道哪只老鼠更聪明。当实验员认为这群老鼠特别聪明时，他就用对待聪明老鼠的方法进行训练，结果，这些老鼠真的成了聪明的老鼠。反之，那个实验员用对待笨老鼠的办法训练，也就把老鼠训练成了不聪明的老鼠。

罗森塔尔教授立刻把这个实验扩展到人的身上。1968年，他和雅各布森教授带着一个实验小组走进一所普通的小学，对校长和教师说明要对学生进行"发展潜力"的测验。他们在6个年级的18个班里随机地抽取了部分学生，然后把名单提供给任课教师，并郑重地告诉他们，名单中的这些学生是学校中最有发展潜能的学生，并再三嘱托教师在不告诉学生本人的情况下注意长期观察。8个月后，当他们回到该小学时，惊喜地发现，名单上的学生不但在学习成绩和智力表现上均有明显进步，而且在兴趣、品行、师生关系等方面也都有了很大的变化。这一现象被称为"期望效应"，后来人们借用古希腊神话中皮格马利翁的典故，称这种现象为"皮格马利翁效应"。

（二）自我控制作用

一个人要获得发展，取得成就，光有目标是不行的，还必须有自我控制能力。自我意识健全的个体在对自我作出正确认识、合理规划的基础上,能够对自己的注意力、情感、行为等加以控制,以实现自己的目标。自我控制是自我意识发挥能动作用的一个重要方面,它是目标的守护神,是成功的卫士。

(三) 自我反省作用

自我意识健全的个体,不仅能够确立"理想自我"的内容,为自己将来的发展作出规划,而且能够通过自我控制来实现预期目标。内省是个体在成长过程中进行的自我监督和自我教育,一个人要想使自己的天赋和才能得到充分的开发和利用而成为自我实现的人,就需要有积极的自我意识,随时对自我的认识、情感、意志和行为加以反省和审视。

(四) 自我激励作用

正确的自我意识可以帮助个体形成准确的自我认知和评价,并在此基础上建立自信的良好心理品质,激励个体大胆尝试,积极进取,最大限度地调动个体的潜能,激发思维活动功能,获得成就。自我意识越健康、越积极的人就越能获得成就。而不断取得的成就,反过来进一步促使健康自我意识的形成和维持。

三、青年自我意识的发展过程

自我意识不是与生俱来的,而是伴随着人生成长的过程逐步形成和发展起来的。人首先认识外部世界、认识他人,然后逐步地认识自己。自我意识就是在与他人交往的过程中,根据他人对自己的看法和评价逐渐形成的,如图5-1所示。青年期则是自我意识迅速发展并趋向成熟的阶段。一般地讲,青年自我意识的发展,经历着一个特别明显的、典型的分化、矛盾和统一的过程。

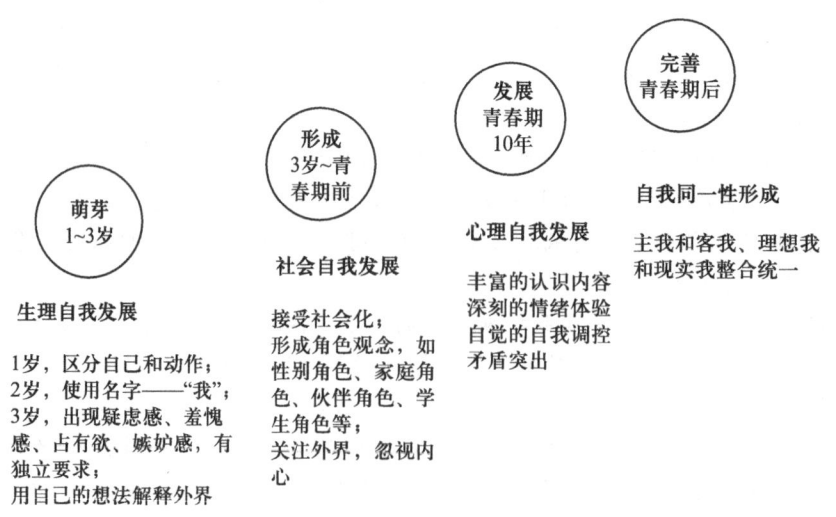

图5-1 自我意识的发展

(一) 自我意识的分化

从少年末期进入青年期,自我意识发展中出现一个新现象,即自我意识的分化。本来完整的自我意识,这时仿佛分解成不同地位的两种关于"我"的意识:一个是理想中的"我"(我希望成为怎样的人),一个是现实中的"我"(我现在是怎样一个人)。

这种分化的产生,一方面是由于个体的发育与成熟,生理的变化使青年有了新的体验;另一方面,青年的社会地位、社会责任与少年期不同了,他面临着人生一系列最重要的事件:升学、就业、恋爱等。因此为了成为一个社会的独立成员,青年必须把眼睛转向自己,了解自己的心理活动与个性品质,必须不断地调整和改善自我意识,不断校正自己的思想和行为使之可以符合客观的要求,即社会行为规范、角色定位、价值观等的要求,因而青年既是自我观察者又是被观察者的对象。

(二) 自我意识的矛盾

由于自我意识的明显分化,使青年对自己的内心世界和行为、对自己的角色和责任有了新的认识,开始意识到自己那些从来不曾注意到的有关"我"的许多方面的细节,从而促使了青年的自我发展。然而,另一方面,分化也带来了理想自我与现实自我的矛盾。比如,常有青年人这样评价自己:我希望自己是无所畏惧的,而事实上我连与异性讲话都会脸红;我希望自己有毅力,可常常做事虎头蛇尾,等等,这些都是理想自我与现实自我矛盾的反映。作为青年中的特殊群体——大学生,其情绪波动与自我意识的矛盾有相当大的关系。

大学生自我意识矛盾最突出、最集中的表现就是理想自我与现实自我的冲突。大学生对未来充满信心,具有远大的理想,抱负水平高,成就欲望强,对自己充满了信心。然而,由于接触社会较少,尚不能很好地把理想和现实有机地结合起来,两者的冲突就在所难免了。这样的冲突处理不好就会引起一系列的心理卫生问题。除了理想自我与现实自我的冲突,大学生还表现出独立意向与依附心理的冲突,交往需要和自我闭锁的冲突,这些冲突使不少大学生常处于烦恼、孤独、无助的煎熬中。这些冲突也都是大学生心理发展过程中的正常现象,是大学生自我意识迅速走向成熟而又未完全真正成熟的集中表现。自我意识的矛盾使大学生在心理和行为上出现某些不适应,感到苦恼焦虑,痛苦不安,也可能影响心理健康与发展。然而,另一方面,这也是促使他们力求设法解决矛盾,以求达到自我意识的统一。因此,自我意识出现矛盾也并非是坏事,有矛盾才会有发展,有发展才会成熟,只要处理恰当,就能成为促进自我意识发展的动力。

(三) 自我意识的统一

自我意识分化、矛盾所带来的痛苦不安会促使大学生去解决矛盾而求得自我意识的统一。这种统一集中地表现为理想自我与现实自我的统一。其途径有三种:一是努力改善现实自我,使之逐渐接近理想自我;二是修正理想自我中某些不切实际的过高标准,并改善现实自我,使两者相互趋近;三是放弃理想自我而迁就现实自我。一般来说自我意识的统一有以下几种结果和类型。

自我意识的统一

1. 积极的统一:自我肯定型

其特点是正确的理想自我与进步的现实自我通过积极矛盾斗争达到的统一。也可以说,这是符合社会发展的要求,有利于社会进步的理想,是自我逐步改正、不断趋于完善的现实自我的统一。

2. 消极的统一:自我否定和自我扩张

自我否定,其特点是对现实自我评价过低,理想自我与现实自我差距过大,心理上常处于一种消极防卫态度。有的青年人没有发自内心需求的理想自我,自我意识的发展只处于消极应付的状态。

自我扩张,其特点是对现实自我的高估,虚假的理想自我占优势,理想自我与现实自我的统一是虚假的。典型的表现就是做白日梦,在自吹自擂、虚幻之中度日。

3. 难以统一：自我萎缩和自我矛盾

自我萎缩，其特点是理想自我极度缺乏或丧失，对现实自我又深感不满，自卑心理非常严重，导致自我拒绝的心理，甚至出现理想自我与现实自我的对抗。虽然这种类型的人比较少，但是出现严重者，则会导致精神分裂或绝望而轻生。

自我矛盾，其特点是内心矛盾的强大或延续时间比较长，统一的自我久久不能确立，积极的自我难以产生，自我调节缺乏稳定性和确定性。

四、自我意识的信息来源

知识链接 5-3

乔韩窗口理论

美国心理学家乔瑟夫·勒夫（Joseph Luft）和哈里·英格拉姆（Harry Ingram）提出关于人自我认识的窗口理论，被称为乔韩窗口理论。他们认为人对自己的认识是一个不断探索的过程。因为每个人的自我都有四部分：公开的自我，也就是透明真实的自我，这部分自己很了解，别人也很了解；盲目的自我，别人看得很清楚，自己却不了解；秘密的自我，是自己了解但别人不了解的部分；未知的自我，是别人和自己都不了解的潜在部分，通过一些契机可以激发出来。通过与他人分享秘密的自我，通过他人的反馈减少盲目的自我，人对自己的了解就会更多、更客观。

乔韩窗口如图 5-2 所示。

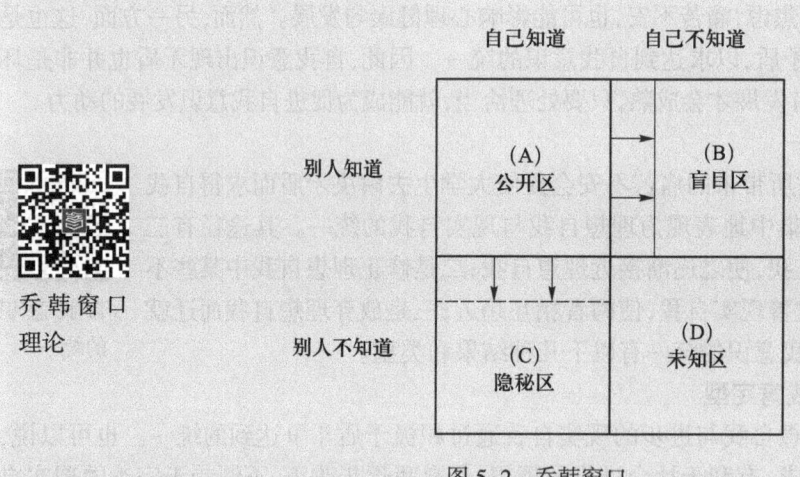

图 5-2　乔韩窗口

（一）自我观察

要认识自己，必须做一个有心人，经常反省自己在日常生活中的点滴表现，总结自己是一个什么样的人，找出自己的优点和缺点。自我观察是我们自己教育自己、自我提高的重要途径。自我观察主要包括三个方面。

（1）自身外表和体质状况的观察，包括外貌、风度和健康状况等方面的观察。

（2）自我形象的观察，主要是对自己在所生活的集体中的位置和作用、公共生活中的举止表现以及社会适应能力等的观察。

（3）自己的精神世界的观察，包括对自己的政治态度、道德水平、智力水平、能力、性格、兴趣、爱好、特长等方面的观察。

（二）他人反馈

通过他人了解自己。大文豪苏轼写道："不识庐山真面目，只缘身在此山中。"认识自己有时候的确比较难，一般来说，当局者迷，旁观者清，周围的人对我们的态度和评价能帮助我们认识自己、了解自己。我们要尊重他人的态度与评价，冷静地分析。对他人的态度与评价我们既不能盲从，也不能忽视。

库利指出："人与人之间相互可以作为镜子，都能折射出他面前的人的形象。"一个大学生的自白："我感到十分孤独，宿舍的同学不喜欢我，常常是我在宿舍外面听着里面在热烈地讨论一个问题，而我进入宿舍时，谈话就中断了，大家的表情也显示出冷淡与不在乎，我不知道自己做错了什么，得不到大家的认同，这使我非常痛苦。我在中学时一直是很受同学欢迎的，我现在变得沉默了。"

> **知识链接 5-4**
>
> **库利的"镜中我"理论**
>
> 美国社会学家查尔斯·霍顿·库利（Cooley）在他的 1902 年出版的《人类本性与社会秩序》一书中提出，人的行为很大程度上取决于对自我的认识，而这种认识主要是通过与他人的社会互动形成的他人对自己的评价、态度，等等。
>
> 一个人的自我观念是在与其他人的交往中形成的，一个人对自己的认识是其他人关于自己看法的反映。人们总是在别人对自己的评价中形成了自我的观念。一个人对于自我有了某种明确的想象，即他有了某种想法，并且涌现在自己心中，一个人所具有的这种自我感觉是由别人思想的、别人对于自己的态度所决定的。这种类型的社会我可以称作"反射的自我"或者"镜中我"。
>
> 因此，人的自我是通过与他人的相互作用形成的，这种联系包括三个方面：关于他人如何"认识"自己的想象；关于别人如何"评价"自己的想象；自己对他人的这些"认识"或"评价"的情感。库利的镜中我概念将自我意识分为三个阶段：设想自己在他人面前的行为方式；做出行为后，设想他人对自己的行为评价；根据自己对他人的评价的想象来评价自己的行为。

（三）依据自己的成败经验判断

1. 通过自己的成败经验了解自己

通过自己所取得的成果、成就，从做事的经验中了解自己，也是一种学习。不经一事，不长一智。成败得失，其经验的价值也因人而异。

2. 通过自己的失败经历认识自我

对聪明又善用智慧的人来说，成功和失败的经验都可以促他再成功，因为他们了解自己，有坚强的人格特征，善于学习，因而可以避免重蹈失败的覆辙。

3. 从自己的成败经验中获得的自我意识

对于某些自我比较脆弱的人来说，失败的经验更会使其失败。他们往往不能从失败中学到教训，改变策略追求成功，而且挫败后形成怕败心理，不敢面对现实去应付困境或挑战，甚至失去许多良机。而对一些狂妄自大的人而言，成功反而可能成为失败之源。他们可能有幸成功便骄傲自大，以后做事便自不量力，往往遭失败的多；或成长过于顺利，又有家世、关系，而一旦失去"保护源"，便一蹶不振，不能支撑起独立的自我。因此，一个人只有对成败经验中获得的自我意识细加分析和甄别，才有成功的希望。

（四）社会比较

人在社会，人与人交往，他人就是反映自我的镜子，与他人交往，是个人获得自我认识的重要来源。通过和人比较认识自己，应该注意比较的参照系。

1. 跟别人比较的是行为后的结果

比如，大学生来大学学习，如果认为自己的家庭条件不如别人，一开始就置自己于次等地位，自然影响心态和情绪，而看大学毕业后的成绩才有意义。

2. 跟人比较是看相对标准

必须明白，跟人比较是看可变的标准还是不可变的标准？经常有一些人，认为自己不如他人，其实他们关注的可能是身材、家世等不能改变的条件，没有实际比较的意义。

3. 比较的对象是与自己相类似的群体

是与自己条件相类似的人，还是与个人心目中的偶像或明显不如自己的人进行比较？所以，确立一个合理的参照体系，明确一个合理的立足点，对于自我的认识尤为重要。

第二节　高职大学生自我意识发展的特点与存在的问题

高职大学生，年龄一般在18~22岁，这个阶段是青年的自我意识矛盾最突出的时期，也是转化、发展的关键时期，同时还是为以后的工作、事业、家庭奠定基础的黄金阶段。所以在此阶段了解自我意识发展的特点、矛盾及其发展规律，努力寻求解决自我意识中的矛盾和问题的有效办法，对于自己的健康成长是十分重要和有益的。

一、高职大学生自我意识的特点

高职大学生在身心各方面都比较成熟，与中学时代相比，他们的自我意识已经达到了一个新的水平，独立感、自尊心、自信心、好胜心等逐步趋于成熟。根据一些研究调查，我们针对高职大学生的自我意识做了以下几个方面的总结。

（一）在生理自我方面的表现

调查结果显示，高职大学生对于生理自我处于高度关注期，表现为较关注自己的外貌。有47%的大学生对自己的相貌表示不满意，28%的大学生认为一般，只有少数人对自己的相貌表示很满意，还有10%的大学生极不满意自己的外貌。且当问及"如果有机会给你整容，你会接受吗？"有10%的高职大学生表示愿意，这在一定程度上表现出高职大学生在思想与行动产生矛盾冲突时的理智。

(二) 在社会自我方面的表现

1. 人际关系普遍较好,但也存在一定的问题

"人是社会性的动物",一个人要在人类社会中生存和发展,就免不了与周围的人打交道,与他人建立良好而正常的人际关系。高职大学生无法避免且难以摆脱的人际关系会使个体产生各种心身反应,成为持久而顽固的困扰个体日常生活的因素。人际关系是人们在社会活动过程中所形成的建立在个人情感基础上的人与人之间心理上的关系。人际关系的好坏,直接影响到团体的氛围、个性的形成与发展、个体的身心健康和个体活动的成败。要正确把握高职大学生人际关系状况的动态及趋势,从而促进高职大学生正确选择人际交往方式,形成良好的心态,有效地促进自身素质的全面发展。

一项关于高职大学生的调查问卷结果显示,只有9.2%的人不关心自己的人缘;有5.8%的人长期独自在食堂吃饭;有18.5%的人和一群人在一起时会产生孤独感和失落感;有13.6%的人发现朋友有难时不求助自己;有39.9%的人不向别人吐露自己的抱负、挫折以及个人的种种事情。

2. 人生观和价值观主体是健康的,存在少数拜金主义

人生观和价值观是指人为什么活着的观点和主张,是人生的根本愿望和目标,也是社会自我的重要方面。通过调查可以看到,高职大学生总体上人生目的是明确的,价值观主流是健康的。从一项调查研究中可以看出,28%高职大学生认为自己的人生目的是"为社会做贡献";40%的大学生表示"既为自己,也为社会";17%的大学生则觉得自己人生目的是"钱和权";15%的大学生选择"其他",认为"人生目的不明确或者另有原因"。

高职大学生作为特殊的青年群体,正处于个体人生观、价值观逐步形成和稳定的关键阶段。随着市场经济的不断发展,我国经济基础和上层建筑的各个领域发生了剧烈的变化,高职教育的各方面也受到冲击和挑战,尤其影响着高职大学生的人生价值取向,使相当一部分大学生的人生观、价值观向"自我"倾斜,被"金钱"扭曲,出现了"功利化""多元化"的倾向,在他们的人生观、价值观当中出现了自我价值与社会价值、物质价值与精神价值、创造价值与享受价值之间的激烈冲突,必须引起高度重视。

(三) 在心理自我方面的表现

1. 强烈的自尊心、自信心和独立意识

自尊心是指一个人悦纳并尊重自己,对自己持肯定态度的情感体验,是一种希望别人尊重自己和自尊自爱的自我意识倾向,它与自信心、进取心、责任感、荣誉感等密切联系,都是一种积极的心理品质。

考查高职大学生的答卷,回答的内容包括社会生活、个人发展方向等内容。如"我是跨世纪的新人,我是一个勇于向困难挑战的人,我是一位热爱自己专业的学生,我是一个会合理安排时间的人。""我是一个自尊、自信、自立、自强的人。""我是最佳网页设计者,我是行政主管,我是知名企业家。""我是一个高考失利而又重获信心的人,我是一个永不满足现状的人,我是专为挑战极限,超越自我而活的人。"高职大学生通过高考的竞争,虽有失落感、失败感,但是不服输,对未来仍充满信心。这是非常难得的精神状态,作为教育者、家长、朋友应该给予及时的肯定。大家应该认识到高职教育的出现,既是我国教育改革的必然结果,也是社会发展的必由之路。

独立意识也叫做独立感,是指个体力图摆脱监督和管教的一种自我意识倾向。希望自己主宰自己的人生,独立看待权威、集体和社会,独立调节和控制自己的行为。在问到"你对社会上一些流行趋势的看法"时,有高达87%的大学生表示"不管流行与否,我看着不好就不会去做"。面对挫折,有32%的大学生选择"失败并不可耻,经历过的事情是人生的经验"。还有24%的大学生认为"自己是个成熟的人,只要努力,就会取得成功"。这都表明高职大学生比较强烈的独立意识。

2. 自卑、孤独和压抑感明显

自卑感也称为自卑,是指一个人自己看轻自己,对自己的能力和品质评价过低,对自己持否定态度的情感体验。轻微的自卑可以超越,过度的自卑则可导致精力不集中、意志消沉、自信心极低,甚至自暴自弃,严重的导致自杀。孤独感是指一种由于缺乏他人的理解,自己感到与世隔绝、内心孤单寂寞的情感体验。

在一项有关高职大学生的调查研究中,24%的大学生有自卑感,29%的大学生有压抑感,54.5%的大学生有不同程度的孤独感,尤其是在新生中的比例更高。如有些大学生写道:"我是一名高职生,我是一个失败者,我是高职大学生吗?""我是高职生,一个未来的下岗者,我是感到前途渺茫的担忧者,我是痛苦的人,我是孤独的人。"有的大学生写道:"我是笨鸟,我是病人,我是犯人,我是骗子,我是无业游民,我是待业青年,我是多余的人。"这些大学生对高职没有正确的定位,认为考上高职低人一等,所以自卑感特别强。作为高职院校大学生的管理者、教师、家长、朋友不要贬低高职大学生,要尊重高职大学生,多给他们以鼓励和支持。

高职大学生的压抑感特别强,个别教师的高压管理对大学生心灵损害极大,应引起教育界同行的高度重视。比如有的大学生在调查问卷上写道:"我是一个被老师压得透不过气的人,我是一个非常希望自己能独立的人,我是爱自由的人。""我是生活在某人独裁下,强权下的人,我是想自由发展的人。""我是高职生,我是被压迫者,我是社会的累赘,我是中国教育的牺牲品,我是想抛弃世界的人……""我是谁?我是谁?我是……哎!无可救药的人。"这部分高职大学生可能存在严重的自我压抑。值得指出的是,在今天,在全球化的融合过程中,我们应该尽快地转变观念,把立德树人作为教育的根本任务,尊重大学生的权力与义务,给大学生创造良好学习环境。

二、高职大学生自我意识发展存在的问题

鉴于以上所总结的高职大学生自我意识的特点,我们可以看出,高职大学生的自我意识仍然处于发展过程中,虽然显示出很多积极现象,但由于心理尚未成熟,容易出现各种发展偏差,所以自我意识的发展还是存在一些问题。

(一)过度的自我接受和自我拒绝

自我接受也叫做自我认可,是指喜欢自己的个性,肯定自己的能力,对自己的才能和局限、长处和短处均能够客观地评价,不会过多抱怨和谴责自己。而过度自我接受是把自我接受推向了极端,它主要是由高估自我引起的。有些大学生在对自我的肯定评价中往往有过之而无不及,仿佛是通过放大镜看自己的长处,甚至视缺点为优点。另一方面,他们看不起别人,不喜欢别人,拿放大镜看别人的短处。

自我拒绝也叫做自我否认,是指不赞成自己,不喜欢自己,不能容忍自己的缺点和弱点,抱怨和指责自己。不同程度的自我拒绝在许多大学生身上都会出现,那些自卑感强、挫折感强的人则更为明显。而过度自我拒绝则是严重的、经常的、多方面的自我否定,主要是由严重

低估自己而引起的。过度的自我拒绝者往往可能由自我否认发展为自我厌弃,甚至走向自我毁灭。

案例 5-6:拒绝"黑丫头"

某大一女生从进入大学以后,就逐渐逃课,不想上课,对很多东西也没有兴趣,只是因为觉得自己长得丑。从小父母就一直说她又黑又丑,她经常与父母产生争执,不愿意让他们叫自己黑丫头。她至今一直很自卑,不愿意参加任何集体活动,不愿意和别人过多交流,怕受到歧视,总是批评自己,长期陷入自我封闭的状态。

所以,过度的自我接受与过度的自我拒绝是自我评价不当引起的两个极端。要调整这两方面的缺陷,可以从以下几点来调整。一是要树立正确的认知观点。即人有所长亦有所短;人既不会事事行,也不会事事不行。二是确立合理的评价参照系和立足点。若以弱者为参照则会自大,若以强者为标准则可能会自卑。因此寻找适合自己的评价标准也是很重要的。

高职大学生就应该多立足于自己的长处、自己拥有的一切,这会导致良好的感觉,建立起自己的信心,但也会明了自己的不足。在困难时应多看到成绩和进步,以提高勇气,在成功时则应该多看到一些缺点以再接再厉。另外,高职大学生应该培养健康的人格品质,诸多自信而不狂妄,谦虚而不自卑,乐观但不盲目,克己但不过分,等等。

(二) 过强的自尊心、自卑感和虚荣心

自尊心、自卑感及虚荣心普遍存在于每一个大学生身上,这是正常的,即使是自卑感和虚荣心这样的消极心理现象,也是难以完全消除的,有时它们也会成为促进大学生前进的动力。但是这其中的度一定要把握好,否则过度就有害无益了。

自尊心强的人不是认为自己比别人优越,只是对自己有信心,相信自己能够克服自己的缺点。它不是"骄傲""自大"或"缺乏自我批评"的同义词。而过强的自尊心恰恰是认为自己比别人优越,骄傲自大,以自我为中心。这样的人容易回避自己的缺点,缺乏一定的自知,易与人发生冲突。

自卑感是对自己不满、否定的情感,它往往是自尊心屡屡受挫的结果,没有自尊心也不会有自卑感。过强的自卑感又往往以过强的自尊心表现出来。虚荣心也一样,没有自尊心就没有虚荣心,而没有自卑感,就不需要用虚荣心来表现自尊心,虚荣心是自尊心和自卑感的混合物。虚荣和自卑都是自尊心发展不良的结果。

在现实中,过强的自尊心、过重的自卑感与过分的虚荣心这三者是密切相关的。那些自尊心表现得越外显、强烈的人,往往自卑感越强,虚荣心也明显。这样的人一般性格内向,情感脆弱,多愁善感,虽然自惭形秽,却又特别害怕别人伤害自己的尊严,过分介意他人的评价与批评,与人交往时总存有一种防御心理,不容许稍有侵犯,且常会千方百计地抬高自己的形象。他们捍卫的往往是虚假的、脆弱的、不健康的自我,并为此消耗了大量的能量,以致无暇来丰富、壮大真实的自我。

案例 5-7:一定要当部长

张某大一就进入学校学生会的外联部,自我感到很满意,觉得比没有进入学生会的同学略胜一筹。进入社团时就一心想成为里面的上层干部,半年后进行部长的竞选,他并没有如

愿地被选上,使他心里产生强烈的自尊心受创感,他觉得自己平时在社团也是很用心的干事,部长们也曾经表示只要好好表现,选上部长是没有问题的,但是结果却不如意,于是感到郁郁寡欢,愤愤不平,对自己似乎也失去了当初的信心,一下子觉得自己没有了价值一样。

过强的自尊心、自卑感和虚荣心都是不健康的心理,会影响大学生的心理发展和人格成熟。为了改善这些不良的心理特征,首先,必须对其危害程度有清醒的了解,有勇气、有决心去改变自己。其次,应该努力认识自己,了解自己的长处与短处,扬长避短,并对自己有正确的评价。再次,树立自信,恰当地表现自己,不卑不亢。最后,不为外界的议论所左右,正确对待得失,勇于坚持真理,改正错误。

(三)过多的自我中心和从众心理

随着自我意识的发展,大学生越来越感到自己内心世界的千变万化、独一无二,他们越来越多地把关注的重心投向自己,因而会比较多地从自身的角度考虑问题。当这种倾向与某些不健康的思想(如个人主义、自私自利思想等)结合时,就会表现出过分的、扭曲的自我中心。而过分以自我为中心的人,往往会以自我为中心,想问题做事都从"我"字出发,不能设身处地地进行客观思考,盛气凌人。这种人往往有好处"上,有困难让,有错误推",总认为都是别人的错,不从自身找问题。

与过分自我中心对立的,则是过强的从众心理。从众心理,其实每个人都有,为了达到一定的和谐,偶尔自我做一点小牺牲配合多数,也是可以的,也算有利于人际的和谐。但若过强的从众则会有碍于心理发展。有过强的从众心理的大学生,会缺乏主见和独立意识,常常是人云亦云,随大流,跟风,自己不愿意思考或懒得思考,遇到问题束手无策。大学生从众有以下几方面。

1. 学习从众

新生入学后都在探索大学环境新的学习方法,寻求新的学习动力。班级、宿舍每个成员的学习态度、学习方法、学习成绩以及平时学习时间的利用都成了其他成员最直接的"参照物"。他们在形成自己的学习特点的同时,在某些方面也程度不同地与班级、宿舍大多数人保持一致。不仅如此,作息习惯、生活情趣、业余爱好也易趋同和从众,共同合成对班级、宿舍成员的鞭策力。高校常有这样一种现象,入校时实力相当并且随意安排的学生班级之间、宿舍之间在一年左右时间,便在各个方面显示出不同层次,出现明显的"不同步"现象。优等生、英语过级、研究生录取等相对来说班级、宿舍都比较集中。宿舍成员集体出动参加各种证书培训班,已是大学校园流行的风景。

2. 消费从众

进入高等学府,对于刚刚脱离高中苦海的大一新生来说可谓是大开眼界,校园里不乏穿衣戴帽各有一套、吃得高档、穿戴时髦、玩得够派之辈。有些大学生下餐馆、赶舞场、览名胜、追求档次、崇尚名牌,名目繁多,五花八门;经常光顾高消费文体娱乐场所;配备高档电子设备;聚会交友大讲排场等。在一些大学生当中,盲目消费、攀比消费、赶潮消费、媚俗性消费、"面子"消费、超前消费等高消费甚至浪费现象非常普遍。其所占比例虽然不大,但其绝对数不小,而且对他人的负面影响也非常大。

3. 恋爱从众

大学是一个恋爱的季节,成双入对的男女们形影不离。同读一本书、同吃一碗饭在时下的大学校园里已是公开风景。校园恋爱极富感染性,有的班级一阶段没有几人谈,而另一阶段则出现了一群谈恋爱的;有的寝室无人问"爱",有的寝室全在"爱中"。大学校园内也不乏舍友或者同学怂恿某人追求某人的现象,尤其是在宿舍熄灯之后的卧聊,舍友之间交流各自心得,未恋爱的羡慕恋爱的,恋爱的鼓动未恋爱的,如此相互地"激励"便会出现恋爱从众现象。

4. 上网从众

大学生活空暇相对多,有些同学在课余时间上网,沉迷于网络,迷恋网络游戏和网络色情。宿舍同学之间相互怂恿,结伴长时间网上游戏,花费大量财力和精力,从而导致学习成绩一落千丈。一些原本不喜欢网络游戏的大学生在其他人的怂恿下也走上网游的道路,为的只是能和大家玩在一起。

想要克服过分自我中心,首先,树立健康的人生观,要自觉地把自己和他人、集体结合起来,走出自我的小天地。其次,恰如其分地评价自己,既不低估也不要高估,既不妄自菲薄,也不自高自大,把握好度。再次,尊重他人,信任他人,只有尊重和信任他人才能获得他人的尊重和信任。最后,设身处地地从他人的角度考虑问题,关心他人,做到"我爱人人,人人爱我"。要克服过强的从众心理,则应培养和建立自信心,培养起独立思考的能力和习惯,敢于创新,敢于质疑,当然不是时时事事都要独树一帜才好,也要有健康的团队合作精神,不是人云亦云,保持自己的独立性。

(四)过分的独立意向和逆反心理

独立意向是大学生自我意识发展的显著标志之一。然而,大学生在摆脱依赖、走向独立的过程中,有时会"矫枉过正",表现出过分的独立意向、过分的逆反心理。

有的高职大学生是第一次离开家庭来到了学校,经历着心理上的"断乳",出现"第二反抗期",逆反心理便是这个时期对家长、学校和社会的一种抵触情绪。但其实这种逆反心理并不是一种盲目的情绪,而是表现他们青年期矛盾心理的一种形式,其本质是为了寻求独立,寻求自我肯定。

逆反心理就其本身而言,有它的两重性:一方面表明青年人的批判精神、独立意识,但这种反叛精神有时会显得不够成熟;另一方面,不少人还不善于确切地把握反抗,即表现出过分的逆反心理,比如在内容上一概排斥正确与错误、精华与糟粕,手段上往往是粗劣的对抗、简单的排斥,情绪成分大,目的上有时只是为了反抗而反抗,会给大学生的健康成长带来消极影响。

案例 5-8:反抗与逆反

许某在高中时期是一名成绩十分优秀的学生,但是在高考前一个月的时间里,状态不佳,于是高考后很不如愿地考上了高职院校。不想复读的他只能硬着头皮进入了高职院校,但是由于自己的定位还不清楚,他总觉得身边的人都不如自己,也不想与他们为伍,甚至也瞧不起学校的教师和辅导员,因此表现出逆反与反抗,与集体格格不入。许某总是独来独往,也不想参加学校的活动,对教师的一些学业任务和学校的一些要求表现得很不屑一顾,觉得自己不应该属于这里,整个状态就显得反抗与逆反,对身边的环境表示很不满,自己也体验着比较多的负性情绪。

以上的许某的过分反抗与逆反也是基于不正确的自我意识而导致的,也表现出了强烈的独立性,但这种过分的独立性和逆反性对其生活以及身心健康都是很不利的。为了发挥独立性本身的积极作用,消除过分独立所带来的消极影响,就需要正确地理解独立的含义,做到自主、自立、自尊、自爱、自信、自律,多学多思,提高识别正确与错误的能力,敢于提出反对意见,善于表达否定态度,更客观、正确地对待自己、他人和社会,多接触社会和生活,加速自我社会化和人格成熟。

应该看到,高职大学生自我意识发展过程中所体现的失误、偏离、缺陷,是其心理发展还不够成熟的表现,这是由他们的身心发展状况和时代特点决定的,从这个意义上来说,这是正常的心理状态。然而,尽管是正常、普遍的,但如果置之不理,任其发展可能会愈演愈烈,产生更加严重的心理疾病。所以,必须加以调节,只有这样才能促进高职大学生心理的发展和成熟,达到自我意识的积极统一。

第三节 高职大学生自我意识的塑造与完善

大学生的自我意识的发展与完善,始终昭示着一条通往未来的光明大道。自我意识的完善,即古希腊哲学家苏格拉底所说的"认识你自己",是一个不断地进行自我认知、自我评价、自我改造、自我完善的过程。就像雕琢一件工艺品一样,真正的匠人为了心中的追求,终身不悔。那么,高职大学生应该怎样培养健全的自我意识,促进自我的健康成长呢?

一、健全自我意识的标准

自我意识制约着人格的形成和发展,在人格的优化中发挥着强大的动力功能。健全的自我意识是心理健康的重要标准,我们可以从以下几个方面来考虑。

一个自我意识健全的人,应该是一个有自知之明的人,既知道自己的优势,也知道自己的劣势,能够正确地评价和发展自己。

一个自我意识健全的人,应该是自我认知、自我体验、自我控制协调一致的人。

一个自我意识健全的人,应该是能积极肯定自我的、独立的,并与外界保持一致的人。

一个自我意识健全的人,应该是理想自我与现实自我统一的人,有积极的目标,会常常内省,积极进取,不断改善。

二、塑造健全自我意识的途径

(一)正确认识和评价自我

美国社会学家柯里认为,如果一个人只看到自己的优点,就会产生盲目乐观情绪,自以为是,因而不能处理好人际关系,进而在事业上遭遇挫折。相反,如果一个人只看到自己的不是,认为自己处处低人一等,就会丧失信心,从而自甘平庸。因此,对自己进行正确认识和评价是确立健康自我意识的重要前提和基础。为此,应该做到以下几点。

1. **学会了解自己**

能全面、客观地认识自己,是自我意识成熟的标志。人贵在有自知之明,人既要看到自己的长处也要看到自己的短处。认识自己不仅是重要的而且还是困难的。了解自己并不像照镜子那么简单,由于我们所要认识的对象是我们自身,而自己又在自身之中,这往往不容易看清自己的全部。要全面地了解自己包括三个方面:生理的、社会的、心理的。生理自知,即了解自己的身体状况和健康状态。社会自知,就是对自己在人际关系中的位置、作用、角色等方面的认识。心理自知就是了解自己的心理特点、心理状况,包括自己的兴趣、爱好、情绪、性格、才能、特长等。

2. 正确评价自我

"不识庐山真面目,只缘身在此山中",说的就是一个自我认识的距离感的问题。有人把对自我的认知比喻成看画。从一定的距离和角度看去,齐白石画的虾确实形似神更似,栩栩如生。但是,若过于贴近一看,直盯住一处看,满眼不过是几个墨团,便无甚意趣了。看画如此,看人亦然。对自己的评价也有这种太远了不行太近了也不行的境况。高职大学生自我认知上的偏差,就是因为缺乏"距离感",从而形成"主观者迷"的局面。因此,高职大学生要注重父母、长辈、老师、同学、朋友们的评价,接受别人评价的合理部分,注意保持"距离感",也不要因为忠言逆耳便充耳不闻、我行我素,从而尽可能避免自我评价的偏差。

3. 经常反省自我

古人云:"吾日三省吾身。"虽然个人认识自己的信息来源之一是他人的行为和态度以及自己的活动成果,但个体对自己的观察与思考也是自我认识的一个重要方面。他人对自我的评价不等于自己对自我的评价,两者往往存在一定的差距。高职大学生已经具备自我反思和自我批判的能力,能够做到经常反省自己、反思自己的对错得失。通过对自己的心理活动进行观察、反思,进行一分为二的自我分析,在理性的自我解剖和自我批评中,更加深刻地认识自我。

(二)发展积极健康的自我体验

自我体验是自我意识中的情感部分,积极健康的自我体验是确立自我意识不可缺少的。自我体验要用自我的情感活动来完成,因此,首先从心里接受自己,才能形成各种情感体验。而在各种情感体验中,自信和自尊是两种十分重要而基础的情感体验。

悦纳自我是发展健康的自我体验的关键和核心。一个人首先应该自我接纳,才能为他人所接纳,也才会更好地接纳他人。悦纳自己就是对自己的本来面目抱认可、肯定的态度。也就是无条件地接受自己的一切,无论好坏、成功与否,有价值或者无价值,凡自身现实的一切都应该积极悦纳;要平静而理智地看待自己的长短优劣、得失成败;要乐观开朗,用发展的眼光来看待自己;既不以虚幻的自我来补偿内心的空虚、自欺欺人,也不消极回避自身的现状,更不以哀怨、自责甚至厌恶来否定自己。悦纳自己就是肯定自己的价值,觉得自己独一无二,有价值感、自豪感、愉快感和满足感(图 5-3)。

图 5-3 悦纳自我

知识链接 5-5

寓 言 故 事

有一天,一群动物聚在一起,彼此羡慕对方的优点,于是决定成立一所学校,希望通过训练,使自己成为一个通才。它们设计了一套课程,包括奔跑、游泳、飞翔和攀登。所有的动物都注册了,选修了所有的项目。最后结果是:小白兔在奔跑方面名列前茅,但是一到游泳课就发抖;小鸭子在游泳方面成绩优异,飞翔也还差强人意,但是奔跑与攀登的成绩却惨不忍睹;小麻雀在飞翔方面轻松愉快,但就是不能快速地奔跑,碰到水就几乎精神崩溃;至于小松鼠,固然爬树的本领高人一等,奔跑的成绩也还不错,却在飞翔课中学会了溜课。大家越学越迷惑,越学越痛苦,痛定思痛,它们顿然醒悟,终于决定:停止盲目学习对方,好好发挥自己的长处。它们的课程也重新规划和安排了,每位学员在自己擅长的领域不断进步着,不再抱怨自己,不再羡慕对方,生活又恢复了常态,自信和快乐又回到了它们身边。

上面这则寓言很好地告诉我们如何正确认识及发挥自己的长处。

(三) 有效的自我控制

高职大学生由于缺少社会磨练,缺乏社会经验,鉴别是非能力较差,碰到事情后容易冲动。因此,应学会控制自己的情绪,保持冷静的态度,增强自控力。同时,高职大学生还应具备一定的挫折承受力。高职大学生或因没考上理想的大学受家长埋怨;或因基础较差遭老师批评或被同学嘲讽;或因外貌不出众而受冷落,等等。对此,如果灰心丧气,自暴自弃,就会使自己沉沦下去难以自拔。如果学会控制情绪,以积极的心态正确面对挫折,将会化腐朽为神奇,使压力转化为动力,促进自己的学习和工作不断进步。

案例 5-9:明知故犯的错误

某校一个高才生,因遇上一位漂亮女孩而一见钟情,整天沉醉在不切实际的幻想中,模仿着影视中的种种谈情说爱的生活方式。他没有钱,便谎称买学习资料骗取父母的钱,被父母发现而拒绝给钱时,就开始偷家里的钱来满足"谈恋爱"的需要。为此,他的学习成绩急剧下降,成为全年级的落伍者。在教师、父母、同学的帮助下,他醒悟了,悔恨不已。他说:"在各种条件尚未成熟的时候,我过早地追求不切实际的爱情,它带来了甜美,更带来了苦涩,确实是苦多于甜,我再不能这样下去了,我要果断地把这一切深深地埋在心底,在我逐渐领略人生真谛的过程中,也一定会收获真正的爱情。"

这个事例说明了那位高才生起初没能克制自己的恋情,以后越陷越深,做出了错误行为。当他醒悟后,是坚强的自制力使他迷途知返,提高了对人生真谛的认识,使他从不能自拔的境地跳了出来。

自我控制是人主动定向地改变自己的心理品质、特质及行为的心理过程,是大学生健全自我意识、完善自我的根本途径。有一大部分高职大学生对自我抱有很高的期望,但因为没有足够的自制力和意志,经受不住挫折和打击,无法实现自我理想。而自怨自艾、自暴自弃的高职大学生更是因为自己无法控制自我的不良情绪使自己偏离了健全自我意识的轨道。所以高职大学生应该根据自己的实际情况和社会需要,确立合适的抱负水平,通过自我奋斗,达到最终利国、利民、利己的自我实现和自我成功。在大学生自我意识的心理成分中,独立性、自尊、自信、理想自我等发展较快,而自制力发展较慢,往往出现自我体验与自我行为不协调的矛盾。大学生自我意识向健康积极的方向发展,就要增强自我调控的自觉性和主动性,将社会需要转化为主观上实现"理想化"的内在动机,不断地进行自我监督、自我说服、自我激励。

第一，合理定位理想自我。大学生要面向现实，确定自己具体的奋斗目标，把远大的理想分解成一个个远近高低不同的子目标，由近到远，由低到高，循序渐进，逐步加以实现。而关键是，每一个子目标都要制定得适当、可行。

第二，培养顽强的意志品质。对自我的有效监督和控制离不开意志的力量。只有意志品质健全的个体才会做到对自我的有效控制，最终实现理想自我。因此，每个大学生都应从培养健全的意志品质做起，增强挫折承受力，提高自控能力，从而达到自我实现，使理想自我和现实自我相统一。

第三，理智对待挫折和失败。大学生应该理解，每个人在成长过程中难免会有挫折和失败，关键是要正确对待，同时要树立不达到目的不罢休的决心，认真总结经验教训，坚持不懈地追求积极向上、切实可行的理想目标。

三、不断完善自我，超越自我

加强自我修养，不断进行自我塑造，达到完善自我、超越自我的境界是健全自我意识的终极目标。健全自我的过程也是一个塑造自我、超越自我的过程。完善自我、超越自我是一个"新我"形成的过程。从"小我"走向"大我"，从"昨天之我"向"今日之我""明日之我"迈进。珍惜已有的自我，追求更好、更高的自我，做一个"自如的、独特的、最好的自我"。

知识链接 5-6

自信训练[①]

自我肯定训练

1. 请确定一个自己最崇拜的人，说出你崇拜他的原因，他身上有哪些特质是你所希望拥有的，如坚强、信仰、勇敢等。

2. 想象自己拥有这些特质，并大声地说出来。例如，我是一个坚强勇敢的人；我是一个充满自信的人；我是一个受人欢迎的人。

3. 体会感受。这样的训练给你带来什么体会？

自我激励训练

1. 晨起，对着镜子，告诉自己想要说的话和想要做的事情，并把它大声说出来。

2. 生活中，对见到的每一个人微笑，并做到以下几方面。

(1) 和别人交谈时注视对方。

(2) 上课挑前面的位置坐，不回避老师的目光。

(3) 改变懒散的坐姿，使自己看起来很精神。

(4) 在课堂上大声当众发言。

3. 睡前，对自己说："加油，继续努力。"

4. 回顾与体会。

(1) 每天晚上自己的感受如何？

(2) 一周或一个月下来感受如何？

[①] 约尔格·泰拉克尔,芭芭拉·索贝克.情商训练[M].盛明,於成功,译.上海:上海社会科学院出版社,2003.

自我信念训练

爱默生说:"人是思想的产物。"对于如何获得成功,我们面临的最大的问题就是选择和树立成功的思想。如何将"成功愿望"转变成清晰强烈的信念,从而形成良好的自我心像呢?

1. 设立目标,力求使这一目标在心中更加清晰。让成功的目标成为你行动的动力。成功的未来发展需要清晰的目标和规划,并牢牢把握这一目标。

2. 正确地评价自己的力量,然后激励自己,使自己充满自信和必胜的信心。时刻提醒自己"我是不可战胜的"。

3. 永远保持成功的积极心态。每一个人都有成功的能力和天赋,只要很好地运用它就有成功的机会。成功的幸福就会充满你的人生。

4. 从细节和小的收获中去体验充实与获得的喜悦。

课堂活动

一、活动

(一) 20个我是谁

1. 目的

有助于成员进行自我探索,认识并接纳自我,从多个自我的认识学会客观、正确地、多方位地评价自己。

2. 时间

约50分钟。

3. 准备

一张白纸、一支笔、抒情轻音乐。

4. 操作

(1) 指导者可以先找出一个成员示范,连续让他说出"我是谁"。当他说出一些众所周知的特征时,如"我是学生",指导者告诉大家,这种回答不反映个人特征,应尽量选择一些能反映个人风格的语言。

(2) 指导者让大家边思考边回答"我是谁"这个问题,至少写出20个。

(3) 告诉同学们将20个描述自己的句子分类,分别为身体状况、心理状况、社会状况,如果谁能不在指导者的提示下就从这三个方面深刻地描述自己,则是一个较好的自我认识。

(4) 请团体成员在小组内交流(5~6人)。任何人都抱着理解他人的心情,去认识团队内的每一个独特的人。最后指导者请每个小组代表发言,交流活动的感受。

这个训练,让每个学员去体验:在自我认识过程中,如何客观地观察自己、分析自己、发现自己。同时在其他人的帮助下,了解自我。

(二) 自画像

1. 目的

强化团队成员自我认识,进行深刻自我探索。在老师的指导下,促进自我觉悟。

2. 时间

50~60 分钟。

3. 准备

一张图画纸、一盒彩色水笔或油画棒。

4. 具体操作

(1) 指导者给每位成员发一张图画纸,每人或几个人合用一盒彩笔,然后请成员画出自己。可以有标题,也可没有。可以用任何形式来画自己,抽象的、形象的、写实的、动物的、植物的,什么都可以。总之,把自己心中最能代表自己的东西画出来。

(2) 画完后挂在墙上进行展示,让团体成员自由观看他人的画,不加评论。欣赏完毕后,请每位"画家"对他的画进行解释并答疑。

(3) 让每个学员去体验这个训练:自画像用非语言的方法将画者的内心投射出来,是一种独特的自我探索、自我分析、自我展示的方法。通过团体内的交流,还可以促进成员深化自我认识,加深对他人的认识和理解。这种方法可以使成员发现隐藏在潜意识层面的自我,不知不觉中对自己做出评估和内省。

(三) 多元排队

1. 目的

促进团队成员从多方面去认识并肯定自己,发现自己的特殊性,由此启示成员多方面地、正确地评价自己,最终增强自我意识。

2. 时间

40~60 分钟。

3. 准备

室内一片比较大的空场地或者室外空地。

4. 具体操作

(1) 指导者告知成员,接下来会按照各种要求进行排队,所有的成员必须排成一列。比如按照身高、体重、年龄、头发长短、鞋码大小排列,等等,指导者也可根据团队成员的具体特点进行多方面的排列,突出多元性。

(2) 每次排列请成员记住自己在团队中的所在位置,指导者记住每次"排列之最"。

(3) 请每位成员谈谈进行多元排列后的感受,可先有请每次的"排列之最"进行发言,谈谈感受。指导者引导成员看到自己的多方面特点,从多个方面去认识并肯定自己,不管怎样那都是自己,独特的自己。

二、心理测试

自我和谐量表(SCCS)[①]

指导语:下面是一些个人对自己的看法的陈述,填答时,请你看清楚每句话的意思,然后圈选一个数字(1代表该句话完全不符合你的情况;2代表比较不符合你的情况;3代表不确定;4代表比较符合你的情况;5代表完全符合你的情况),以代表该句话与你现在对自己的看法相符合的程度。每个人对自己的看法都有其独特性,因此答案是没有对错的,只要如实回答就可

---

① 汪向东,王希林,马弘.心理卫生评定量表手册(增订版)[M].北京:中国心理卫生杂志社,1999.

以了(表5-2)。

表5-2 自我和谐量表(SCCS)

陈述	选项				
1. 我周围的人往往会觉得我对自己的看法有些矛盾。	1	2	3	4	5
2. 有时我会对自己在某方面的表现不满意。	1	2	3	4	5
3. 每当遇到困难,我总是首先分析造成困难的原因。	1	2	3	4	5
4. 我很难恰当地表达我对别人的情感反应。	1	2	3	4	5
5. 我对很多事情都有自己的观点,但我并不要求别人也与我一样。	1	2	3	4	5
6. 我一旦形成对事情的看法,就不会再改变。	1	2	3	4	5
7. 我经常对自己的行为不满意。	1	2	3	4	5
8. 尽管有时得做一些不愿做的事,但我基本上是按自己的愿望办事的。	1	2	3	4	5
9. 一件事情好就是好,不好就是不好,没有什么可以含糊的。	1	2	3	4	5
10. 如果我在某件事上不顺利,我就会怀疑自己的能力。	1	2	3	4	5
11. 我至少有几个知心的朋友。	1	2	3	4	5
12. 我觉得我所做的很多事情都是不该做的。	1	2	3	4	5
13. 无论别人怎么说,我的观点绝不改变。	1	2	3	4	5
14. 别人常常会误解我对他们的好恶。	1	2	3	4	5
15. 很多情况下我不得不对自己的能力表示怀疑。	1	2	3	4	5
16. 我朋友中有些是与我截然不同的人,这并不影响我们的关系。	1	2	3	4	5
17. 与别人交往过多容易暴露自己的隐私。	1	2	3	4	5
18. 我很了解自己对周围人的情感。	1	2	3	4	5
19. 我觉得自己目前的处境与我的要求相距太远。	1	2	3	4	5
20. 我很少去想自己所做的事是否应该。	1	2	3	4	5
21. 我所遇到的很多问题都无法自己解决。	1	2	3	4	5
22. 我很清楚自己是什么样的人。	1	2	3	4	5
23. 我能很自如地表达我想表达的意思。	1	2	3	4	5
24. 如果有了足够的证据,我也可以改变自己的观点。	1	2	3	4	5
25. 我很少考虑自己是一个什么样的人。	1	2	3	4	5
26. 把心里话告诉别人不仅得不到帮助,还可能招致麻烦。	1	2	3	4	5
27. 在遇到问题时,我总觉得别人都离我很远。	1	2	3	4	5
28. 我觉得很难发挥应有的水平。	1	2	3	4	5
29. 我很担心自己的所作所为会引起别人的误解。	1	2	3	4	5
30. 如果我发现自己在某些方面表现不佳,总希望尽快弥补。	1	2	3	4	5
31. 每个人都在忙自己的事情,很难与他们沟通。	1	2	3	4	5

续表

陈述	选项				
32. 我认为能力再强的人也可能遇上难题。	1	2	3	4	5
33. 我经常感到自己是孤立无援的。	1	2	3	4	5
34. 一旦遇到麻烦事,无论怎样做都无济于事。	1	2	3	4	5
35. 我总能清楚地了解自己的感受。	1	2	3	4	5

【结果解释和评分标准】

"自我与经验的不和谐"反映的是自我与经验之间的关系,包含对能力和情感的自我评价、自我一致性、无助感等,它所产生的症状更多地反映了对经验的不合理期望。

"自我的灵活性"与敌对和恐怖的相关显著,可能预示了自我概念的刻板和僵化。

"自我的刻板性"不仅同质性信度较低,而且仅与偏执有显著相关,说明这一分量表的含义有待进一步研究,在应用时也应小心。

各分量表的得分为其所包含的项目分直接相加。3个分量表包含的项目分别如下。

(1) 自我与经验的不和谐:1、4、7、10、12、14、15、17、19、21、23、27、28、29、31、33,共16项。

(2) 自我的灵活性:2、3、5、8、11、16、18、22、24、30、32、35,共12项。

(3) 自我的刻板性:6、9、13、20、25、26、34,共7项。

可参考的常模为502名大学生(男260人,女242人,平均年龄18.5岁)的平均得分,分别为46.13、45.44、18.12,其标准差分别为10.01、7.44、5.09,均无性别差异。

437名军事飞行员测试,除了"自我与经验的不和谐"分较低,其他结果与大学生类似。以10的百分位划出高分段,"自我与经验的不和谐"高于50分($\pm 1.25SD$)为高分组,人数占12.36%;"自我的灵活性"高于55分(1.19SD)为高分组,占10.53%;"自我的刻板性"高于23分(1.22SD)为高分组,占13.27%。

此外,也可以计算总分,方法是将"自我的灵活性"反向记分,再与其他两个分量表的得分相加。得分越高自我和谐程度越低。在大学生中,可以以低于74分为低分组,75~102分为中间组,103分以上为高分组。

第六章

健全人格　绽放生命——
　　高职大学生人格心理

案例导入

案例6-1:"刺猬"同学

赵某,男,某高职院校大一学生,入校后没多久被班主任带到了心理教师那里,原因是入校以来频繁惹是生非,同学们称他为"刺猬",意思是他身上带"刺",同学都不愿意跟他交往,赵某却没有改过的意思,班主任觉得他与其他同学不一样,想请心理教师诊断一下。赵某在军训期间喜欢上班里的一位女同学陆某,但陆某只是把他当做兄长,并没有发展为男女朋友的意思,因此赵某在表白后遭到陆某拒绝。赵某对此很介意,处处刁难陆某,甚至在一次合班课上当众踢了陆某。陆某的父母知道后很担心女儿在学校的安全,要求赵某道歉并远离陆某,班主任在其中协调,结果赵某不愿意道歉,他认为自己没有错,错在陆某"欺骗"了他。陆某很生气,觉得他无理取闹。后来有一次在图书馆上自习时,为了占位置的事跟其他人又发生了争执,原因是女同学张某在自习时暂时离开去上厕所,回来时发现位置被赵某占据了,就要求他离开,赵某不愿意,他认为自己先来,旁边的其他同学也上前劝解,证明这个位置原来就是张某的,可是赵某就是不愿意站起来,引起了许多同学的围观。结果赵某当众扇了张某一个耳光,张某觉得很委屈,将他告到了辅导教师那里,辅导教师了解了事情的原委后请赵某道歉认错,但遭到了拒绝,赵某称因为张某骂了他所以他才有这个行为的。可大家证明,事实上张某并没有骂他。再后来,赵某经常为一些小事跟同学发生矛盾,明明是他错了,但他本人就是不认为自己有错,对自己的行为也没有任何内疚之心。

案例6-2:不同气质类型的同学交往困难

方某,女,某高职院校大二学生,她到心理咨询室找教师咨询。主述:我最近烦死了,在宿舍待不下去了,我也很压抑,压抑得我快要疯了。我是一个心直口快的人,有什么说什么,从来不遮遮掩掩,可宿舍其他三个人很"阴险",她们从来不把心里话说出来,也不知道她们在想什么。我喜欢快节奏的生活,讲究效率,可她们三个慢吞吞的,我看不惯,一点时间观念也没有,有一次说好了一起去逛街的,我早早就准备好出发了,结果临行前一个还要上厕所,一个还在打电话,我一气之下就没有去逛街,后来她们倒是给我带了些吃的东西回来,可我那天的心情给搞得很差,其实他们也没有什么特别不好的地方,可是我跟她们在一起就觉得有压力,不舒畅。

案例6-3:一个强迫型人格障碍学生

某大学学生小陈被同宿舍的学友戏称为"完美的循规蹈矩者"。小陈来自农村,进入大学后,很长时间难以适应大学生活,在学习、课余爱好、特长等方面表现一般,在班里默默无闻,内心常感到压抑、苦闷。不知从什么时候起,小陈的行为举止开始变得呆板,凡事都为自己硬性规定了许多标准,哪怕是很小的事都要按自己的刻板方式去完成。比如,睡觉前总要把鞋子摆整齐了放在床下,把眼镜擦干净放在枕头边上,衣服也要叠得整整齐齐放在椅子上,甚至连袜子都要叠好了放在一边,一旦不这样做就心感不安,唯恐不这样做会有坏事发生。如此的一板一眼,难怪同学笑他。

案例6-4:一个偏执型人格障碍的学生

刘某,男,25岁。主述:高中三年级时学习成绩相当好。平常,我虽然常与人交往,也很喜欢与同学交谈,但我总觉得他们嫉妒我的才能,总是用一种异样的目光看我,他们也常常否定对我的嫉妒,但我觉得他们说的不是真话,是在为自己辩解。有的人因此不主动亲近我,这说明了什么呢？还不是嫉妒我的才能。还有，那时我爱顶撞班主任，我觉得他的想法经常是错误的，反而说我是错的，你看多可笑。我一向我行我素，说话办事全凭个人意愿，因为我具有比他们更强的能力和智慧。当然，有时结果不理想，但那并不是因为我的能力存在什么问题，而是客观原因造成的。我才不管别人的喜怒哀乐。我认为我在他们的眼中属于人见人恨的那种人。他们也一定认为我思想简单，最好欺负。后来我就懒得与他们交往了，我更乐于自己独处。但我对别人的怀疑却丝毫没有减少。

在读书时，我对任何人（包括班里的任何同学），甚至自己的父亲，不管他们做什么事，说什么话，我都从心里怀疑。我为什么要信任他们呢？如果信任他们，说不定哪天他们就会利用我的信任加害于我。这不是，最近我就被人利用了，可以说是毫无理由的，我被调离机关去一个下属公司当了一名普通工作人员。为什么要调离我？我断定有人搞鬼，他们肯定嫉妒我的才干，我为此感到愤愤不平，我觉得领导这样对我实在是很不公平。机关领导说我一直搞不好同事关系，我总是对给我安排的工作有异议。我为什么要理那些人呢？我已给上级部门写信，直述了我所蒙受的耻辱，并且直述了我对那个领导的看法，我非把他搞垮不可。我女朋友还不让我这样做呢！她劝我算了，我不听，她就说我有病，我有什么问题，我看是她变心了。我一直都注意到，她每次来单位，看我的那位领导的眼神都很特殊。如果他们俩真有什么，我就更是与他们没完。

这些案例都反映了人的性格、气质等人格特征，是人格心理问题的不同反映。人的素质结构中，人格是人的心理面貌的集中反映，是伴随着人的一生不断成长的心理品质。然而，人格是一个丰富而复杂的心理成分，它凝聚着文化、社会、家庭、教育与先天遗传的个体风貌。"人有千面，各有不同"。人格有着鲜明的个性特征，人格的差异铸就了个体千差万别、千姿百态的心理面貌。人格的成熟意味着个体心理的成熟，人格的魅力展示着个体心灵的完善。心理健康学认为，作为认识社会、改造社会主体的人，其人格发展状况、人格所呈现的面貌不仅直接影响着人的社会生活质量，而且也间接地关系着整个人类社会是否能得到健康、和谐的发展。因此创造良好的社会心理条件，培养、增进、塑造健全的人格就成为大学生心理健康教育的一项重要任务。

第一节　人格概述

一、人格的定义及内涵

人格的定义有很多种。从道德意义上看，人格是人的品格操守，是个人在社会中的地位和作用的统一，是个人的尊严、名誉和价值的总和。我们日常对人的评价"某某人格高尚""他出卖了自己的人格"，正是从道德意义上评价人格。在民法意义上，人格即自然人的民事权利能力，是法律赋予自然人依法享有民事权利或承担民事义务的资格。

心理学上人格一词来源于拉丁语 persona，意指古希腊古罗马时代戏剧演员在舞台上扮演角色所戴的面具，它代表剧中人的身份，表现剧中人物的某种典型心理，如狡诈的人、忠厚老实的人等等。心理学上的人格内涵极其丰富，但基本包含两方面的意义：一是个体在人生舞台上所表现出的种种言行，人格所遵从的社会准则，这就是我们可以观察到的外显的行为和人格品质;另一方面是内隐的人格成分,即面具后面的真实自我,是人格的内在特征。

人格也叫作个性,是指一个人在遗传素质的基础上,在个体成长中形成的、区别于他人的、独特稳定的心理倾向和心理特征的总和。人格是一个多侧面、多层次、多级水平构成的开放系统。一个人完整的人格结构包括人格的心理倾向性和人格特征两个方面。心理倾向包括需要、动机、兴趣、信念和世界观,构成了个性心理的动力系统和调节机制。其中需要是人格结构的动力源,动机、兴趣、理想、信念、人生观、价值观和世界观都是在需要的基础上形成的,而世界观又是人格结构的最高调节者。人格特征主要包括气质、性格、能力等内容。

二、人格的特征

(一)人格的整体性

人格是人的整个精神面貌的表现,人格倾向性和人格特征不是孤立地存在着,也不是机械地联合在一起,而是相互联系、相互制约、相互作用组成一个完整的人格。也就是说人的能力、性格、兴趣、价值观、气质、性格等,是由自我进行协调,向着一个目标,作为一个有机整体一致活动的。

人格的整体性有多方面表现。首先,人格存在着内在的统一性。一个有血有肉的活生生的正常人,总是能够正确地认识和评价自己,能及时调整心理世界出现的矛盾冲突,协调主观与客观、心理与环境之间的关系,因而才能使他的动机和行为保持和谐一致。一个人失去了人格内在统一性,他的行为就会经常由几种相互抵触的动机支配,导致人格分裂,形成"双重人格"或"多重人格"。

其次,只有从整体出发,在和其他人格特征联系中,才能正确理解某一人格特征的确切含义。如沉默寡言这一特征,有的人是怕羞、怯懦;有的人是不想暴露自己的真实面目。可见,人格是由各个紧密相连的成分构成的多层次、多侧面、多水平的统一整体。离开了人格结构的整体性就不能正确地分析和理解任何人的人格。

知识链接 6-1

拥有"三个我"的妙龄女郎

一个名叫克丽丝汀的妙龄女郎,因"意志力丧失"及"肢体运动失调"等毛病,而被介绍到有名的精神科医师普林斯处求诊。

因为症状看起来像歇斯底里症,普林斯决定以催眠术来寻求她的病因。克丽丝汀是一个理想的催眠对象,很快就进入催眠状态中,但在越来越深的催眠中,却发生了一件奇怪的事:克丽丝汀好像变成了另一个人,从她的嘴里冒出的是另一个女孩的声音,而且以轻蔑的口气将克丽丝汀称为"她"。

"但你就是'她'呀!"普林斯充满兴味地说。

"不,我不是。"那个声音斩钉截铁地说。

普林斯知道他看到了克丽丝汀的另一个人格。

这个人自称是莎莉,她的言行举止完全不像克丽丝汀,从说话的语气上就可感觉出她是一个淘气、喜欢开玩笑、情绪高昂的女孩子(克丽丝汀则是传统温柔型的女孩)。莎莉以不屑的语气说克丽丝汀是个优柔寡断、软弱的"笨女人",她似乎知道克丽丝汀的一切,但克丽丝汀显然不知道莎莉的存在。

在开始时,莎莉只会说话,而无法张开眼睛(因为在深度催眠状态中的克丽丝汀是闭着眼睛的)。但慢慢地,莎莉自己能张开眼睛(也就是说让闭着眼睛的克丽丝汀睁开了眼),在获得行动自由后,她即将她的"豪放女"作风表露无遗,譬如向普林斯要香烟抽、要酒喝,说话时还将两脚跷到桌面上。

但在解除催眠,克丽丝汀又从恍惚状态中醒转过来后,却对自己手上拿着烟、双腿跷在桌面上的"非淑女动作"感到惊骇莫名。

有一天,普林斯打电话到克丽丝汀的住处,结果又发生另一件更奇怪的事:接电话的居然又变成另一个女人。从语气上听起来,她似乎是一个成熟、有责任感而且自制的女性。她误以为普林斯是一个名叫威廉·琼斯的男人,她警告他最好不要来,否则她将对他不客气。

这个成熟女性是克丽丝汀的第三个人格,普林斯将她称为B4(克丽丝汀及莎莉则分别是B2及B3)。

随着治疗的进展,事情也慢慢明朗化。原来克丽丝汀拥有三个人格,在日常生活里,刁蛮的莎莉不时会"出来"取代文雅的克丽丝汀,而负责任的B4则经常扮演收拾残局者。莎莉和B4彼此厌恶,对于莎莉开的玩笑,克丽丝汀往往只是将它当成悲惨的命运般被动地接受,而B4对这些玩笑则深恶痛绝。

譬如有一次,克丽丝汀搭火车准备到纽约找一份像样的工作,但在火车上,莎莉却突然冒出来,她在中途下车,到一家餐厅去当女侍,克丽丝汀觉得这件工作无趣而让人疲惫,但也无计可施。最后,B4出现,她走出餐厅,典当了克丽丝汀的手表,买车票准备回波士顿。但在途中,莎莉又冒出来,她刁难B4,拒绝回到克丽丝汀在波士顿破旧的小屋,反而到别处租了一间新房子。最后,克丽丝汀"醒来",却发现自己睡在一张奇怪的床铺上,她不知道自己置身何处,也不知道从何而来。

(二)人格的相对稳定性

人格具有稳定性的特点,是指那些经常表现出来的特点,是一贯的行为方式的总和。俗话说:"江山易改,本性难移",这里的本性是指人格。研究表明,在个人的行为中偶然表现出来的心理特征和心理倾向不能表征一个人的人格。如一个处世谨慎的人,经常循规蹈矩,持事稳重,但他也会偶然表现出冒失、轻率的举动。在这里,谨慎标志着他的人格特征,而偶然性的轻率则不是他的人格特征。任何人都会偶然忘记某种东西,但不能说健忘是所有人的人格特征。人格特征是指一个人在其心理和行为活动中表现出来的经常一贯的比较稳定的特点,如某人在生活或工作中,经常表现出丢三落四,那么则可以说这个人有粗心大意或健忘的人格特征。

人格的稳定性是相对的,因为人格同时也具有可塑性。每个人的人格都可能随着现实环境的多样性和多变性而或多或少地发生变化。儿童的人格正在形成中,还不稳定,易受环境影响而发生变化,因而可塑性较大。而成年人的人格比较稳定,可塑性较小,但也并非不能改变。在人格改变中自我调控起重要作用。

(三) 人格的独特性

我们经常说"人心不同,各如其面",人们的内心不同,就像人们的面孔各不相同一样,说的是每个人有各自独特的心理特点。人格的独特性是指每个人的人格既是一个整体,彼此之间又存在一定的差异,每个人各有其能力、兴趣、价值观、气质和性格。比如人们的兴趣、爱好是极其多样的:有人喜欢体育,有人爱好美术,有人酷爱音乐,有人对文学作品爱不释手。人们的能力也各异:有人观察问题细致,有人思维表达力强,有人富于想象力,有人善于操作。人们在气质和性格的表现上更是各有特色:有的人脾气暴躁,有的人慢性子,有的人热情直爽,有的人委婉含蓄,有的人真诚,有的人虚伪,有的人勇敢,有的人公而好义,有的人以一己利益为重,如此等等。

同时,心理学的一些研究表明,人们在心理和行为上也具有一定的群体性,如同一民族、同一文化、同一群体的人们具有相似的人格特征,这也是文化人类学家所说的群体人格。

(四) 人格的生物性和社会性

人是生物个体,也是社会个体。人的自然的生物特性不能预定人格的发展方向,然而它却构成人格形成的基础,影响着人格发展的道路和方式,影响着人格形成的难易。

在充分看到人格的生物学意义的同时,绝不能把人格归结为是先天固定下来的,也不能把它的发展看成是由遗传所决定的必然的成熟过程。任何一个人初生时,既没有工作能力和为社会为集体工作的热情,也表现不出勇敢或怯懦、坚强或优柔寡断、勤劳或懒惰的人格特点,更没有为克服困难所具有的决心。

人格是在先天即遗传素质的基础上,通过社会活动和社会交往,而逐渐社会化的。在人格形成中,既不能排除生物因素,更不能排除社会因素,人格是在现实的社会生活条件影响下形成和发展起来的,同时也受生活环境的制约。

三、人格形成的影响因素

(一) 生物遗传因素

遗传是人格不可缺少的影响因素,但是遗传因素对人格的作用程度随人格特质的不同而不同。通常智力和气质与生物性因素相关较大,遗传因素作用较重要;而价值观、性格与社会因素相关程度高,后天环境的作用更大。人格的发展是遗传与环境两种因素相互作用的结果,人既有生物属性,又具有社会属性,人在胚胎时,环境因素的影响就开始了,这种影响会在人的一生中持续下去。

知识链接 6-2

从双生子实验研究人格影响因素

双生子的研究被许多心理学家认为是研究人格遗传因素的最好办法,并提出了双生子的研究原则:同卵双生子既然具有相同的基因形态,那么他们之间的任何差异都可以归于环境因素造成的。而异卵双生子的基因虽然不同,但在环境上有许多相似性,如出生顺序、母亲年龄等,因此也提供了环境控制的可能性。系统研究这两种双生子,就可以看出不同环境对相同基因的影响,或者是相同环境下不同基因的表现。研究结果表明,由于同卵双生子具有相同的基因,因此他们间的任何差异一定是环境造成的;由于异卵双生子在遗传上不同,他们有许多相同的环境条件,故可提供一些有关环境控制的测量;同时研究同卵双生子与异卵双生子,就可能评估相同基因类型下不同环境的作用,以及在相同或类似环境下不同基因类型的作用。

研究结果表明,遗传是人格不可缺少的影响因素,但遗传因素对人格的作用程度因人格特征的不同而不同。通常在智力、气质这些与生物因素相关较大的特征上,遗传因素较为重要;而在价值观、信念、性格等与社会因素关系紧密的特征上,后天环境因素更重要。人格发展过程是遗传与环境交互作用的结果,遗传因素影响人格发展方向及形成的难易。

(二) 社会文化因素

每个人都处在特定的社会文化环境中,文化对人格的影响极为重要。社会文化具有塑造人格的功能,这反映在不同文化的民族具有固有的民族性格。比如社会心理学家米德(Mead)等人曾研究了住在新几内亚的三个原始部落,结果表明,他们都有本民族固有的人格特征。居住在山地的阿拉佩什人,男女在家庭中都要照顾孩子,男女同样负担家务。无论男女老幼都不欺侮别人,不争强好胜,不自作主张,都爱护别人,互相协作。大家都有安定感,表现得都很亲切、温和。住在河川地带的蒙都古马人,习惯于狩猎。男女之间有权力和地位之争,对孩子的处罚非常残酷。所有的人在气质、性格方面都表现出攻击、残酷、嫉妒、竞争、粗暴、自大等特征。居住在湖泊地区的德昌布利人,男女两性所扮演的角色有明显划分。女性操生产劳动和消费的实权,她们性情刚毅。男性从事美术工艺和祭祀,整日学舞蹈、装饰和吹笛求爱,以取悦女人。母亲对子女除哺乳和身体保护之外,则很少接触他们。孩子从一岁起就由父亲担负养育责任。女人在气质和性格方面是属攻击性和支配性的,具有保护者的活泼、快活的特点。男性对女性则表现有自卑感。

(三) 家庭环境因素

一位人格心理学家说:"家庭对人的塑造力是今天我们对人格发展看法的基石。"家庭是社会的细胞,不仅具有自然的遗传因素,也有着社会的"遗传"因素。这种社会遗传因素主要表现为家庭对子女的教育作用,"有其父必有其子"的话不无道理。父母们按照自己的意愿和方式教育着孩子,使他们逐渐形成了某些人格特征。

强调人格的家庭成因,重点在于探讨家庭间的差异对人格发展的影响,探讨不同的教养方式对人格差异所构成的影响。一般研究者把家庭教养方式分成三类,这三类方式造就了具有不同人格特征的孩子。

第一类是权威型教养方式,这类父母在对子女的教育中表现为过分支配,孩子的一切均由父母来控制。成长在这种教育环境下的孩子容易形成消极、被动、依赖、服从、懦弱,做事缺乏主动性,甚至会形成不诚实的人格特征。

第二类是放纵型教养方式,这类父母对孩子过于溺爱,让孩子随心所欲,父母对孩子的教育甚至达到失控状态。这种家庭里的孩子多表现为任性、幼稚、自私、野蛮、无礼、独立性差、唯我独尊、蛮横胡闹等。

第三类是民主型教养方式,父母与孩子在家庭中处于一个平等和谐的氛围中,父母尊重孩子,给孩子一定的自主权,并给孩子以积极正确的指导。父母的这种教育方式使孩子形成了一些积极的人格品质,如活泼、快乐、直爽、自立、彬彬有礼、善于交往、容易合作、思想活跃等。由此可见,家庭确实是"人类性格的工厂",它塑造了人们不同的人格特征。

综合家庭因素对人格影响的研究资料,我们可以得出以下结论:家庭是社会文化的媒介,它对人格具有强大的塑造力;父母的教养方式会直接决定孩子人格特征的形成;父母在养育孩子的过程中,表现出了自己的人格,并有意无意地影响和塑造着孩子的人格,形成家庭中的"社会遗传性"。

(四)童年经验因素

有句古话说:"三岁看大,七岁看老。"为什么人格心理学家们会如此看重早期经验对人格的作用呢? 西方一些国家的调查发现,"母爱丧失"的儿童(包括受父母虐待的儿童),在婴儿早期会出现神经性呕吐、厌食、慢性腹泻、阵发性绞痛、不明原因的消瘦和反复感染,这些儿童还表现出胆小、呆板、迟钝、不与人交往、敌对、攻击、破坏等人格特点,这些人格特点会影响他们一生的顺利发展,出现情绪障碍、社会适应不良等问题。早期童年经验的问题引发了许多争论,如早期经验对人格产生何种影响? 这种影响是永久性的吗?

我们认为,第一,人格发展的确受到童年经验的影响,幸福的童年有利于儿童向健康人格发展,不幸的童年也会引发儿童不良人格的形成。但二者不存在一一对应的关系,溺爱也可使孩子形成不良的人格特点,逆境也可磨炼出孩子坚强的性格。第二,早期经验不能单独对人格起决定作用,它与其他因素共同来决定人格。第三,早期儿童经验是否对人格造成永久性影响因人而异。对于正常人来说,随年龄的增长、心理的成熟,童年的影响会逐渐缩小、减弱,其效果不会永久不衰。

知识链接 6-3

情感剥夺实验

心理学家做过"情感剥夺实验":把一同生下的小猴子分成两组,一组放在铁笼子里,用奶喂养,什么也没有;另一组给它们用长毛绒做了个假妈妈,吃完奶它们可以在假妈妈身上玩。实验结果表明:小猴子慢慢长大后,没有假妈妈的这一组胆子比较小,反应暴躁,不合群,与人不好接近;有假妈妈的这一组各式指标相对较好。这说明在婴幼时期特别是儿童时期剥夺了母爱就会使他们的性格扭曲,造成不好的行为和个性的表现。情感剥夺实验说明在婴幼儿时期对孩子进行良好的心理环境的抚育对一个人形成良好的性格是很重要的。

(五)学校教育因素

学校是学生成长过程中重要的环境因素,教师对学生的人格具有指导定向作用。有研究表明,在不同的教师面前,学生常有不同的表现。教师的公平公正对学生有着至关重要的影响。同时,班集体的特点、舆论和评价对学生人格的发展具有"弃恶扬善"的作用。

综上所述,人既是一个生物个体,又是一个社会个体。人格是先天后天的"合金",是遗传与环境交互作用的结果,遗传决定了人格发展的可能性,环境决定了人格发展的现实性。这是研究者们已达成共识的结论。

第二节 气质、性格与能力概述

一个人完整的人格结构包括人格的心理倾向性和人格特征两个方面。人格特征主要包括气质、性格和能力等内容。

一、气质

气质是典型、稳定的心理特点,是心理活动的动力特征的总和。气质(temperament)是表现在心理活动的强度、速度、灵活性与指向性等方面的一种稳定的心理特征。人的气质差异是先天形成的,受神经系统活动过程的特性所制约。孩子刚一落生时,最先表现出来的差异就是气质差异,有的孩子爱哭好动,有的孩子平稳安静。因此,简单说来,气质就是脾气秉性,是人的神经类型特点的外在表现,因此具有天赋性,而且很难改变。

(一)气质的类型

关于气质的类型,心理学史上有很多学说,如血液说、体型说等,最著名的是古希腊医生希波克拉底(Hippocrates)提出的"四体液学说",他认为,每个人身上都有四种体液,即血液、黏液、黄胆汁和黑胆汁。英国心理学家艾森克(H.J.Eysenck)在此基础上,提出了气质的四种类型,但他是运用因素分析法得出了气质特点的两个基本维度,即"内倾和外倾""情绪的稳定和不稳定",两个维度形成四种组合,即胆汁质、多血质、黏液质和抑郁质,见图6-1和表6-1。

气质的类型

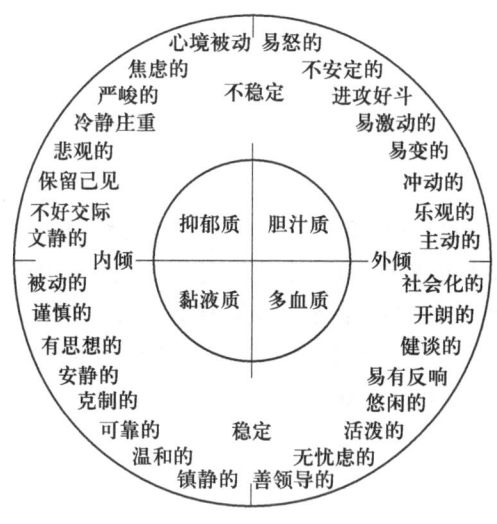

图6-1 艾森克的气质分类

表6-1 各类气质类型的特点

气质类型	行为特点
胆汁质 (兴奋型)	"夏天里的火",精力旺盛,直率、热情,行动敏捷,易于激动,心境变换剧烈,喜指挥别人,认准目标不折不挠,精力耗尽易沮丧

续表

气质类型	行为特点
多血质（活泼型）	"春天的雨"，可塑性强，活泼好动，反应迅速，情绪多变，易于适应环境的变化，性情活泼热情，好交际，兴趣广泛，浮躁，见异思迁
黏液质（安静型）	"冬天的雪"，安静、稳重，反应缓慢，沉默寡言，情绪不外露，善忍耐，心理平静，深思熟虑，力求稳妥，外柔内刚，生活规律，墨守成规
抑郁质（抑制型）	"秋天的落叶"，孤僻，行动迟缓，情感体验深刻，善觉察细小事物，情感细腻而脆弱，喜独处，遇事三思而行，不愿向人倾诉

1. 胆汁质——夏天的火

这类人精力旺盛，直率、热情，情绪易激动，反应迅速，行动敏捷，暴躁而有力；性急，有一种强烈而迅速燃烧的热情，不能自制；在克服困难上有坚韧不拔的劲头，但不善于考虑是否能做到，学习和工作带有明显的周期性特点，能以极大的热情和旺盛的精力投入学习和工作，一旦精力消耗殆尽时，便会失去信心，情绪顿时转为沮丧而心灰意冷。代表人物：张飞、李逵、晴雯。

2. 多血质——春天的雨

多血质的人具有活泼好动、反应迅速、情绪发生快而多变、兴趣容易转移等特征。这类人易于适应环境的变化，性情活泼、热情，善于交际，在群体中精神愉快，相处自然，常能机智地摆脱困境。他们在学习和工作上肯动脑、主意多，不安于机械、刻板、循规蹈矩，常表现出较强的工作能力和办事效率。对外界事物兴趣广泛，但容易浮躁，见异思迁，易骄傲，受不了一成不变的生活。代表人物：孙悟空、王熙凤。

3. 黏液质——冬天的雪

黏液质的人安静、稳重，反应缓慢，沉默寡言，情绪不易外露，注意力稳定难于转移，善于忍耐。这类人反应较为迟缓，但无论环境如何变化，都能基本保持心理平衡。凡事深思熟虑，力求稳妥，一般不做无把握的事情。自制力强，不爱显露自己的才能。他们外柔内刚，沉静多思，不愿流露内心的真情实感。与人交往时，态度适度，不卑不亢，不爱抛头露面和作空泛的清谈。学习、工作有板有眼，踏实肯干，严格恪守既定的生活秩序和制度。但他们过于拘谨，不善于随机应变，固定性有余而灵活性不足，有墨守成规、因循守旧的表现。代表人物：宋江、鲁迅、薛宝钗。

4. 抑郁质——秋天的落叶

抑郁质的人孤僻，行动迟缓，情感体验深刻，善于觉察别人不易觉察的细小事物。这类人在生理上难以忍受或大或小的神经紧张，厌恶那些强烈的刺激。他们的感情细腻而脆弱，常为微不足道的事引起情绪波动。自己心里有话，宁愿自己品味，不愿向别人倾诉。喜欢独处，与人交往时显得腼腆、忸怩，善于领会别人的意图，在团结友爱的集体中，很可能是一个容易相处的人。遇事三思而行，求稳不求快，对力所能及的工作能认真负责地完成。在学习、工作一段时间后，常比别人更感疲倦。在困难面前常怯懦、自卑和优柔寡断，面临危险时极度恐惧。代表人物：林黛玉、林冲。

(二) 气质的作用

人的气质本身无好坏之分，气质类型也无好坏之分。在评定人的气质时不能认为一种气质类型是好的,另一种气质类型是坏的。每一种气质都有积极和消极两个方面,在这种情况下可能具有积极的意义,而在另一种情况下可能具有消极的意义。如胆汁质的人可成为积极、热情的人,也可发展成为任性、粗暴、易发脾气的人。多血质的人情感丰富,工作能力强,易适应新的环境,但注意力不够集中,兴趣容易转移,无恒心等。气质相同的人可有成就的高低和善恶的区别。抑郁质的人工作中耐受能力差,容易感到疲劳,但感情比较细腻,做事审慎小心,观察力敏锐,善于察觉到别人不易察觉的细小事物。例如,上剧院看戏或上电影院看电影迟到,是大家都熟悉的情境。如果碰到一个面部表情严肃、意欲不放行的检票员,你会怎么办呢?[①]苏联心理学家达威多娃曾形象地描述了典型的胆汁质、多血质、黏液质及抑郁质四种基本气质类型的个体可能产生的行为反应。胆汁质的人和检票员争吵,企图闯入戏院,他分辩说,剧院的钟快了,他进去看戏是不会影响别人的,并打算推开检票员进入戏院。多血质的人立刻明白,检票员是不会放他进去的,但是通过楼厅进场容易,就跑到楼上去了。黏液质的人看到检票员不让他进入正厅,就想"第一场总是不太精彩,我在小卖部等一会,幕间休息时再进去"。抑郁质的人会说,"我老是不走运。偶尔来一次戏院,就这样倒霉",接着就回家去了。

气质不能决定一个人活动的社会价值和成就的高低。据研究,俄国的四位著名作家就是四种气质的代表:普希金具有明显的胆汁质特征,赫尔岑具有多血质的特征,克雷洛夫属于黏液质,而果戈理属于抑郁质。类型各不相同,却并不影响他们同样在文学上取得杰出的成就。所以气质相同的人可以成为对社会做出重大贡献、品德高尚的人,也可以成为一事无成、品德低劣的人。可以成为先进人物,也可以成为落后人物,甚至反动人物。反之,气质不相同的人也都可以成为品德高尚的人,成为某一职业领域的能手或专家。

气质虽然在人的实践活动中不起决定作用,但是有一定的影响。气质不仅影响活动进行的性质,而且可能影响活动的效率。例如,要求作出迅速灵活反应的工作对于多血质和胆汁质的人较为合适,而黏液质和抑郁质的人则较难适应。反之,要求持久、细致的工作对黏液质、抑郁质的人较为合适,而多血质、胆汁质的人又较难适应。

因此,大学生要正确对待自己的气质类型,经常有意识地控制自己气质的消极品质,发扬积极品质,以有利于形成良好的个性。而且值得重视的是与生俱来的气质特征,更多的人是多种气质的混合体,看哪种气质占主导性地位。

(三)气质与职业

每一种职业领域都可以找出各种不同气质类型的代表,同一气质的人在不同的职业部门都能做出突出的贡献。但是,人们所从事的职业,不同的岗位,却对从业人员的气质有不同的要求。某种气质特征,往往能为胜任某项工作提供有利条件,而对另一些工作又表现出明显的不适应。研究和实践都表明,气质特征是选择职业的重要依据之一。

胆汁质倾向选择竞争激烈、冒险性和风险性强的职业或社会服务型的职业,如运动员、改革者、探险者等,甚至到偏远及开放地区从业。多血质通常适合于抛头露面,交际方面的职业,如记者、律师、公关人员、秘书、艺术工作者等。黏液质一般适合于医务、图书管理、情报翻译、教员、营业员等工作。抑郁质一般较适合从事理论研究工作。

(四)气质与心理健康

有研究表明,人的心理健康与气质特征关系密切,不同气质类型的个体,在心理健康促进

---

① 波果斯洛夫斯基,等.普通心理学[M].魏庆安,等译.北京:人民教育出版社,1979:354.

方面有着不同的着眼点。

胆汁质的同学,在发扬勇于进取、豪放品质的同时,要防止任性、生硬、急躁、经常发脾气的倾向,培养自制力。

多血质的同学要注意加强组织纪律性,培养自己稳定的兴趣和注意力。在发展朝气蓬勃、满腔热情的同时,克服粗心大意、虎头蛇尾等毛病,培养耐心和毅力。在活泼好动中增添几许沉思,避免流于肤浅。

黏液质的同学冷静、沉着、自制、踏实,但应多参加各种集体活动,培养对人对事的热情,防止墨守成规、谨小慎微等品质的发展。

抑郁质的同学细心、观察力强、内心世界丰富,但应多参与活动融入集体,避免仅仅沉湎于自我世界,在培养机智、敏锐和自信心的同时,要防止疑虑、孤独等消极品质产生。

案例 6-2 中的方某实际上没有什么问题,她的困惑就在于她的气质类型与其他三人气质类型不同,因此感觉相处困难。她如果了解了不同气质类型的特点,就能理解她们的行为,不会为日常生活琐事烦恼了。

二、性格

性格是人格的核心,是一个人对现实较稳定的态度和习惯化的行为方式,个人的性格一经形成就具有相对稳定性。性格不是指某种个别的心理特征,而是某些心理特征在一个人身上的有机结合,体现出个人的独特风格。比如,一个人对工作勤勤恳恳、认真负责、勇于创新以及热心助人等就是他的性格的独特性。

性格中习惯化了的行为方式,主要反映在个体的态度、认知、意志及情绪活动四个方面。

性格的态度特征是人对现实态度体系的个性特点,是性格的重要组成部分。人对现实的态度是多种多样的,它由以下几方面构成。① 对社会、对集体、对他人的态度特征,积极的特征表现是爱祖国,关心社会,热爱集体,具有社会责任感与使命感,乐于助人,待人诚恳,正直等。消极的特征表现是不关心社会与集体,甚至没有社会公德,为人冷漠、自私、虚伪等。② 对学习、劳动和工作的态度特征,积极的特征表现为认真细心,勤劳节俭,富于首创精神。消极的特征表现为马虎粗心,拈轻怕重,奢侈浪费,因循守旧等。③ 对自己的态度特征,积极特征表现是严于律己,谦虚谨慎,自强自尊,勇于自我批评。消极特征表现是放任自己,骄傲自大,自负或自卑,自以为是等。

性格的认知特征涵盖了感知(感觉、知觉)、记忆、想象及思维几个方面。① 在感知方面,可以有主动感知型(自己的主见不易被环境刺激干扰)、被动感知型(易受环境刺激影响及他人暗示)、详细罗列型(特别注意细节)、概括型(注意事物的一般和轮廓)。② 记忆方面,有直观形象记忆型及逻辑思维记忆型等,想象方面有开阔型及狭窄型、幻想型及现实型等。③ 思维方面,有分析型及综合型、独立型及依赖型等。

性格的意志特征,指人对自我行为的自觉调节方式及水平方面的性格特征。具体反映在四个方面,即① 行为目的方面的意志特征,如目的明确或盲目、独立或易受暗示等;② 对行为的自觉控制水平方面的意志特征,如自制力程度、主动控制程度等;③ 在长期或经常性的行为中所表现的意志特征,如持之以恒或虎头蛇尾等;④ 在紧急情况或困难状态下表现的意志特征,如勇敢或怯懦、果断或优柔寡断、惊慌或沉着等。

性格的情绪特征,是指人在情绪活动时所表现出来的性格特征。具体包括:① 情绪强度特征,如有人情绪活动一经引发,就比较强烈,难以用意志控制,俗话形容为爆竹筒子,而有人情绪体验则比较弱,也比较容易控制。② 情绪的稳定性特征,指情绪起伏波动的程度。有人情绪波动较大,各种情绪体验转换较快,而有人则情绪不易起伏。③ 情绪的持续性特征,表现为个体受情绪影响时间的长短。有人情绪体验持续时间长,影响也较深刻,有人的情绪体验可能稍纵即逝。④ 主导心境特征,指人的经常性的情绪体验。有人总是轻松愉快,有人总是忧心忡忡。

一个人的性格品质,如善与恶、公与私、有情与无情等都是属于道德品质的性格特征。而严肃、认真、自尊、固执等,虽不直接和道德品质相关联,但它们也涉及人和人的关系,常常依从于道德品质,因此,它们也要受到好或坏的评价。

(一) 性格分类

1. 根据心理活动倾向类型划分

把性格分为外倾型和内倾型两大类,是瑞士心理学家荣格根据倾向于外部还是内部而划分的。

外倾型的人其特点表现为:适应能力强,对人对事都能很快熟悉起来;表情丰富,情感外露,易激发情绪;善交往,不太注意客观环境的反应;自己喜欢自由,缺乏谦虚态度;反应敏捷,动作迅速而好动,但不太喜欢思考,做事不太仔细。

内倾型的人其特点表现为:不易适应环境,不轻易相信别人,不善与人交往;愿独处,喜欢安静;反应敏感,往往心胸狭窄,不宽容人,多思虑,好疑心;冷静,办事稳妥。

美国的凯恩琳·布里格斯(Katharine Briggs)和她的女儿伊莎贝尔·布里格斯·迈尔斯(Isabel Briggs Myers)研制的迈尔斯-布里格斯类型指标的简称。这个指标以心理学家荣格划分的8种类型为基础,加以扩展,形成四个维度,具体如下。

(1) 外倾(E)-内倾(I),这个维度是区分个体的最基本的维度。

(2) 感觉(S)-直觉(N),这个维度是从个体接收信息的方式不同划分的。

(3) 思维(T)-情感(F),这是从作决策的方式来划分的。

(4) 判断(J)-知觉(P),这是从喜好的生活方式来划分的。

2. 根据知、情、意三者在性格中何者占优势划分

把人们的性格划分为理智型、情绪型和意志型。理智型的人,通常以理智来评价、支配和控制自己的行动。情绪型的人,往往不善于思考,其言行举止易受情绪左右。意志型的人一般表现为行动目标明确,主动积极。

3. 根据个体独立性程度划分

把人们的性格划分为独立型和顺从型。独立型的人善于独立思考,不易受外来因素的干扰,能够独立地发现问题和解决问题。顺从型的人,易受外来因素的干扰,常不加分析地接受他人意见,应变能力较差。

4. 根据人际关系划分

根据心理特质和人际关系的状态将人的性格划分为A、B、C型。A型性格者即"急躁好胜"型,多具有雄心壮志和进取精神,总想在较短的时间内做很多事,且动作敏捷、急于求成,易冲动、好发脾气,人际关系不太融洽。B型性格的人多具有安于现状、不喜欢与人争斗、不太在意成就大小的特点,情绪稳定、温和乐观,时间观念不强,比较没有主见和上进心,遇事想得开、不耿耿于怀。C型性格者属于"忍气吞声型",往往过度克制自己,压抑悲伤、愤怒、苦闷等情绪,不会发泄。

（二）气质和性格的关系

气质在人的性格形成发展过程中起着重要的作用，它是性格形成和发展的生理基础。但是气质本身并不是性格，它们之间有明显的区别。

1. 起源和可塑性不同

气质比较多地受人的高级神经活动类型的制约，主要受遗传因素影响，人刚生下来就表现出了一定的气质差异。所以它比较难改变，即使改变，这个改变过程也是比较缓慢的。性格是后天形成的，生活实践起决定性作用，虽然性格也是比较稳定的，但是比气质的变化容易。

2. 气质无好坏之分，而性格有好坏之分

气质是先天的，它是行为的外显特征，与行为内容没有关系，没有好坏之分，只有当气质的表现涉及人的社会关系时，才能评价这种品质是否有价值。如热情这个品质，表现在对同事热情，这个品质是一个好的品质，有价值的，而对不法分子热情，就是不良的品质了，这种热情没有任何价值。

人的性格是后天形成的，它是在个体和社会环境之间相互作用中形成的，受社会关系制约，所以性格是有好坏之分的，它具有道德评价的意义。如一个人对待社会和集体大公无私，而另一个人自私自利，这些显然具有道德上的好坏之分。人们总是把正直、诚实、勤劳、勇敢、谦虚、认真等看成良好的性格特征；而把阴险、狡诈、懒惰、怯懦、骄傲、马虎等看成不良的性格特征。

3. 气质与性格之间不是单一的联系

苏联心理学家列维托夫的研究发现，相同气质的人可以形成不同的性格特征。例如，同样是多血质的同学，有的同学具有自制力强的性格特征，有的同学则具有自制力弱这个特征。而不同的气质类型也可以形成相同的性格。如四种气质类型的学生都可以形成自制力强这个性格特征，也都可以形成自制力弱这个特征。

气质与性格除了有区别，更为重要的是它们有着紧密的联系，气质可以影响性格，反过来，性格也可以影响气质。气质对性格的影响表现在以下几方面。

第一，不同的气质有利于形成某种性格特征，从而影响性格形成的难易和速度。如要形成自制力的品质，胆汁质的人就需要花较大的努力，相对而言，抑郁质的人则比较容易形成这种性格特征。而胆汁质和多血质的人比抑郁质更容易形成勇敢和果断的性格特征。黏液质的人比起胆汁质和多血质类型的人较容易形成冷静、忍耐等方面的性格特征。

第二，不同的气质使性格特征染上了不同的"色彩"。比如，四种不同气质类型的同学都热爱劳动，关心集体，而具体表现则不同：多血质的同学是充满热情地去干，胆汁质的同学是大刀阔斧地干，黏液质的同学是按部就班、一板一眼地干，抑郁质的同学则是认真仔细、默默奉献地干。性格反过来也会影响气质，这主要表现在性格可以在一定的程度上改造和掩盖气质。如飞机驾驶员一定要具有沉着冷静、灵活机智、勇敢果断等性格特征，在比较严格的飞行训练中，这些性格特征可以掩盖或改造容易冲动和不可遏制的胆汁质的气质特征。

三、能力

所谓能力是人们成功地完成某种活动所必须具备的个性心理特征，"必须"意味着如果不具备一定的能力，相关的活动就无法进行。心理学中的能力，涵盖两个层面：其一是现在已

经拥有并且表现出来的,称为实际能力或成就;其二是现在尚未完全显现出来,但将来如有机会训练,可以在活动中有所表现的,称为潜在能力,心理学上又称为能力倾向或性向,相关的测验称为性向测验或能力倾向测验。

作为活动完成必要条件的能力包括一般认知能力、情绪能力和职业能力倾向。

美国著名发展心理学家、哈佛大学教授霍华德·加德纳（Howard Gardner）在其著作《心理架构》中提出了多元智能的概念,他认为影响人生成功的不仅仅是一种单一的心理能力,而是至少涵盖七个方面的广普智能,具体为言语智能、数学逻辑智能、音乐智能、身体运动智能、空间智能、人际关系智能及自我认识智能。

一般认为影响职业活动效率的能力倾向主要有：言语能力、数学能力、逻辑推理、空间关系、机械能力、知觉速度、手指及手臂的灵活性等。特别是言语能力、数学能力及逻辑推理能力被喻为"金三角",是职业能力倾向中最基本的三项。

对于能力的考察,我们要关注的不仅仅是能力水平的高低,更要关注能力的结构类型。简单地讲,就是要发现你的优势能力与非优势能力。

第三节　高职大学生人格发展缺陷及其自我调节

一、常见的人格发展缺陷及其调节

对于一个人来说,人格是影响心理状态最重要的因素,也是最复杂的因素。几乎所有的人在其人格的某些方面或多或少存在着缺陷和问题,但这不属于人格障碍。人格发展缺陷是介于健康人格与变态人格（即人格障碍）之间的一种人格状态,表现为人格发展不良倾向,严重的会引起人格障碍。高职大学生常见的人格障碍有自卑、懒惰、拖拉、粗心、鲁莽、急躁、害羞、悲观、孤僻、多疑、抑郁、冷漠、被动、易焦虑、骄傲、虚荣、自我中心、敌对、冲动,等等。下面选择其中比较有代表性的5种人格发展缺陷进行详述。

（一）自卑

自卑是自我评价过低的心理体验,在心理学上称为自我否定意识。自卑主要表现为对自己能力和学识评价过低,心理承受能力脆弱,经不起较强的刺激,谨小慎微、多愁善感,常产生猜疑心理,行为畏缩、瞻前顾后。有自卑心理的学生应该善于发现自己的优点,悦纳自己,接受自己的缺点;尝试参加集体活动,展示自己;主动与人交往,建立友谊;对待事情要大度;敢于行动。

（二）鲁莽

鲁莽是以冒失、莽撞、急躁、马虎为基本特征的人格品质,尤其发现在部分男大学生中。正当青年的大学生热情高,敢想敢干,容易冲动,因而容易表现得思考不足,办事急躁、冲动。有些人出于争强好胜的强烈愿望,为了炫耀自己的能力和勇气,可以不顾危险地去表现自己。鲁莽者往往成事不足,败事有余,甚至出现危险。为此,鲁莽者要多动脑筋,作决策时要多研究、多论证、多角度地思考,多做到三思而后行;要养成抑制冲动的习惯,在日常生活中培养谨慎、自制、耐心和有条理性的品质,做到勇敢而不鲁莽,谨慎而不懦弱。

（三）害羞

羞怯是人类的一个特征,几乎每个人都经历过。大学生中有半数说自己是害羞的。根据调查,有八分之一的人在生活的某些方面过于胆怯。精神病学家研究发现,怕别人对自己印象不好而招致羞辱是害羞的症结——大脑会把一个恐惧的信号与遭受挫折的细节(地点、时间、背景等)联系在一起。一些精神病学家预言,网络文化将使轻度害羞趋向极端。因为有的人本来开始时害羞程度还不算厉害,但彼此交往少了,会使情况变得严重。害羞是普遍存在的心理现象,年轻人面对新环境的交往活动,常常表现出害羞、胆怯、拘谨、不自然,但是随着年龄增长,交往的频繁,害羞心理逐步减弱与消失。一项抽样调查显示,承认自己因为害羞而不敢与人交往的占49.7%。这个问题,在异性交往中比较常见。如果过度害羞,就会使人在交往活动中过分约束自己的言行,无法充分表达自己的愿望和情感,也无法与人沟通,妨碍良好的人际关系的形成。

(四) 悲观

有些人一遇到不如意、失败便垂头丧气、怨天尤人;有些人一面临重任、挑战便自认无能为力,甘愿失败;有些人对前途失去信心,心灰意冷。这都是悲观心理的影响。

有的大学生常从消极的角度去看问题,总是把眼睛盯着伤口、弱点和困难处,并且常常"一叶障目,不见泰山",用悲观来对待挫折,实际上是帮助挫折来打击自己,在已有的失败感中,又制造出新的失败感,在现有的痛苦中,再为自己增加新的痛苦。这种悲观心理的发展,会使人浑浑噩噩,毫无生气,甚至厌世轻生。

知识链接 6-4

改变悲观、培养乐观的 10 条准则

德国心理学家皮特·劳斯特提出了改变悲观、培养乐观的 10 条准则。

1. 越担惊受怕,就越遭灾祸。因此,一定要懂得积极态度所带来的力量,要坚信希望和乐观能引导你走向胜利。

2. 即使处境危难,也要寻找积极因素。这样,你就不会放弃取得微小胜利的努力。你越乐观,你克服困难的勇气就越会倍增。

3. 以幽默的态度来接受现实中的失败。有幽默感的人,才有能力轻松地克服厄运,排除随之而来的倒霉念头。

4. 既不要被逆境困扰,也不要幻想出现奇迹,要脚踏实地,坚持不懈,全力以赴去争取胜利。

5. 不管多么严峻的形势向你逼来,你也要努力去发现有利的条件。不久,你就会发现:你到处都有一些小的成功。这样,自信心自然也就增大了。

6. 不要把悲观作为保护你失望情绪的缓冲器。乐观是希望之花,能赐人以力量。

7. 你失败了,但你要想到,你曾经多次获得成功,这才是值得庆幸的。如果10个问题,你做对了5个,做错了5个,那么你还是完全有理由庆祝一番,因为你已经成功地解决了5个问题。

8. 在你的闲暇时间,努力接近乐观的人,观察他们的行为。通过观察,你能培养起乐观的态度,乐观的火种会慢慢地在你内心点燃。

9. 要知道,悲观不是天生的。像人类的其他态度一样,悲观不但可以减轻,而且通过努

力还能转变成一种新的态度:乐观。

10. 如果乐观态度使你成功了,那么就应该相信这样的结论:乐观是成功之源。

(五) 拖拉

拖拉是不少大学生的通病。拖拉是指可以完成的事却不及时完成,今天推明天,明天推后天,正如古诗所刻画的那样:"春天不是读书天,夏天炎炎正好眠,秋多蚊虫冬又冷,一心收拾待明年。"

拖拉一方面耽误学习、工作,到头来匆匆忙忙去做,影响质量;另一方面拖拉并没有使人因此而轻松些,相反往往会导致心理压力。拖拉会引起焦虑,总觉得有事情没有完成,干别的事也难以全心全意,甚至连娱乐时也有些心事重重,难以尽兴,并且会阻碍其他重要活动的进行,还会贻误时机。拖拉一旦成为习惯,危害很大。正如《明日歌》所言:"明日复明日,明日何其多,我生待明日,万事成蹉跎。"

知识链接 6-5

改变拖拉的办法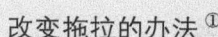①

1. 充分认识到拖拉的危害性,找到自己拖拉的原因,下决定不再拖拉。

2. 学会安排时间。比如,把主要的时间和精力用于完成重要的、主要的、紧迫的工作,并且要集中精力,一件一件地完成。不要把可以短时间内完成的任务分成若干次,在若干时间内慢吞吞地完成,这会使工作缺乏连贯性,所付出的时间精力比短时间内完成所付出的更多。古语道:一鼓作气,再而衰,三而竭。

3. 做不合心意或者需要花大力气的工作。必须完成的事,与其拖着、欠着,还不如及早动手干,因为拖欠消耗的能量并不比完成该工作所消耗的能量少。完成后会有一种如释重负的感觉,会有一种欣喜感、满足感、成就感,而拖拉只会带来疲沓、松垮以及害怕、焦虑。

4. 要做到今日事,今日毕。以明代画家文嘉《今日诗》自励:"今日复今日,今日何其少! 今日又不为,此事何时了? 人生百年几今日,今日不为真可惜! 若言姑待明朝至,明朝又有明朝事。为君聊赋今日诗,努力请从今日始。"

二、大学生人格障碍及调适

人格障碍是指人格发展的内在不协调,指在没有认知障碍或智力障碍的情况下,个体出现的情绪反应、动机和行为活动的异常。多数心理学家认同病态人格区别于精神病,它是正常人格的一种变异,介于精神病与正常人之间。人格障碍者行为问题的程度不同,有的人在社会生活中与正常人一样生活,只有他的家人才能感觉到他的怪癖与难以相处。严重者表现为明显的社会适应障碍,不能正常地学习和生活。值得重视的是,人格障碍与精神病是相互转化

---

① 吴畏. 大学生心理健康[M]. 苏州:苏州大学出版社,2009:66—67.

的,严重的人格障碍如果得不到及时有效的矫正,会成为精神病的高发人群。

由于人格障碍在大学生中属于少数,因而常常不能引起高度重视,但人格障碍的学生一旦滋事,绝非小事。一般常见的人格障碍有以下几种。

(一) 反社会型人格障碍

这类人格障碍的特征是:不顾社会义务、缺乏感情、对他人漠不关心;个人行为和社会规范之间差异很大,并不易为经验所纠正,即使受到惩罚也如此;对挫折的忍耐力低、攻击(包括暴力攻击)的释放阈值低;倾向于责备他人或对自己与社会发生冲突的行为进行辩解。这类大学生生活无目的、无计划、无方向,常在幻想状态下恶作剧,言行粗鄙,惹人讨厌。案例 6-1 中的赵某就有反社会型人格障碍,经常滋生事端,好攻击,不承认错误,把责任归于其他人。

(二) 偏执型人格障碍

这是一种以猜疑和偏执为主要特点的人格障碍,特点为:广泛猜疑,常将他人无意的、非恶意的甚至友好的行为误解为敌意或歧视;或无足够根据,怀疑会被人利用或伤害,因此过分警惕与防卫;将周围事物解释为不符合实际情况的"阴谋";易产生病态嫉妒;过分自负,若有挫折或失败则归咎于他人,总认为自己正确;好嫉恨别人,对他人过错不能宽容;脱离实际地好争辩与敌对,固执地追求个人不够合理的"权利"或利益;忽视或不相信与患者想法不相符合的客观证据,因而很难以说理或事实来改变患者的想法。

在案例 6-4 中,从刘某的自述及与刘某的交谈中,都明显感觉到,刘某敏感多疑,对任何人都不信任,经常感到自己被人轻视,受到别人的攻击。从刘某与其女友的关系中,也不难发现,刘某虽然觉得自己在很多方面都不失为强者,但总也免不了无端自卑。

对偏执型人格障碍的矫治,要进行交友训练,即鼓励患者积极主动地恢复交友活动,在交友中学会信任别人,不要轻易就认为别人是有意在伤害自己,要学会原谅别人,也不要在没有辨清自己是否受到攻击时就贸然肯定自己受到了攻击,逐渐消除不安和多疑。经常提醒自己不要陷于"敌对心理"的旋涡中;要懂得只有尊重别人,才能得到别人的尊重的基本道理;要学会向你认识的所有的人微笑。可能开始时你很不习惯,做得不自然,但必须这样做,而且努力去做好;要在生活中学会忍让和有耐心。

(三) 强迫型人格障碍

强迫型人格障碍者主要有下面几种主要特征:过分追求完美,特别是对于日常生活琐事,追求十全十美,对人对己吹毛求疵,总觉得不满意;刻板,强迫性人格的人自觉难以表达温柔的情感,对他人严肃、冷漠,没有生活情趣,犹如一架按程序运转的机器,做事不会变通,一条道路走到底;不安全感,做事常觉不放心,但说不出到底不放心什么,只是为了自己内心的安定,在小事上拘泥成性,花费大量时间。生活当中信奉"不怕一万,就怕万一"的原则,反复检查生活中的小事,常喜欢控制别人,自感比较放心。

强迫性人格障碍患者虽不会对他人造成什么影响,却影响自己的生活质量,阻碍自己的学习和生活。有此障碍者,要自觉克服,因为人格障碍并不像强迫症那样难以控制。首先,患者要抱定任何事只要做了,就顺其自然,不要反复考虑放心不下。其次,一旦自己放心不下,反复检查的时候,要有意识地对自己喊"停",当个人力量不奏效时,可请同学帮助制止。最后,多交知心朋友,友谊和温情会让你变得生动灵活起来。在案例 6-3 中,小陈是比较典型的强迫型人格障碍。强迫型人格最主要的特征就是要求严格和完美,具有强烈的自制心理的自控行为。

（四）依赖型人格

依赖型人格对亲近与归属有过分的渴求，这种渴求是强迫的、盲目的、非理性的，与真实的感情无关。美国精神病学会制订的《心理障碍诊断与统计手册》（DSM-Ⅳ）提供了诊断标准，因为其顺从和依附行为，过分需要被人照顾，害怕离别；起自成年早期，前后过程多种多样，表现为下列 5 项以上将属于依赖型人格：

(1) 在没有从他人处得到大量的建议和保证之前，对日常事务不能作决策。

(2) 无助感。让别人为自己做大多数的重要决定，如在何处生活，应选择什么职业等。

(3) 被遗忘感。明知他人错了，也随声附和，因为害怕被别人抛弃。

(4) 无独立性，很难单独展开计划或做事。

(5) 过度容忍，为讨好他人甘愿做低下的或自己不愿做的事。

(6) 独处时有不适和无助感，或竭尽全力以逃避孤独。

(7) 当亲密的关系中止时感到无助或崩溃。

(8) 经常被遭人遗弃的念头所折磨。

(9) 很容易因未得到赞许或遭到批评而受到伤害。

依赖型人格障碍的纠正关键在于个人，应该改变习惯，自觉向周围同学学习，逐渐独立处理一些事情，建立自信心，保持尝试生活的勇气，遇到挫折不要畏缩，要大胆出击，成败顺其自然，而要从失败中吸取经验教训。

（五）自恋型人格障碍

自恋型人格障碍的基本特征是对自我价值感的夸大和缺乏对他人的共感性。这类人无根据地夸大自己的成就和才干，认为自己应当被视作"特殊人才"，认为自己的想法是独特的，只有特殊人物才能理解。

对自恋型人格障碍的诊断，目前尚无完全一致的标准。一般认为其特征主要有如下几方面：

(1) 对批评的反应是愤怒、羞愧或感到耻辱（尽管不一定当即表露出来）。

(2) 喜欢指使他人，要他人为自己服务。

(3) 过分自高自大，对自己的才能夸大其词，希望受人特别关注。

(4) 坚信他关注的问题是世上独有的，只能被某些特殊的人物了解。

(5) 对无限的成功、权力、荣誉、美丽或理想爱情有非分的幻想。

(6) 认为自己应享有他人没有的特权。

(7) 渴望持久的关注与赞美。

(8) 缺乏同情心。

(9) 有很强的嫉妒心。

(10) 亲密关系困难（婚姻关系、亲子关系等）。

只要出现其中的 5 项，即可诊断为自恋型人格。

心理学家认为，每个人都存在不同程度的自恋倾向，但绝大多数人没有成为自恋型人格。为什么？因为在人的成长过程中，社会化起到重要的作用。在与他人的交往中，我们逐步发现自己的不足，调整自我，并在与他人的社会比较中，确立正确的自我观，走出自我中心的误区。自恋型人格障碍治疗的办法是解除自我中心观，并学会关爱他人。

（六）冲动型人格障碍

这是一种以行为和情绪具有明显冲动性为主要特点的人格障碍，又称为暴发型或攻击型人格障碍。特点有：有不可预测和不考虑后果的行为倾向；行为暴发难以自控；不能控制不适当的发怒，易与他人争吵和冲突，尤其是行为受阻或受批评指责时；情绪反复无常，不可预测，易暴发愤怒和暴力行为；做事无计划，缺乏预见性和坚持性；强烈而不稳定的人际关系，几乎没有持久的友人；有自伤行为。

（七）表演型人格障碍

以过分感情用事或夸张言行以吸引他人注意为主要特点的人格障碍。特点为：表情夸张，像演戏一样，情感体验肤浅；暗示性高，很容易受他人的影响；自我中心，强求别人符合他的需要和意志，不如意就给别人难堪或强烈不满；经常渴望表扬和同情，感情易波动；寻求刺激，过多地参加各种社交活动；十分关心自己是否引人注目，言行方面竭力表现自己以吸引他人；情感易变，完全按个人情感判断好坏；说话夸大其词，掺杂幻想情节。

第四节　高职大学生健全人格的培养

一、高职大学生健全人格的标准

健全人格是人格发展的最高层次，是人们对于未来人格境界和文化价值取向的一种终极关怀。著名教育家蔡元培说："教育是帮助被教育的人，给他能发展的能力，完成他的人格，于人类文化上能尽一份责任，不是把被教育的人造成一种特别器物。"健全人格的形成是大学教育的终极产物，对大学生走向社会、成功成才都具有重要的现实意义。高等教育必须着眼于21世纪的发展和要求，努力培养人格健全的优秀人才。

高职大学生健全人格的标准可分为概括的标准和具体的标准。从总体上看，人格健全的人应该是在推动社会进步的实践中充分发挥自己的才干，为人类社会做出自己力所能及的贡献，同时使自己的人格各个方面得到充分的协调平衡发展的人。具体有以下几方面。

（一）和谐的人际关系

人际关系最能体现一个人人格健全的程度。人格健全的人乐于与他人交往，并与他人建立良好的关系；与人相处时，尊敬、信任等方面的态度多于嫉妒、怀疑等消极态度。健康的人常常以诚恳、公平、谦虚、宽容的态度尊重他人，同时也受到他人的尊重与接纳。

（二）良好的社会适应能力

社会适应能力反映了人与社会的协调程度。人格健全的人能够和社会保持良好密切的接触，以一种开放的态度，主动关心社会，了解社会；在认识社会的同时，使自己的思想、行为跟上时代的发展，与社会的要求相符合，表现出能很快适应新的环境。

（三）正确的自我意识

自我意识是个体对自己和自己与他人、与周围世界关系的认识。具有健全人格的人对自己有恰如其分的评价，充满自信，扬长避短，在日常生活中能有效地调节自己的行为与环境保持平衡。缺乏正确自我意识的人常常表现出自我冲突、自我矛盾，或者自视清高、妄自尊大，做力所不能及的工作，或者自轻自贱、妄自菲薄，甘愿放弃一切可以努力的机遇。

(四)乐观向上的生活态度

积极的人生态度是人类在社会实践活动中获得的本质力量的表现。乐观的人常常能看到生活中的阳光,对前途充满希望和信心,对自己所从事的工作或事业抱有浓厚的兴趣,并在其中发挥自身的智慧和能力。即使在遇到困难和挫折时,也能不畏艰险,勇于拼搏。职业院校大学生的主要任务是学习,因而对学习的兴趣如何,可以反映出对生活的基本倾向。人格健全的大学生对学习怀有浓厚的兴趣,表现出观察敏锐、注意力集中、想象丰富、充满信心、勇于克服困难,通过刻苦、严谨的学习过程,获得学习的满足感和成就感。我们很难相信,对学习和生活缺乏兴趣,整天精神不振的大学生的人格是健全的。

(五)良好的情绪调控能力

情绪标志着人格的成熟程度。人格健全的人情绪反应适度,具有调节和控制情绪的能力,经常保持愉快、满意、开朗的心境,并富有幽默感,当消极情绪出现时能合情合理地宣泄、排解、转移和升华。健全人格的各个标准都是相关的。具有体验丰富的情绪并控制情绪表现的人,通常是有能力满足自身基本需要的人,是能紧紧地把握现实的人,是获得健康的自我结构的人,是拥有稳定可靠的人际关系的人。

二、健全人格的塑造

人格是稳定的,也是可变的。大学生既可以积极自觉地培养良好的人格品质,也可以改变不良的人格品质,即使是某种程度的人格障碍也是可以矫治的。为此应注重以下几点。

(一)丰富知识

培根有句名言:"读史使人明智,读诗使人灵秀,数学使人周密,科学使人深刻,伦理学使人庄重,逻辑修辞之学使人善辩,凡有所学,皆成性格。"列宁说:"书籍是巨大的力量"。诸葛孔明说:"非学无以广才"。郭沫若说:"能读书才必博"。中国农民说:"三代不读书,犹如一圈猪"。无论伟人还是普通人,都站在不同的角度,用自身体会或当时的社会背景共同诠释着一个道理,即:只有通过读书,才能使人变得聪颖睿智。

事实上,有不少人格缺陷源于无知。无知容易使人自卑、粗鲁,而丰富的知识则使人自信、坚强、理智等。各学科的全面发展是人格健全发展的智力基础,有了智力基础,人格发展的速度与质量才有保证。

因此,大学生应该加强学习,多读书、读好书,文理并重,不仅要丰富文化知识,还要加强人文修养,全面提高、丰富自身的知识结构和内涵。

(二)结交朋友

俗话说得好:"在家靠父母,在外靠朋友",朋友对人的一生都产生影响。高职大学生来自五湖四海,你们的相识是一种缘分,可是每个人因为文化、教育、习惯的不同而有差异,我们要学会忍受别人的缺点,主动与人交往并建立朋友关系。在人际交往过程中,不可为了个人利益而择友,不要成为戴着有色眼镜的"势利小人"。当自己遇到烦恼和困难的时候,在朋友的支持和鼓励下,你会更容易渡过难关。

(三)融入集体

人格发展、塑造的过程是个体实现社会化的过程,是个体与他人、集体、社会相互作用的过程。人格是在行为中表现的,健全的人格也只有在与人交往中才能体现出来。塑造健全的人格,必须发展良好的人际关系,尊重社会习俗,关心他人的需要,真诚地赞美,不作无建设性的批评,多与他人沟通,保持自尊和独立等。集体是人格塑造的土壤,通过集体中的人际交往,自己的某些人格品质或受到赞扬、鼓励,或受到压制、排斥,并有可能使人对自己的人格结构做出有针对性的调整,以更好地适应集体,形成良性互动,有助于人格的优化与完善(图6-2)。

图6-2 融入集体

(四)培养兴趣

兴趣广泛的大学生,参与社团和各项活动的积极性比较高,通常愿意与人合作,能够欣赏他人,主动帮助他人,也愿意接受别人的帮助。一些有人格缺陷的大学生,主要是因为兴趣单一或没有兴趣爱好,他们通常感觉空虚无聊、孤单寂寞。高职大学生培养兴趣可以通过参加社团和各类问题活动来实现,参加某个社团,可以结交志同道合、无话不谈的朋友,共享精神家园;参加各项活动可以陶冶情操、调节精神、产生充实感、消除烦恼,同时可以将这些兴趣发展成为今后生活中的乐趣。

(五)调控情绪

稳定而良好的情绪状态,使人心情开朗、轻松、安定和精力充沛。对生活充满乐趣和信心。保持适度的紧张状态,是人格健全的重要条件。适度的紧张不仅可以使人们的生活富有节奏和情趣,而且能够最大限度地发挥潜能,使身心达到高效率状态。相反,松垮、缺乏紧迫感的生活,易导致无聊、抑郁等负性情绪。同时,持续超负荷的紧张同样不利于人格健康。因此,关键是"适度"。高职大学生应学会建立积极、健康的情绪状态,培养愉快、乐观、开朗等情绪。

(六)参加实践

实践可以促进大学生的全面发展。社会实践是课堂教学环节的有益延伸和补充,一方面可以使大学生把知识运用于实践中,帮助大学生巩固和深化在课堂上学到的知识,锻炼和增强解决实际问题的能力,开阔视野,学习新的知识,激发大学生的学习积极性和主动性;另一方面可以使大学生发现自身知识水平和综合能力的不足之处,主动调整知识结构,不断挖掘自身潜在的能力,优质成才、全面成才。社会实践有利于促进高职大学生的顺利就业。大学生的生活环境相对封闭,缺乏对外界的了解。社会实践活动可以展现大学生的个人能力,提高专业知识技能和综合能力,在实际的职场情境中,增加对企业、行业、职业的了解,明晰自身的能力倾向、兴趣、性格等,尽早做出适合自身的职业生涯规划,合理安排大学的学习和生活。

课堂活动

一、活动：自我肯定

（一）目的

探索生活中的成功与失败，树立生活目标。

（二）时间

30 分钟。

（三）场地

教室。

（四）材料

每人一支笔、一张纸。

（五）程序

引导同学思考以下问题。

1. 生活中我最快乐的一件事是_____，我将如何保持这份快乐？
2. 目前生活中，我最大的成就是_____，从成就中，我体会到了什么？
3. 目前生活中，我最大的失败是_____，从失败中，我获得的经验教训有哪些？
4. 目前生活中，我最大的梦想是_____，实现这个梦想我需要做的有什么？
5. 相比其他人，我的优势有_____，我将如何发挥这些优势？
6. 相比其他人，我的不足有_____，我将如何弥补与改进？
7. 总的来说，我的生活目标是_____。

以小组为单位，分享自己的心得。

二、心理测试

气质类型量表

下面 60 道题大致可判断你的气质类型（表 6-2），根据下面的描述和你的情况符合程度进行记分，并填写在表 6-3 中。"很符合"——2 分，"较符合"——1 分，"一般"——0 分，"较不符合"——-1 分，"很不符合"——-2 分。

表 6-2　气质类型量表

陈述	很符合	较符合	一般	较不符合	很不符合
1. 做事力求稳妥，一般不做无把握的事。					
2. 遇到可气的事就怒不可遏，想把心里话说出来才痛快。					
3. 宁可一个人干事，不愿很多人在一起。					
4. 到一个新环境很快就能适应。					
5. 厌恶那些强烈的刺激，如尖叫、噪声、危险镜头等。					
6. 和人争吵时，总是先发制人，喜欢挑衅。					
7. 喜欢安静的环境。					
8. 善于和人交往。					

续表

陈述	很符合	较符合	一般	较不符合	很不符合
9. 羡慕那种善于克制自己感情的人。					
10. 生活有规律,很少违反作息制度。					
11. 在多数情况下情绪是乐观的。					
12. 碰到陌生人觉得很拘束。					
13. 遇到令人气愤的事,能很好地自我克制。					
14. 做事总是有旺盛的精力。					
15. 遇到问题总是举棋不定,优柔寡断。					
16. 在人群中从不觉得过分拘束。					
17. 情绪高昂时,觉得干什么都有趣,情绪低落时,又觉得什么都没意思。					
18. 当注意力集中于一事物时,别的事很难使我分心。					
19. 理解问题总比别人快。					
20. 碰到危险情景,常有一种极度恐怖感。					
21. 对学习、工作、事业有很高的热情。					
22. 能够长时间做枯燥、单调的工作。					
23. 符合兴趣的事情,干起来劲头十足,否则就不想干。					
24. 一点小事就能引起情绪波动。					
25. 讨厌做那种需要耐心、细致的工作。					
26. 与人交往不卑不亢。					
27. 喜欢参加热烈的活动。					
28. 爱看感情细腻、描写人物内心活动的文学作品。					
29. 工作学习时间长了,常感到厌倦。					
30. 不喜欢长时间谈论一个问题,愿意实际动手干。					
31. 宁愿侃侃而谈,不愿窃窃私语。					
32. 别人总是说我闷闷不乐。					
33. 理解问题常比别人慢些。					
34. 疲倦时只要短暂的休息就能精神抖擞,重新投入工作。					
35. 心里有话宁愿自己想,不愿说出来。					
36. 认准一个目标就希望尽快实现,不达目的,誓不罢休。					
37. 学习、工作同样一段时间后,常比别人更疲倦。					
38. 做事有些莽撞,常常不考虑后果。					
39. 教师讲授知识时,总希望他讲得慢些,多重复几遍。					
40. 能够很快地忘记那些不愉快的事情。					
41. 做作业或完成一项工作总比别人花时间多。					

续表

陈述	很符合	较符合	一般	较不符合	很不符合
42. 喜欢运动量大的剧烈体育运动或参加各种文艺活动。					
43. 不能很快地把注意力从一件事转移到另一件事上去。					
44. 接受一个任务后,就希望把它迅速解决。					
45. 认为墨守成规比冒风险强些。					
46. 能够同时注意几件事物。					
47. 当我烦闷的时候,别人很难使我高兴起来。					
48. 爱看情节起伏跌宕、激动人心的小说。					
49. 对工作抱认真严谨、始终如一的态度。					
50. 和周围的人总是处不好关系。					
51. 喜欢复习学过的知识,重复做能熟练做的工作。					
52. 希望做变化大、花样多的工作。					
53. 小时候会背的诗歌,我似乎比别人记得清楚。					
54. 别人说我"出语伤人",可我并不觉得这样。					
55. 在体育活动中,常因反应慢而落后。					
56. 反应敏捷、头脑机智。					
57. 喜欢有条理而不甚麻烦的工作。					
58. 兴奋的事常使我失眠。					
59. 教师讲新概念,常常听不懂,但是弄懂了以后很难忘记。					
60. 假如工作枯燥无味,马上就会情绪低落。					

表 6-3 各种气质类型对应题号

气质类型	题号	总分
胆汁质	2、6、9、14、17、21、27、31、36、38、42、48、50、54、58	
多血质	4、8、11、16、19、23、25、29、34、40、44、46、52、56、60	
黏液质	1、7、10、13、18、22、26、30、33、39、43、45、49、55、57	
抑郁质	3、5、12、15、20、24、28、32、35、37、41、47、51、53、59	

【评分标准】

A. 如果某一项或两项的得分超过20分,则为典型的该气质。

B. 如果某一项或两项以上得分在20分以下、10分以上,其他各项得分较低,则为该项一般气质。

C. 若各项得分在10分以下,但某项或几项得分较其余项为高(相差5分以上),则为略倾向于该项气质(或几项的混合)。

D. 一般来说,正分值越高,表明该项气质特征越明显。反之,正分值越低或得负分值,表明越不具备该项气质特征。

第七章

管理情绪 掌控自己——高职大学生情绪心理

案例导入

案例 7-1：花样女孩不开心了

小芳原本是一个美丽而热情的女孩，每次在学校遇见她，总是乐呵呵的。她从小就在优越的环境中长大，父母都是高中的老师，过着衣食无忧的生活。因此当时在同学眼里她是最幸福的，享受着"小公主"般的待遇，这样的生活一直伴随着她走进大学。

刚进大学时，她还是挺积极的，各方面表现得都还不错，身体健康，积极而热情。但是大一时，她参加了学校和系上的各类学生干部、干事的竞选，结果都失败了。长这么大，第一次受到如此"沉重"的打击，一向好胜的她陷入了自我否定的泥潭。情绪往往会因为一件很小的事情而大起大落，反复无常。但她努力学习，成绩还不错，每次都能拿到学校的奖学金。也许是这种争强好胜的性格，在寝室里好与人争执，又很少忍让，长此以往，寝室的同学都不敢"惹"她，她的人际关系也开始出现了危机。她总怀疑别人在议论她，对每个室友都充满了敌意。每次看到别人高兴地在一起玩或学习时，内心充满了孤独感；晚上常常做噩梦，睡眠出现问题，精神状态不佳；没有胃口，常常不知道自己为什么发脾气，也很难控制自己的消极情绪。最终她变成了同学中的"另类"。她很痛苦，也努力尝试过改变自己，但坚持不下来。大二期间，精神萎靡，对生活缺乏热情，自我否定几乎表现在她生活的所有内容中，甚至处于自闭的状态。

案例 7-2：情绪一直不好，怎么办

张×，男，22岁，某高职院校三年级学生。

张×最近情绪变化很大，时好时坏，好的时候干什么都还可以，坏的时候什么都没意思，就像不是他自己，不能控制。比如，今天早晨起来就很难受，想到"自己存在有什么必要？"压抑、恐惧、厌学等一些说不清楚的莫名其妙的感受常常袭扰着自己，这种感觉在中学时也有过，上大学后感到越来越严重，听课安不下心，作业懒得完成，已经好几门学科不及格。总是犹犹豫豫，问号太多，拿不定主意，而且没有坚持下去把一件事做到底的信心。一想到快毕业了，看着同学都忙忙碌碌、跃跃欲试地准备毕业前的工作，而自己却六神无主心里更烦躁。

案例 7-3：一考试就紧张

"平时跟同学复习时都还好好的，什么都记得住，背得下来，可是一到考试时就会很紧张。考试时只要遇到一个不熟悉的地方，全身的神经就一下子紧绷起来，根本没办法静下心来集中注意力继续答题。现在想起考试就像做了一场噩梦一样，上次四级考试成绩一定很低。我不想看到成绩单，我不想见到任何人，我什么都不想做。我该怎么办？我怎么能这样呢？何×在心里反复默念。

（资料来源：《高校辅导员工作案例研究方法与实证》）

作为社会人，我们每时每刻都处在一定的情绪状态下，"情绪"与我们并不陌生。那么究竟什么样的情绪状态是健康的呢？如案例 7-1、案例 7-2、案例 7-3 中提到的"痛苦""压抑""恐惧""焦虑"等情绪是不是我们要彻底排除呢？当代高职大学生的情绪特征如何？哪些因素会影响我们的情绪表达？如何调整自己的情绪状态？在本章中我们将与大家一起探讨这些问题。

第一节 情绪的概述及相关理论

在现代社会,个体由于受各类情绪困扰而产生心理障碍,甚至导致危机的事件不断上升。高职大学生正处于人生发展最重要的时期——青年期,这个时期的高职大学生具有情绪反应强度大、情绪变化快、情绪调控能力相对较差等特点,决定了高职大学生常会产生一些情绪困扰。而通过对高职大学生情绪的含义、理论、特点等知识的掌握,可以帮助高职大学生培养积极健康的情绪,提高心理健康水平。

一、情绪的概述

(一)情绪的含义

在日常生活中,人们对"情绪"并不陌生,每时每刻都在体验着或喜悦、或悲伤、或平静、或愤怒等各种不同的情绪,正是这些情绪让我们的生活变得色彩斑斓。

情绪是一种多形态、多维度、多功能的复杂的心理过程。情绪心理学家斯托曼曾经这样定义情绪:"情绪是感受,是与本身结构有关的身体状态,它是粗糙的或经过精化的行为发生于特定的情境之中。"从以上定义中,我们看到,情绪包括了三个方面:即情绪主体的主观体验、情绪主体的生理唤醒、情绪主体的外显行为。情绪主体的主观体验是指情绪主体通常的情绪感受,是心理活动的一种带有独特色调的知觉或意识。[1]它不是对客观事物本身特性的反映,而是对客观事物与人的需要之间关系的反映。比如大学生 A 对获得比赛名次很高兴,大学生 B 对获得比赛名次很伤心,大学生 C 对获得比赛名次很恼火等。大学生 A、B、C 的不同的情绪感受是源于他们对客观事物的主观体验。因此许多普通心理学教科书把情绪定义为"人对客观事物与其自身关系的反映"或"人对客观事物的态度体验"。情绪主体的生理唤醒是指在情绪活动中产生的所有的生理变化。在不同的情绪状态下,人的心率、血压、呼吸乃至人的内分泌、消化系统等,都会发生相应的变化。例如,人在焦虑状态下,会感到呼吸急促、心跳加快;而在愤怒状态下,则会出现面红耳赤等生理特征。这些生理变化不仅支持和维持着情绪,而且影响着情绪的强度和持续时间。情绪主体的外显行为是指表征具体情绪的面部表情和身体姿势。在情绪活动中,人的面部、四肢和躯干的动作、姿态都会发生明显的变化,如人们高兴时手舞足蹈,生气时捶胸顿足,我们可以从一个人的外显行为上来推测这个人的情绪是处于喜怒哀乐的哪一种状态。

完整的情绪活动由情绪主体的主观体验、情绪主体的生理唤醒、情绪主体的外显行为三种成分的共同活动构成。三者同时活动、同时存在,才能构成一个完整的情绪过程。这三种成分以反馈的方式相互影响或循环往复地相互作用,并且具有一一对应的关系,一旦出现不对应,我们则无法确定真正的情绪是什么。

综上所述,我们认为,情绪是一种由客观现实与人的需要相互作用而产生的心理过程,它包含情绪主体的主观体验、情绪主体的生理唤醒、情绪主体的外显行为。

1. 情绪与情商

情商(EQ)并非是一个很科学的概念,而是人们与智商相比较而杜撰出的一个词语。这一

---

[1] 吴继霞,黄辛隐.大学生心理健康学[M].上海:学林出版社,2007:68.

提法最早出现在20世纪60年代,即情绪智力(emotional intelligence),简称为EI(情智)。到了90年代,心理学家梅耶(J.D. Mayer)和沙洛维(P.Salovey)首先开展了对情绪智力的研究,他们认为,情绪智力是一种社会智力,包括认识控制自己的情绪和识别自己与他人的情绪。1995年,戈尔曼(D. Goleman)在《情感智力》一书中将情智分为认识自己的情绪、管理自己的情绪、激励自我的情绪、认识他人的情绪、处理人际关系等五个方面。现在所说的情商是指智力因素以外的非智力因素,其中情绪在整个非智力因素中起着至关重要的作用。心理学最新的脑部研究报告指出,真正决定人类智能的并非传统智商,而是情商。善于处理情绪,并能觉察别人情绪的人,即能用理性控制冲动的人,在社会上较易于获得成功发展。反之,易受情绪摆布、任性而难与人相处者,即使有知识、有能力,也会陷于孤立,有怀才不遇、有志难酬之感。

2. 情绪与情感

情绪通常是在有机体的基本需要是否获得满足的情况下产生的。如由于饮食的需求而引起满意或厌恶的情绪;由于危险的情境而引起恐惧、害怕的情绪。情绪是人和动物所共有的。但是,人与动物的情绪有着本质区别,人的情绪产生和起作用,都受人的社会生活方式、社会习俗和文化教养的影响与制约。情感是人类特有的,是人类在社会发展进程中形成的相对稳定的态度的反映。两者的差别体现在以下几方面。

首先,情绪出现较早,多与人的生理性需要相联系。情感出现较晚,多与人的社会性需要相联系。婴儿一生下来,就有哭、笑等情绪表现,而且多与食物、水、温暖、困倦等生理性需要相关。情感是在幼儿时期,随着心智的成熟和社会认知的发展而产生的,多与求知、交往、艺术陶冶、人生追求等社会性需要有关。因此,情绪是人和动物共有的,但只有人才会有情感。

其次,情绪具有情境性和暂时性,情感则具有深刻性和稳定性。情绪常由身旁的事务所引起,又常随着场合的改变和人、事的转换而变化。所以,有的人的情绪表现常会喜怒无常,很难持久。情感可以说是在多次情绪体验的基础上形成的稳定的态度体验,如对一个人的爱和尊敬,可能是一生不变的。因为如此,情感特征常被作为人的个性和道德品质评价的重要方面。

最后,情绪具有冲动性和明显的外部表现,情感则比较内隐。人在情绪左右下常常不能自控,高兴时手舞足蹈,郁闷时垂头丧气,愤怒时又暴跳如雷。情感更多的是内心的体验,深沉而且久远,不轻易流露出来。

知识链接 7-1

每一种情绪都有一个核心相关主题

愤怒:冒犯、贬低我和我的东西。
焦虑:面对存在着的不确定的威胁。
惊恐:面对具体的突如其来的势不可挡的身体上的危险。
内疚:触犯了一个道德戒律。
羞愧:未能达到理想的自我。
悲伤:经历了无可挽回的损失。
羡慕:想要别人所拥有的东西。
妒忌:因失去或威胁与另一方的情感而憎恨第三方。

厌恶:接受一个难以理解的客体或主意或与该客体距离太接近。
快乐:朝向目标的实现取得了合理的进步。
自豪:通过对有价值的客体或成就感到荣耀来提升个人的自我认同,这种成就可以是我们自己的,也可以是我们认识的某个人或组织的。
放松:令人苦恼的与目标不相容的情况已好转或过去。
期望:担心最差的情况而又向往更好的。
爱:渴望或参与爱,但通常没必要回报。
同情:被他人的痛苦所打动,想要给予帮助。

(二) 情绪的分类

情绪的分类

不同的研究者提出了不同的情绪的分类方法。在众多的分类方法中,其中较具有代表性的有普拉奇克的情绪三维模型理论和谢弗的六种基本情绪理论。

1. 七情说

在我国,自古以来人们通常将情绪按其表现分为喜、怒、哀、惧、爱、恶、欲七种。

2. 按发展分类

(1) 基本情绪。基本情绪是指与生理需要相联系的内心体验。例如,人的恐惧、焦虑、满足、悲哀,等等。人的基本情绪在人的幼年时期就已经形成了,更带有先天遗传的因素。

(2) 社会情绪。社会情绪是指与社会需要相联系的情绪反应,表现为一种较为复杂而又稳定的态度体验。例如,人的善恶感、责任感、羞耻感、内疚感、荣誉感、美感、幸福感等,都是人的社会情绪。社会情绪是在基础情绪上随着人的成长而逐步发展起来的,同时又通过基础情绪所表现出来。

3. 情绪的三维理论

著名的情绪心理学家普拉奇克从生物学的角度,提出了情绪的三维理论。① 即情绪具有两极性、相似性和强弱性特点。例如喜悦的情绪,从兴奋程度上可表现为舒畅、愉悦、快乐、欢喜、狂喜等不同的心理体验层次。而愤怒的情绪,从紧张度上也可分为不满、气恼、恼怒、愤怒、大怒、狂怒等。悲哀的情绪从程度上则可分为忧虑、忧愁、忧郁、哀伤、悲伤、悲痛、痛不欲生。恐惧情绪可分为担心、不安、害怕、恐惧、惊恐、极度惊恐等(图7-1)。

在情绪的三维模型中,顶部有憎恨、悲痛、恐惧、惊奇、接受、狂喜、警惕、狂怒八种基本情绪,每一类情绪中又有一些性质相似、强度由高往下依次递减的情绪。

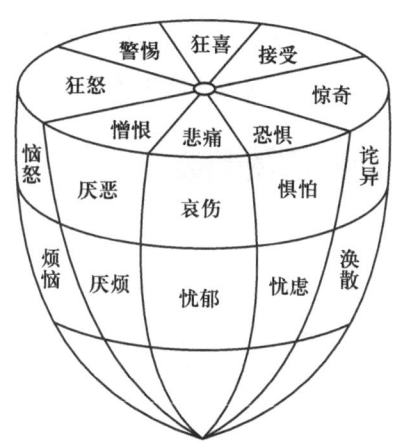

图7-1 情绪三维模型

4. 谢弗的六情说

谢弗等选择了135个情绪名词,让大学生进行分类,

---

① 张厚粲.大学心理学[M].北京:北京师范大学出版社,2001:236.

将类似的情绪归为一类。结果得出了六种基本情绪,分别是:爱、喜悦、惊奇、愤怒、悲伤和恐惧。[①]其他任何情绪都可以根据其自身的含义和性质划归为这六种基本情绪中。谢弗还提出,还可从其他角度来进行情绪分类。例如,将这六种基本情绪划分为正面情绪和负面情绪。正面情绪也称为愉快的情绪,如爱、喜悦、惊奇,这类情绪的变化能带给我们一种愉快的感觉。负面情绪也称为不愉快的情绪,如愤怒、悲伤、恐惧,这类情绪一般会使人意志消沉、兴致低落,阻碍健康成长。

5. 情绪状态

苏联心理学家根据情绪发生的强度、速度、持续性、紧张度等指标把情绪状态划分为心境、激情与应激三种状态。

(1) 心境。心境是指一种既持久深入又比较微弱的情绪状态,它一直主导着人整个精神活动的状态。具有弥散性、渲染性的特点。比如,当一个人心情舒畅时,他看什么都会觉得乐观积极。而当一个人郁郁寡欢时,则对许多事都会感到没有兴趣。"忧者见之而忧,喜者见之而喜"就是心境的表现。心境对我们的生活有很大影响。积极、良好的心境有助于提高效率,克服困难;消极、不良的心境使人厌烦、消沉。

(2) 激情。激情是指一种强烈的、短暂的、有爆发性的情绪状态,常由意外事件或对外冲突引起。[②]如狂喜、愤怒、绝望等情绪体验都属于激情的表现。在激情状态下,人会部分地失去理智和自控力,人的理解力、自制力等都有可能降低,采取正常情况下所不可能采取的行动。但是由于正常人在激情的状态下,大脑皮层仍会起主导作用,并没有真正完全失去意识的控制,对于行动的后果也并非完全无意识,所以正常人在激情状态下也不能逃避对自己的行为所担负的责任。激情也有积极和消极之分。积极的激情能激发内在的心理能量,成为行为的巨大动力,激励人们克服艰险,攻克难关。消极的激情则具有更大的破坏性和危害性,它可能会导致理智的暂时丧失、情绪和行为的失控。高职大学生正处于生理和心理发展的重要阶段,最富于激情。如果高职大学生能恰当地利用和控制自己的激情,则能对大学生的成长、成才、发展起很大作用。

(3) 应激。应激是指在出乎意料的紧迫情况下所引起的高度紧张的情绪状态,即当一个人处于巨大压力和威胁的情境下,又要迅速作出重大决定时,所产生的一种特殊的情绪状态。比如在日常生活中突然遭遇猛兽袭击、火灾、地震、爆炸等意外事件时,都会让我们处于应激状态。在这种状态下,人的身心会高度紧张,并引发一系列的生理反应,如肌肉紧张、心率加快、血压升高等,从而增加身体的应变能力。人们的思维和行动也变得极为活跃,在瞬间能凭自身所学的知识、经验作出险情判断,采取对策。应激状态下的应急能力是人才的基本素质之一。在应激状态下,人们可能出现两种表现:一种是目瞪口呆,手足无措,陷入一片混乱之中;另一种是急中生智,冷静沉着,动作准确有力,及时摆脱险境。一个人如果长期或频繁地处于应激状态中,就会导致身心疾病和心理障碍。

中外许多研究证明,生活事件能够引起生理上的应激,达到一定值可使个体在健康上受损。从生活应激的角度而言,我们将 LGU 值的下限 150 分值作为评价是否处于亚健康状态的界值(表 7-1)。

[①] 张厚粲. 大学心理学[M]. 北京:北京师范大学出版社,2001:236.
[②] 吴菁. 大学生心理健康教程[M]. 苏州:苏州大学出版社,2009:120.

150 分(一年中个人所受应激事件的总和)生活转折点。

150~199 分之间,下一年有 37% 的可能患病;

200~299 分之间,下一年有 51% 的可能患病;

300 分以上,患病的可能性为 79%。

表 7-1 生活事件的 LGU 值

生活事件	平均分值	生活事件	平均分值	生活事件	平均分值	生活事件	平均分值
丧偶	100	怀孕	40	儿女离家	29	娱乐方式改变	19
离婚	73	性生活不协调	39	触犯刑法	29	宗教活动改变	19
夫妻分居	65	新家庭成员诞生	39	取得杰出的成绩	28	社会活动改变	18
坐牢	63	调整工作	39	妻子开始或停止工作	26	少量抵押和贷款	17
直系亲属死亡	63	经济地位改变	38	开始或结束学校教育	26	改变睡眠习惯	16
受伤或生病	53	其他亲友去世	37	生活条件的改变	25	家庭成员居住情况改变	15
结婚	50	改变工作行业	36	改变个人习惯	24	饮食习惯改变	15
失业	47	一般家庭纠纷	35	与上司闹矛盾	23	休假	13
复婚	45	借贷大笔款项	31	工作时间或工作条件的改变	20	过重大节日	12
退休	45	取消抵押或贷款	30	迁居	20	轻度违法	11
家庭成员发生健康问题	44	工作责任改变	29	转学	20		

(三) 情绪的功能

情绪作为人反映客观世界的一种形式,是人的心理的重要组成部分,在人们的日常生活中具有非常重要的作用。情绪的功能主义体现为适应功能、动机功能、组织功能、交流功能。

1. 情绪的适应功能

情绪是有机体适应生存和发展的一种重要方式。个体的生存需要得到了满足,往往表现出愉悦的情绪。如果自身利益受到他人侵犯,则会表现出愤怒的情绪。婴儿出生时,还不具备独立的维持生存的能力,此时情绪是婴儿在掌握语言之前最重要的适应生存的心理工具。婴儿通过哭告知养护人,自己饿了或身体不舒服,使自己的生存环境得以改变。婴儿通过笑表达对周围环境的满意。在日常生活中,情绪也直接反映着人们生存的状态。人们用愉悦、接受来维护人际关系,用恐惧、忧虑让自己远离恶境。其实,每一种情绪都是有其功能的,即使像生气、痛苦等负性的情绪也有其重要作用。比如,当人处于危险的境地时,恐惧的情绪反应能促使人在行为上更快地脱离险境。当人在工作或学习中承担的负荷超出了自身的承受能力时,疲惫的情绪状态,会使人不得不放弃一些工作,从而获得休息。在面对侵害时,愤怒的情绪会促使人奋起反抗,自我保护。

2. 情绪的动机功能

个体的各种需要是行为动机产生的基础和主要来源,情绪是需要是否得到满足的主观体验,它能够激励个体的行为,影响行为的效率。积极情绪会引导个体的积极行为,成为积极行为的诱因,提高个体的行为效率,起正向推动作用。消极的情绪会干扰、阻碍个体的行为,起着反向推动作用,我们应努力摆脱这种状态。研究表明,适度的情绪兴奋,会使人身心处于活动的最佳状态,促进主体积极行动,从而有效地完成工作任务。一定的情绪紧张度的维持有利于行为的进行,但过于松散或过于紧张都将对行为的进程或问题的解决产生不利影响。

3. 情绪的组织功能

情绪是一个独立的心理过程,对其他心理过程具有组织作用。积极的情绪具有调节和组织作用,消极的情绪具有干扰和破坏作用。情绪的组织功能主要表现在以下五个方面。

(1) 情绪的偏好影响知觉的选择。比如人们对某种事物偏好,则会影响他们对这类事物的相关信息更加关注。

(2) 情绪影响注意的过程。个体对某事某物注意时间的长短和关注程度深浅与人们的情绪有很大的关系。情绪冷漠的人,对任何刺激事物都无心关注,持漠然态度。情绪愉悦的人则比较容易投入到某项活动中去,并且参与度相对较高。

(3) 情绪影响个体的记忆。比如人们更容易记住自己感兴趣的事物,对不感兴趣的事物记忆起来则很费力。另外,当个体情绪激动时,记忆的内容比在平静情绪下记忆的内容更容易回忆。

(4) 情绪影响个体的思维活动。过度兴奋的情绪影响思维的进程和方向,过度悲伤的情绪影响思维的正常进行。

(5) 情绪影响人的行为表现。比如恐惧的情绪往往容易导致个体产生退缩的行为,欢快的情绪往往促使个体产生主动行为。

4. 情绪的交流功能

情绪是一种独特的非语言沟通,主要通过面部肌肉的运动、身体姿势、声调的变化来实现信息的传递。个体通过表情反映自己的态度和意愿,也可以通过对他们表情的观察和体验来了解周围人的态度和意愿。情绪交流是人们彼此交流思想、愿望、需要、态度的有效途径。它所携带的信息是对语言交流的重要补充。在许多情境中,表情能消除语言交流中的不确定性。婴儿的语言系统未发展完善时,他们是通过对周围成人的表情观察来调节自己的行为。总之,情绪在个体认识环境、识别他人时发挥着非常重要的信号作用,在人们的人际交往过程中起着特殊的交流功能。

二、情绪对高职大学生的影响

情绪对高职大学生的影响

情绪与高职大学生的生活、学习、人际交往、个人发展密切相关,对高职大学生的身心健康、学业发展和个人成长都具有直接的影响。

(一)情绪影响高职大学生的身心健康

良好的情绪状态,不仅有利于高职大学生的学习,而且也有益于高职大学生的身心健康。不良的情绪状态会对正常的生活、学习产生重大影响。苦恼、焦虑、愤怒、忧郁等不良情绪的困扰会造成人们的精力分散、注意力不集中、记忆力和理解力下降,阻碍创造力的发挥,从而直接或间接影响人们的正常生活。这种消极的影响又可以使各种不良的情绪体验加深,导致恶性循环。严重的还会使人的神经系统机能失调,从而导致各种神经症,甚至诱发精神病。

现代医学研究证明,在人们的生理疾病中,70%同时伴有心理上的病因。尤其是现代社会中的高血压、心脏病、癌症等直接威胁人类的重要病症,都与人的情绪状态有着直接的关系。在高职大学生中,长期的学习压力,造成一些学生的失眠、紧张、神经性头痛、消化系统疾病等,大都是因为情绪状态没能得到很好的调整。因此,保持良好的情绪状态,是高职大学生心理健康的重要标志。

(二)情绪影响高职大学生的学习效率

对于高职大学生来讲,情绪状态对于学业有着举足轻重的影响。不少高职大学生都有这样的体验,当自己的情绪积极乐观时,学习的效率倍增,而当自己的情绪处于低迷、忧郁或者烦躁不安时,学习往往也是一团糟。一个人再聪明,但如果没有一个好的心态,他的能力也是无法充分发挥的。而一个良好的心态,正是一个人最大限度地发挥自己的能力的基础和前提。

心理学家曾就情绪与学习成绩的关系做过实验研究,得出了著名的耶克斯-多德森定律。即人的焦虑程度与学习成绩的关系呈倒"U"形,适度的焦虑有利于大学生提高学习效率,激发学习动力,取得好成绩。焦虑程度过低或过高,都难以取得满意的学习成绩。

(三)情绪影响高职大学生的人际关系

高职大学生不同的情绪状态会直接影响到他们的人际关系状况。如有些大学生自卑、情绪压抑、易怒,别人与他们相处感觉如履薄冰,因此大都不愿与之交往。而乐观、热情、友好的人,在人群中很容易受欢迎,也容易得到别人的赞赏,在人际交往中游刃有余。积极健康的情绪有助于高职大学生的人际交往。相反,消极的情绪则会影响高职大学生的社会行为,从而影响人际交往和人际关系。因此,高职大学生在人际交往中,需要学会调节和适度控制自己的情绪,做情绪的主人,只有这样才有可能拥有良好的人际关系。

知识链接 7-2

爱生气的男孩

有一个男孩有着很坏的脾气,于是他的父亲就给了他一袋钉子,并且告诉他,每当他发脾气的时候就在后院的篱笆上钉一根钉子。

第一天,这个男孩钉下了37根钉子。慢慢地每天钉下的数量减少了。他发现控制自己的脾气要比钉下那些钉子来得容易些。

终于有一天这个男孩再也不会失去耐性乱发脾气,他把这件事告诉了他的父亲,父亲告诉他,现在开始每当他能控制自己的脾气的时候,就拔出一根钉子。

一天天地过去了,最后男孩告诉他的父亲,他终于把所有的钉子都拔出来了。

父亲拉着他的手来到后院说:你做得很好,我的好孩子。但是看看那些篱笆上的洞,这些篱笆将永远不能恢复成从前。你生气的时候说的话将像这些钉子一样留下疤痕。如果你拿刀子捅别人一刀,不管你说了多少次对不起,那个伤口将永远存在。话语的伤痛就像真实的伤痛一样令人无法承受。

(四)影响潜能发挥和成功发展

情绪不仅对高职大学生的身心健康至关重要,而且对于高职大学生的人格的形成与发展具有同样重要的作用。弗洛伊德精神分析理论和埃里克森的心理社会发展阶段理论中,都强调了情绪在人格形成和发展中的核心作用。良好的情绪有助于增加学习兴趣、提高学习效率,促进潜能开发,有助于人的自信心的建立。培养积极健康的情绪,是高职大学生心理素质的重要内容。

三、情绪的理论

不同的心理学流派和心理学家对情绪的产生和理解有着不同的视角和研究方法,他们都试图对情绪的产生作出系统合理的解释,从而形成了不同的理论。这里介绍几种有代表性的情绪理论。

(一)詹姆士–兰格的情绪理论

1884年和1885年,美国心理学家詹姆士和丹麦的生理学家兰格先后提出,情绪往往伴随着一定的身体变化,如血液循环、肌肉、呼吸、腺体分泌等变化。他们把情绪的产生归因于身体外周活动的变化。如哭泣是产生悲伤的原因,颤抖是产生惧怕的原因,所以这种理论又称为情绪的外周理论。

人们一般认为,个体先受到刺激,然后产生了某种情绪,接着才会引发集体的变化和反应。[①] 但詹姆士和兰格认为,"先有有机体的生理变化,尔后才有情绪。情绪只是身体状态的感觉,其原因纯粹是身体的"(图7-2)。这一理论重视情绪与有机体变化的密切关系,但又片面强调了植物性神经系统的功能,忽视了中枢神经系统的控制和调节作用。这是最早的情绪理论,这也引起了心理学家和生理学家的长期争论,同时也促进了情绪理论的发展。

(二)阿诺德和拉扎勒斯的情绪理论

现代情绪心理学研究认为,情绪的产生受到环境事件、生理状态和认知过程三种因素的影响,其中,认知过程是决定情绪性质的关键。

阿诺德在20世纪50年代提出了情绪认知评价理论。该理论认为情绪刺激必须通过认知评价才能引起一定的情绪。如果认知评价不同,则产生的情绪反应也不同。

---

① 吴继霞,黄辛隐. 大学生心理健康学[M]. 上海:学林出版社,2007:74.

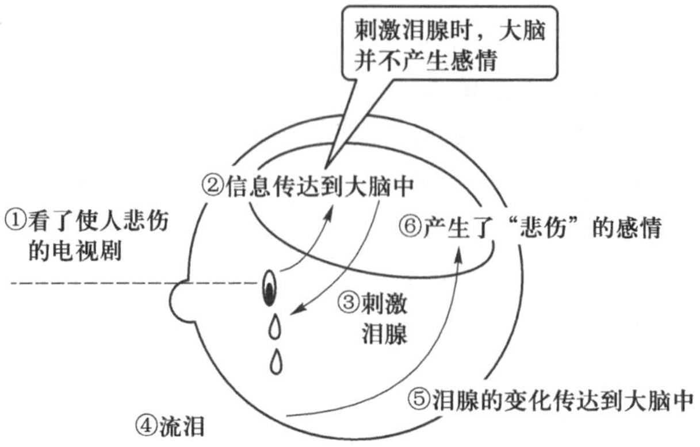

图 7-2　詹姆士-兰格情绪学说示例

拉扎勒斯发展了阿诺德的认知评价学说，将"评价"扩展为"评价、再评价"的过程。他认为，情绪的产生是生理、行为和认知三种成分的综合反应。对认知起决定作用的是个体心理结构，即信仰、态度和个性特征等。社会文化因素也影响着个体对刺激情绪的知觉的评价。

（三）行为主义的情绪理论

行为主义将情绪视为强化刺激和复杂的经典性条件作用中习得的行为模式。华生于1929年提出了第一个行为主义情绪理论。他强调"情绪是一种反应模式"，认为抚摸等刺激是婴儿产生的强化条件，有了这些条件，婴儿才逐步学会了微笑等情绪反应。华生设想有三种基本的情绪反应：恐惧、愤怒和爱。

情绪的行为理论是从外部刺激引起行为习得的角度来理解情绪，主要的缺点是忽略了主体的认知功能的存在。

第二节　高职大学生的情绪特点及不良情绪

大学阶段是人生的第二个"断乳期"，高职大学生正处于青春期向青年期的过渡阶段，在生理发育接近成熟的同时，心理上也经历着急剧的变化。同时，由于高职大学生群体独特的社会地位、知识水平、心理发展特点以及生理状态，其情绪和情感又具有鲜明的特点。此外，受环境、认知习惯、性格、社会评价等影响，高职大学生会出现一些不良情绪反应。

一、高职大学生的情绪特点

高职大学生进入大学之后，无论生活还是学习都有了较大的变化，许多事物都必须独立面对。但在处理各种事物时，由于经验不足，性格因素，往往会遭受挫折，这使得大学阶段在其心理发展逐步趋于完善的过程中，情绪的发展显得尤为重要。高职大学生的情绪通常表现出以下几种特点。

（一）高职大学生情绪稳定性与波动性并存

一方面，随着知识水平和个人修养水平的提高，高职大学生对自己的情绪认识更加深刻，表达自己情绪的能力逐步提高，控制自己情绪的能力也得到了提升。因此，在通常情况下，高职大学生的情绪表现相对稳定。另一方面,由于大学生在生理、社会和心理上发展的不平衡中所产生的矛盾冲突,常在情绪体验中得以表现。高职大学生的辩证思维水平还不够高,对待矛盾容易产生偏激,而且高职大学生的社会活动范围扩大,影响情绪的各种因素也随之出现,如人际关系、学习成绩、恋爱等的好坏都可能引起情绪的变化,只不过有些能够被自己意识到,有些未被自己意识到。

(二)高职大学生情绪外显性与内隐性并存

高职大学生对外界刺激反应迅速,喜怒哀乐常形于色,这是高职大学生情绪外显性的特点。但是,高职大学生的情绪外在表现和内心体验并不总是一致的。在某些场合又会表现出内隐、含蓄的特点。比如与异性交往时,明明很喜欢对方,却表现出无所谓;有时很厌烦某种行为,却不得不勉力接受;有时内心很悲伤,但却尽量抑制。这是高职大学生情绪成熟的表现,技能通过外显的行为、表情表达自己的情绪,同时又能根据适当的情境抑制自己的情绪,选择在适当的时候、适当的地点表达出来。

(三)高职大学生情绪冲动性与理智性并存

美国心理学家霍尔曾称青年期为"疾风怒涛"期。由于高职大学生的神经活动的兴奋过程往往优于抑制过程,并且容易引起兴奋的泛化和扩散,导致高职大学生的情绪冲动性比较强。同样的刺激情境,对成年人来说,可能不会引起明显的情绪反应,但却能引起高职大学生较强烈的情绪体验。他们对各种事物比较敏感,反应迅速,遇事容易冲动。通常表现为情绪失控、自我调节情绪能力差。但是,一般来讲,大多数的高职大学生在面对外界刺激时能够理智地分析,采取适当的行为,能够做到自我控制和自我调节,真正做到三思而后行,这是高职大学生情绪理智性的特征。

(四)高职大学生情绪层次性与复杂性并存

不同年级的高职大学生其情绪发展过程中既有明显的层次性,又表现出复杂性的特征。层次性体现在不同年级的大学生情绪特征有差异。一般认为,一方面随着年龄的增长、年级的升高,社会性情感日趋丰富,逐渐表现出关心他人、爱等积极的情感倾向,并且情感的稳定性逐步增加。另一方面,高职大学生通过各种活动和实践,对自己的身份、角色、志向和价值等问题有了更深入的思考,部分确立了道德感、正义感,同时理智感、集体荣誉感、社会责任感等高级情感也有所发展。

(五)高职大学生情绪两极性与矛盾性并存

高职大学生常见的情绪表现是,容易从一个极端突然转化到另一个极端,高职大学生可能因为某事获得他人认可而高兴,也有可能因为被误解而倍感沮丧。这种情绪特征不仅周围的人不能理解和接纳,甚至连情绪主体也不能接受。这种两极性的特征正说明了其内心的矛盾。可能有现实自我与理想自我的矛盾、自我需要和社会需要的矛盾、内在需要与外在要求的矛盾。矛盾情绪如果得不到及时的调适,很容易就会形成绝对的肯定或否定,从而加剧情绪的两极性。而从高职大学生情绪发展的水平来看,高职大学生情绪也是从两极性和矛盾性逐步发展为成熟、稳定、适度的情绪。因此,高职大学生应该科学客观地看待自己的情绪表现,让自己的情绪日益成熟。

二、高职大学生中常见的情绪困扰

高职大学生这一社会群体作为未来社会发展的中坚力量,备受社会各界关注。家人、社会、自我、学校都寄予了高职大学生很高的期望,而当前就业压力的增大、社会关系的复杂、社会评价体系的不断变化、高职大学生自我调节情绪能力的差异,使高职大学生的情绪经常处于紧张状态之中。当前,大学生常见的情绪困扰有焦虑、抑郁、冷漠、愤怒等。

(一) 焦虑

案例7-4:越想学越学不进去

我出生在一个普通工人家庭,从小学到中学成绩优异,父母一直以我为傲,我也都一直心情舒畅。高考的时候,由于生病,考场上发挥失常,就进入了现在的学校。自上大学以来,觉得自己像变了一个人,怎么都开心不起来,心情一直感到压抑。整天神经都绷得紧紧的,尽管学习成绩名列前茅,但总是担心哪一天成绩会降下来。整天除了学习,还是学习。平时与同学交流很少。有时候,在图书馆学习,我明明知道自己状态不好,可还是会强迫自己坐在图书馆强打精神学习,这样效率肯定不高。一想到自己学习效率不高,我就更加紧张。结果越紧张越学不下去。

焦虑是一种复杂的心理,是伴随着某种不祥预感而产生的令人不愉快的情绪,其根源于事情的不确定性。焦虑情绪本身并非是一种情绪困扰,适度焦虑有益于个人潜能的开发。如果一个人没有焦虑或者焦虑不足,就会导致注意力涣散,工作和学习效率下降。过度焦虑,往往会使人因过度紧张而产生注意力无法集中工作学习效率降低。所以,无论是听课还是上自习,都需要保持一定的焦虑。大学生如果长期陷入焦虑情绪不能自拔,内心便常常被不安、恐惧、烦恼等负面体验所积累,行为上会出现退缩、冷漠等情况(图7-3)。

图7-3 焦虑

焦虑情绪的发生原因是多方面的,可分为适应焦虑、考试焦虑、身体过分关注焦虑和选择焦虑。克服焦虑的方法也是很多的,主要有科学的认知、放松训练方法、角色训练、增强自信心的方法等。

(二) 抑郁

案例7-5:对什么都没兴趣

阿青(化名),大一女生,首次远离家乡和父母独自一人来到大学求学。刚进大学对一切事物都觉得很新鲜,又觉得难以适应。此后,她做很多事情都觉得很困难,上课无法集中注意力,成绩总是排在班上的后几名。渐渐开始觉得大学生活和学习没什么意思,对各种活动开始失去兴趣,有孤独感、无助感、无依靠感,不愿意与人交流,不愿意参加任何集体活动,整天待在宿舍里,也不跟宿舍同学说话,只是自己一个人躺在床上听音乐,或者自卑自怜,以泪洗面,表现出退缩、冷漠、易疲倦,时常感到头晕头痛,终日精神抑郁,闷闷不乐,长吁短叹,情绪极为低落。

抑郁是一种愁闷的心境,是一种感到无力应付外界压力而产生的消极情绪,常伴有厌恶、羞愧、自卑等情绪体验。例如,有些高职大学生因为无法面对学业中的竞争和学习的压力,或者对于所学的专业不满意,而陷入忧郁的情绪状态,表现为对生活和学习失去兴趣,无法体验到快乐,行为活动水平下降,回避与人交往。严重者,还伴有心境恶劣、失眠,甚至有自杀倾向。特别需要提出的是,抑郁情绪与抑郁症既有联系,又有质的区别。前者属于一种不良情绪困扰,需要的是心理上的调整;而对于后者,则属于精神疾病,需要及时到医院就诊。

失恋或学习上的失败是大多数大学生都可能遇到的情况,但并不是每个人都会产生强烈的情绪反应。有观点称,一些大学生产生抑郁是由于对一些负面事件的不正确认识而产生的对自我价值的不合理评价。因此,改变不合理的观念,对生活中的事件建立正确认识、评价和态度是克服和消除抑郁的关键。

抑郁的主要表现有:压抑、苦闷;负面的自我评价、无价值、无意义感,悲观失望;缺乏兴趣、依赖性强;反应迟钝、活动水平下降;回避交往;体验不到快乐,自卑、自责;身体反应(失眠、食欲下降、言语动作迟缓、乏力、面色灰暗、哭泣、叹息等);自杀倾向。

要克服抑郁心理,应培养乐观的人生态度,学会全面、辩证地看问题;要注意锻炼自己的意志,必胜的信念,会使大学生始终充满斗志,朝着既定目标前进;还应学会合理表达自己的感情。只要表达得适当,就会增进身心健康。

(三) 冷漠

冷漠同样是一种情绪反应强度不足的表现,表现为对人对事漠不关心的消极状态。相对于正处于青春期的高职大学生,情绪内容丰富而情绪体验强烈,处于冷漠情绪的高职大学生,在行为上常表现为对生活没有热情和兴趣;对学习漠然置之、无精打采;对周围的同学冷漠无情,甚至对他人的冷暖无动于衷;对集体活动漠不关心、麻木不仁。日本心理学家将具有这种冷漠情绪状态的学生称为无欲望、无关心、无气力的"三无"学生。有学者认为,冷漠是个体对挫折情境的自我逃避式的一种退缩性心理反应,它带有一定的自我保护、心理防御的性质,情绪冷漠的大学生往往内心痛苦、孤寂,具有强烈的压抑感。长此以往,会严重影响一个人的身心健康。

案例 7-6:我怎么变成这样

进入大学前,我一直认为大学里人与人的关系跟社会上不一样,是很纯粹的,不世故,不功利。可是,入校以后,我看到的种种,让我寒心。加入学生会、社团、评奖评优都得靠关系,连当个班干部也得请客拉票。功利性太强了。我对同学好,他们还怀疑我的动机。真不知道他们是怎么想的。半年下来,我原来入校时的热情都没了。我现在对什么都不在乎了。前几天,我的一个同学被查出得了白血病,我居然一点感觉都没有。学校的评奖评优、竞赛活动,我一个都不想参加,好像觉得那些跟我一点关系都没有。整天精神状态也不好。原来爱哭爱笑爱闹的,现在整天就无精打采的,做什么都没兴趣。

情绪冷漠的高职大学生通常与其独特的个人经历和个性特征有关。比如新生李某原来是个热情的人,进入大学校园,他用他的热情主动关心班级同学,不管是关系近的,还是关系一般的。学习上,对同学们的求助也是不遗余力。经过一段时间的相处,他发现同学们都用异样的眼光看着他,觉得他这样做别有用心。他变得情绪低落,渐渐地,变得不再热情,而换之以冷漠以对。克服冷漠情绪，首先是要从建立责任意识入手，逐步建立起自己的生活目标，同时应开展人际交往，积极投入生活和学习中来感受热情和激情。

（四）愤怒

愤怒是人的基本情绪反应，从程度上可分为不满、气恼、愤怒、暴怒、狂怒等。发怒，会出现心跳加快、心律失常；易患高血压、胃溃疡和心脏病，严重的还会导致心跳停止。大学生正处于热情高涨、激情澎湃的青年时期，有时候激情难以控制，经常会因为一句刺耳的话，一件无关痛痒的小事，就激动得暴跳如雷，或出口伤人，或暴力相向。盛怒过后，又表现出后悔不已。因为愤怒的结果只会使当前的状态变得更加恶劣。高职大学生的愤怒程度往往与自己的情绪识别能力、知觉能力、控制能力都有着十分密切的联系。因此，在处理愤怒这一消极情绪时，高职大学生可通过积极的心理暗示，如"生气无法解决问题""生气是拿别人的错误惩罚自己"，或采取放松训练、注意力转移、转换场景等方法来调整自己的不良情绪。

知识链接 7-3

愤怒的后果

从前有一个人提着网去打鱼，不巧这时下起了大雨，他一赌气将网撕破了。网撕破了还不够，又因气恼一头栽进了池塘，再也没有爬上来。

有一个妇人，温文有礼，也很懂得持家。有一次，有一个她非常信任的朋友向她借钱，借了之后就跑了，妇人不能接受这个事实，将怨气积在心中，经常拿菜刀和棍子在家门口破口大骂，以此来发泄情绪。几年后，这个妇人真的就疯了。

点评：生气其实是对自己的惩罚。可以这样来理解：我们常常在脑中预设了一些规定，如我去打鱼，就一定会有收获；借他人钱，就一定要归还等。如果对方违反规定就会引起我们的怨恨。其实，因为他人对我们的"规定"置之不理就感到怨恨，是一件十分可笑的事。我们总会这样认为，只要我不原谅对方，就可以让对方得到一些教训。而实际上，不原谅别人，表面上无益于他人，实际真正倒霉的却是你自己，一肚子窝囊气不说，甚至连觉都睡不好。

三、高职大学生产生情绪困扰的影响因素

导致高职大学生不良情绪产生的原因错综复杂，既有外部社会、家庭等方面的因素，也有个体内部的一些生物遗传、心理因素。

（一）个体因素

有研究认为，人的体力、情绪和智力有一种周期性的盛衰率，他们的周期分别为 23 天、28 天和 33 天。[①]当三者均处于高峰期时，人就处于心身最佳状态，精力充沛、生机勃勃、愉快豁达、头脑清醒、思维敏捷。当三者处于低谷期时，人的各种机能效率都会降低，会出现情绪不佳、体力、智力也有下降等表现。而当三者处于临界状态时，则表现出机体协调性差，情绪波动大等

---

① 吴继霞，黄辛隐. 大学生心理健康学[M]. 上海：学林出版社，2007：82.

特点。

(二) 环境因素

环境因素包括硬件和软件两方面。在硬件上,包括如周边空气、人流、颜色、视觉效果等,软件着重于获得的感受体验。家庭结构稳定、家庭氛围和谐,则有利于青少年健康情绪的培养。家庭关系冷漠、封闭、暴力的,则可能带来青少年成长中的情绪困扰。学校环境宽松,注重大学生个性特长发展的,则能引导青少年情绪正常发展。学校环境紧张、教师育人方式偏激的,则易导致青少年产生情绪问题。社会环境包括社会文化、经济、政治等,大学生的情绪也会受到当时社会环境影响产生或积极或消极的情绪体验。

知识链接 7-4

颜色对人的情绪的影响

在美国加州,一座监狱的监狱长为犯人老是寻衅闹事而苦恼。有一次,他偶然把一伙狂暴的犯人换到了一间浅绿色的牢房里,奇迹出现了:那些原来暴跳如雷的犯人,就好像服用了镇静剂一样,渐渐平静下来。监狱长由此受到启发,把囚室漆成绿色,于是犯人闹事的事件逐渐减少。由于蓝色、绿色使人感到幽静、安谧,故有"心理镇静剂"之称。这就是心理学家所说的颜色对人的情绪影响的心理效应。

(资料来源:摘自陶爱荣.微笑成长——高职院校心理健康教育[M].南京:南京大学出版社,2010.)

第三节 高职大学生情绪的调节与培养

情绪对一个人的心理成长和发展有着极大的影响。对于在校高职大学生来讲,管理情绪、调节情绪、驾驭情绪、做情绪的主人,不仅是维护身心健康的需要,而且也是自我发展和人格成熟的条件。

一、大学生情绪健康的标准

健康的情绪,就是良好的情绪状态。良好的心理状态,首先是情绪上的成熟,是指一个人的情绪的发展、反应水平和自我控制的能力与其年龄和社会对此的要求相适应,并为社会所接受。目前大多数人所认为的高职大学生情绪健康的标准如下。

1. 情绪的基调

愉快情绪多于负性情绪,积极、乐观、愉悦、稳定,平和接纳自己的情绪状态。

2. 情绪反应适度

情绪反应与环境相适应,反应的强度与刺激情境相符合。

3. 能够控制与调节自己的情绪

一方面能合理地宣泄自己的情绪;另一方面情绪表达又符合社会及自我发展的需要。

二、高职大学生情绪的自我管理

(一) 敏锐地觉知情绪

1. 了解自己的个性特征

一个人的情绪上的特点,往往与其气质和性格特征密切相关。因此,我们可通过了解自己的气质与个性,来把握自己情绪的特点。例如,我们可以看到每个人的情绪表现都是不尽相同的。有的人脾气急,有的人则是慢性子,有的人风风火火,也有的人多愁善感。这些都与一个人的个性心理特征有直接的关系。在第六章中,提及了气质类型测试。我们可以通过气质类型测试,来了解自己的气质特征是什么,从而明白自己的情绪特征,在表达情绪时也能很好地控制情绪。

2. 了解自己的情绪年龄

与人的心理年龄相对应,人的情绪表现与其情绪年龄相关。所谓情绪年龄是一个人情绪发展水平的衡量标志。心理学研究表明,不同年龄的人在其情绪的各方面具有不同的发展水平和特点,情绪年龄会随着人的成长不断发展变化。当一个人的情绪与其应有的情绪表现相符合时,我们则说这个人具有正常的情绪年龄。反映人的情绪年龄水平有两点。其一是反应是否符合该年龄段的认知逻辑水平,其二是表现和调节情绪的方式是否与该年龄段相宜。例如,一些女生,在遇到一点点小困难时,会大哭;男生一有事情就给家里打电话。这些都是与情绪年龄不相适应的表现。有些高职大学生由于父母长期的过度照顾,情绪的自我控制能力方面滞后于他们实际的年龄。也有些高职大学生从小受家庭环境的影响,情绪表现超前。

3. 自身成长经历及早期经验

人的情绪特点往往与他们的成长经历和早期经验有关。心理学研究表明,在人的婴儿期乃至幼年期,失去家庭的关爱和父母照顾的儿童,会带来情绪上的伤害,对情绪的表达和控制都会有影响,并会在以后的成长中有所体现。一般而言,幼年时期或在以后的成长经历中,有比较平和、乐观的生活环境和经历的大学生要比经历过挫折、创伤的大学生在情绪上更趋于稳定和积极。

4. 测试自己的情绪状态

除了上述情绪的自我认识,通过一定的心理测验是了解自己的情绪状态的重要方式。这里介绍几种简单的自我测评的方法。

(1) "心理气氛圈"测试。苏联学者鲁陶什金制定了"心理气氛圈"图示分析方法,如图7-4所示。可以通过该测试,了解自己目前的心境。

"心理气氛圈"分为四个象限:第一象限为"情绪饱满区";第二象限为"不满意区";第三象限为"悲观区";第四象限为"愉快区"。

我们可以根据图7-5(a)中的愉快/不愉快、积极/消极等两条坐标线上的7个等级,确定自己一周以来每天的情绪状态,在坐标上标出情绪状态的位置,并将其相互连接画出相应的曲线。一周后,可根据两条坐标线上的曲线画出一周以来的"心理气氛图"(见图7-5(b))。

(2) 自评抑郁量表(SAS)(见本章课堂活动)。

测试步骤:采用1~4制记分,评定时间为过去的一周或一个月;将各题得分相加,得出粗分值;再乘以1.25,换算出标准分(T值)。

测试标准:50~59分为轻度抑郁;60~69分为中度抑郁;70分以上为重度抑郁。

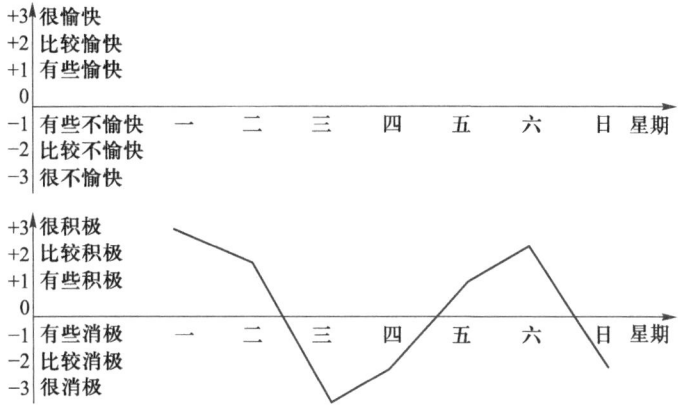

图 7-4 "心理气氛圈"图示分析方法

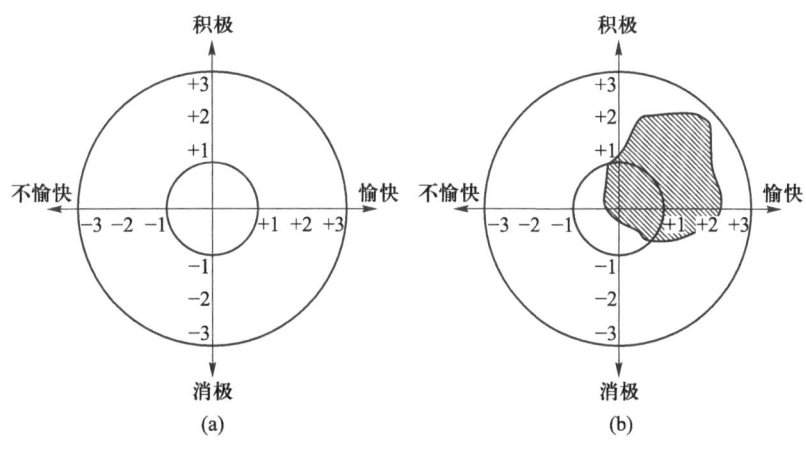

图 7-5 心理气氛图

(二) 保持愉悦的情绪

当个体情绪愉快时,头脑清醒,思维敏捷,人际关系和谐。我们可以通过下列五种方法,使自己处于愉快情绪的常态中。

1. 提升自信心

正确地认识自己是获得自信的基本条件,而足够的自信是保持愉悦的重要因素。对着镜子里的自己大声表扬自己,大声地说出自己的优点,罗列自己曾经成功的事迹,坦然接受同学和朋友的赞美等都是获得自信的方法。

2. 培养容人之心

能够宽容自己和宽容他人正是心理健康的表现,同时这也有利于保持自身愉悦的情绪。有容人之心的人,对他人、他物都持有欣赏的态度,富有爱心,与之相处,会感觉很舒服。反之,不愿意宽容他人的人,对他人会有诸多抱怨、指责,人际关系紧张,是很难有愉悦情绪的。

3. 懂得感恩

当我们满怀感恩之心去感谢他人的帮助时,一方面可以帮助他人体会到人生的价值,获得认可,激励他做更多有益于他人的事,另一方面他在获得肯定之后体会到好心情,也会感谢你给予他机会来帮助你,从而也会获得好心情。长此相互感谢,人与人之间的感情也会越来越融洽。

4. 培养积极的心态

同样是一杯水,放在同样感到口渴的甲乙两人面前。积极的甲会说:"真好,还有满满一杯水可以喝,真是一件高兴的事。"消极的乙会说:"真倒霉,我就剩下一杯水,其他什么都没了。"同样是水,怀着不同的心态喝下同样的水,他们的情绪状态体验是不一样的。由此可见,大学生要学会调整自己的认知视角,用积极的认知来看待周围的人、事、物,帮助自己保持良好的心态。

5. 制定适当的目标

制定贴近自己的生活、符合实际情况、可以通过努力实现的目标更易让人树立信心。在实现目标过程中,人整体的状态也会积极向上。

(三)学会排解消极情绪

1. 精神宣泄法

精神分析理论认为,个体的消极情绪必须得到有效的宣泄才能保持心理的平衡。如果抑郁的情绪得不到发泄的机会,随着挫折的增多,消极情绪就会不断积累,最终超过人们的心理承受能力而导致心理失衡。因此,精神宣泄疗法是一种非常重要的自我心理调适的方法。这种方法就是人为创造出一种情境,表达、发泄自己被压抑的情感,通过宣泄达到心理平衡。精神宣泄的途径很多,比如,大哭一场、向人倾诉、拿替代品出气、写日记、疯狂购物,等等。日本公司比较重视为职工提供精神宣泄的场所。它们大多设有"情绪宣泄控制室",控制室的墙上挂着公司老板或总裁的照片,室内放着橡皮做的假人,还有橡皮棍子和拳击手套,受挫的职工可以尽情宣泄,待心理平静后再回车间从事正常劳动。

2. 延缓反应法

延缓反应法是通过有意识地延缓自己的行为反应来增强自控力。一个人在行将作出冲动的反应时,若能延缓自己的情绪反应,就能赢得思考的时间。而经过思考,哪怕只是时间很短的思考,也常能改变原来凭直觉对情境作出的评估和反应,从而使人从惊慌等不良的情绪状态中解脱出来,避免由于不当情绪反应而招致的不良后果。人的自控能力的增强都是从反应的延缓开始的。[1]

3. 放松训练法

放松训练又称为松弛反应训练,是一种通过机体的主动放松来增强人对自我情绪控制能力的有效方法。它的基本原理是通过训练放松所产生的躯体反应,如减轻肌肉紧张、减慢呼吸节律和使心率减慢等,减轻或消除各种不良的身心反应。

4. 矛盾取向法

矛盾取向法是在进入或摆脱某种情绪状态的强烈愿望无法实现时,故意反其道而行之。创立"意义疗法"的德国心理学家弗兰克就曾经让患有畏惧症的患者故意去面对他所害怕的东西,结果只用了很短的时间就治好了他的畏惧症。[2] 其实大学生在某些时候也可以采取矛盾

---

[1] 桑志芹. 大学生心理健康学[M]. 北京:科学出版社,2007:136.
[2] 桑志芹. 大学生心理健康学[M]. 北京:科学出版社,2007:137.

取向法,如我们在上台表演前会感到紧张。越紧张越容易出错。这时候,我们就可以告诉自己:紧张吧,使劲紧张吧!哆嗦吧,使劲哆嗦吧!如果真这样,反而会平静下来,从而表演成功。

(四)学会自我平衡情绪

一般来说,人的心理有两个层面,一个是情感层面,另一个是认知层面。精神宣泄法是通过心理宣泄解决情感层面的问题,情感层面的问题解决了,人的理智就会逐渐恢复。但是,有时人的认知层面的问题不解决,情感层面问题的解决也是暂时的,以后遇到问题仍会再次受挫。因此,解决认知层面的问题对于摆脱职业心理枯竭是非常必要的。运用此种方法时可以从以下几个方面入手。

1. 不要期望值过高而苛求自己

俗话说:希望越大,失望也就越大。在现实生活中,不少人的挫折感均来源于对自己的期望值过高,苛求自己。因此,我们要学会以平和的心态待人处事,学会给自己留下一定的空间,把目标锁定在能力所及的范围之内。而不是好高骛远,四处出击,要求自己事事都超过别人。同时,对任何人、任何事都不必期望值过高,这样,当事物发展没有朝着你预期的方向发展时,你就不会产生强烈的挫败感。

2. 学会妥协和放弃

人的一生会有许多愿望和追求,但由于主客观条件的限制,不可能一一得到实现。这样,就需要我们学会放弃和妥协。否则,我们就会被这些欲望和目标所累,而失去了人生的洒脱和生活的乐趣。就像一个登山者,一心想登上顶峰而急于赶路,结果忘了欣赏沿途的风景。那么,登山的乐趣也就会丧失很多。即使站在山顶,想想自己的付出与所得,也会有不平衡的感觉。

3. 学会自我安慰

自我安慰也称为合理化。指个体遭受挫折后,为了维护自尊,减少焦虑,就找出种种理由为自己辩解,增加自己行为的合理性和可接受性,以起到减轻心理压力,获得自我安慰的作用。如酸葡萄式和甜柠檬式,详见本书第八章高职大学生常见的挫折应对方式。

4. 运用合理情绪理论自我调节情绪

> **知识链接 7-5**
>
>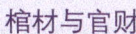
>
> **棺材与官财**
>
> 两个秀才一起去赶考,路上他们遇到了一支出殡的队伍,看到一口黑漆漆的棺材。其中一个秀才的心立刻凉了半截,心想:真触霉头,赶考的日子居然碰到了这个倒霉的棺材,这回肯定考不上了。于是,心情一落千丈。走进考场,那口黑漆漆的棺材在心头一直挥之不去。结果,文思枯竭,名落孙山。另一个秀才看到棺材心里也"咯噔"了一下。但转念却想:棺材、官财,那不是有"官"又有"财"吗?好兆头!看来今天我要鸿运当头了,一定高中。于是,十分兴奋,情绪高涨。走进考场,文思如泉涌,果然一举高中。回到家,两人都对家人说:那口"棺材"真的好灵。

由以上案例看出,面对同样的事物,由于不同的认知而产生的情绪是截然相反的,而不同的情绪导致的人生结果也是不同的。基于这种认识,美国临床心理学家艾里斯提出了理性情绪理论,又称为 ABC 理论。

艾里斯认为,在人们情绪产生的过程中有三个重要的因素,分别是诱发情绪发生事件A、人们对诱发事件所持的相应的信念、态度和解释B以及由此引发的人们的情绪和行为的结果C。情绪并非是导致情绪发生的诱发事件直接引起的,而是通过人们对这一引发事件的解释和评价所引起的。即并非是事件引起了情绪,而是人们对事件的认识引起了情绪(见图7-6)。

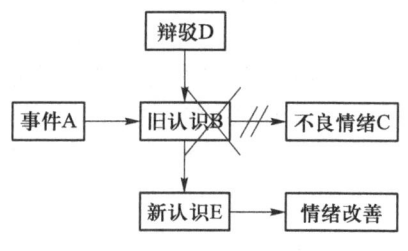

图7-6 合理情绪理论模型

我们的情绪反应C是由B(我们的信念)直接决定的。可是许多人只注意A与C的关系,而忽略了C是由B造成的。B如果是一个非理性的观念,就会造成负性情绪,若要改善情绪状态,必须驳斥(D)非理性观念,建立新观念(E)。这就是艾里斯理性情绪治疗的ABCDE步骤。理性情绪治疗是一项具有浓厚教育色彩的心理矫治方法。在进行减压时,首先要分辨理性观念与非理性观念,然后驳斥非理性观念,试图建立新的观念。

例如:

A. 事件:考试失败而受到父母训斥。

B. 观念:同学会取笑我,真丢面子,无法忍受。

C. 情绪:难过、沮丧。

D. 驳斥:这不是事实,只是我的主观想法,怎么知道同学会取笑?即使有人取笑,难道我就真的无法忍受?

E. 新观念:考试失败是谁都难免的事情,只要努力,成绩可以改善,何况我还有其他长处。

运用合理情绪理论自我调节情绪

知识链接 7-6

10 种不合理的信念

艾里斯提出了10种不合理的信念,认为这些不合理的信念常存在于有情绪困扰或适应不良者身上,具体如下。

(1) 人应该得到生活中所有对自己是重要的人的喜爱和赞许。

(2) 有价值的人应该在各方面都比别人强。

(3) 任何事物都应按自己的意愿发展,否则会很糟糕。

(4) 一个人应该担心随时可能发生的灾祸。

(5) 情绪由外界控制,自己无能为力。

(6) 过去的历史是现在的主宰,过去的影响是无法消除的。

(7) 任何问题都应该有一个正确、完满的答案,无法找到正确的答案是不能容忍的事。

(8) 对有错误的人应该给予严厉的责备和惩罚。

(9) 逃避困难、挑战与责任要比正视它们容易得多。

(10) 要有一个比自己强的人做后盾才行。

总结下来,非理性观念有以下几种主要特征。

(1) 绝对化。即对什么事物都怀有认为必须或不会发生的信念,这种特征常常表现在日常生活中的"应该""必须""一定""绝对"等用语上。

(2) 过分概括化。即以偏概全的思维方式。在这种非理性特征中,世界上的事物只有两类,要么正确、要么错误。

(3) 灾难化。常会表现为"一旦出现了……天就要塌了""再没有比这更可怕的了",等等。

在日常生活中,当我们出现情绪困扰时,应尽快找到事件背后的非理性信念,然后纠正,建立合理的信念,达到情绪调节的效果。

5. 建立积极的自我意象

自我意象是关于"我是什么样的人"的自我画像。一般情况下,你对自己有什么评价,你就会不断地去寻找各种事实来证实这种评价。鉴于此,我们可以通过建立"积极的自我意象",来指导我们积极为人处世。简单来讲,可从以下几个方面着手。

(1) 从想象和装扮入手。心理学中有一个重要原理:装扮一个角色会帮助人们体验到他所希望体验到的情绪,并会有意无意地用相应的标准要求自己,并按照相应的行为准则做事。就如同自己进入了电视荧幕。美国心理学家曾用这种方法治愈了很多酗酒者。

知识链接 7-7

著名英国滑稽演员 M. 斯图尔特的改变

著名英国滑稽演员 M. 斯图尔特,年轻时有羞怯的毛病,与人谈话支支吾吾,为此,斯图尔特吃尽了苦头。后来,他终于找到了一个办法:同陌生人谈话时,自己就装扮成另一个显赫的重要人物,用与这个人物身份一致的语调说话。这使他受益匪浅。不久,难为情、拘谨、羞怯的毛病,在交际中不再出现了,而且,朋友们很快注意到,他模仿别人太像了,并收到了令人欢乐的滑稽效果。从此,他开始步入舞台,走上成功之路。

(资料来源:桑志芹. 大学生心理健康学[M]. 北京:科学出版社,2007:137-138.)

当然,这种装扮或想象活动,可以获得一种不一样的情绪体验。但如果过于投入其中,则可能会出现想象与现实的脱节,从而影响正常的学习生活。

(2) 寻找生活中成功的经历。寻找生活中成功的经历,一方面我们可以把这种成功的经验继续延续下去,另一方面通过我们不断强化那些成功的和积极的情绪经验,把自己的情绪活动纳入良性循环的轨道,运用于未来的生活中。

课堂活动

一、活动

(一) 填写情绪事件

1. 目的

通过讨论过去负面情绪的经历和体验,找出负面情绪背后的原因。

2. 操作

哪些事件引起你生气、难过、焦虑、害怕、丢脸、无助的感觉呢？

(1) 我最生气的一件事：_____。

(2) 我最难过的一件事：_____。

(3) 我最焦虑的一件事：_____。

(4) 我最害怕的一件事：_____。

3. 思考

用具体描述来使自己的经验、行为和情感变得清晰，从而找出情绪背后的行为或经验原因。

(二) 情绪红绿灯

1. 目的

理解情绪的多样性，学会调节和控制自己的情绪，保持乐观心态。

2. 材料

事先制作好的情绪卡片、录音机、磁带。

3. 操作

选出6名大学生为扮演者，分别表演惊奇、愤怒、高兴、害怕、悲伤、厌恶6种表情。将写有这些情绪的卡片分别呈现给6名同学，但不能让其他学生看到。然后这6名同学分别进行情绪表演，同时播放音乐。每一次表演完，让同学们猜测是什么情绪，给予适当的评价并谈谈自己的感受。

4. 思考

(1) 你在活动中有何感受？

(2) 你觉得自己的情绪表达与大家给你的反馈一致吗？

(三) 如何控制自己的情绪

1. 目的

能辨认各种情绪并了解它发生的原因。知道各种情绪反应对身心行为的影响。

2. 操作

先设置情境然后进行讨论。

(1) 你的好朋友弄丢了你辛辛苦苦做的模型。

(2) 当你看电视正入神的时候，有人突然换台了。

(3) 有人当面叫你"笨蛋"。

(4) 你在公共汽车上被人踩了一脚。

(5) 你购买的彩票中奖了。

(6) 你在某次竞赛中获得了第一名。

3. 讨论

(1) 在碰到以上各情境时，你会有何种情绪产生？你如果有不适当的情绪反应，会有什么结果？

(2) 举例：你在日常生活中，因不当情绪反应造成不良后果的情境。

(3) 训练控制自己的情绪的方法。

二、心理测试

(一) 抑郁自评量表

请根据你近一周的感觉来进行勾选和记分（表7-2），数字代表的内容依次为"从无""有时""经常""持续"。

表 7-2 抑郁自评量表

描述	从无	有时	经常	持续
1. 我感到情绪沮丧,郁闷	1	2	3	4
2. 我感到早晨心情最好	4	3	2	1
3. 我要哭或想哭	1	2	3	4
4. 我夜间睡眠不好	1	2	3	4
5. 我吃饭像平时一样多	4	3	2	1
6. 我的性功能正常	4	3	2	1
7. 我感到体重减轻	1	2	3	4
8. 我为便秘烦恼	1	2	3	4
9. 我的心跳比平时快	1	2	3	4
10. 我无故感到疲劳	1	2	3	4
11. 我的头脑像往常一样清楚	4	3	2	1
12. 我做事情像平时一样不感到困难	4	3	2	1
13. 我坐立不安,难以保持平静	1	2	3	4
14. 我对未来感到有希望	4	3	2	1
15. 我比平时更容易激怒	1	2	3	4
16. 我觉得决定什么事很容易	4	3	2	1
17. 我感到自己是有用的和不可缺少的人	4	3	2	1
18. 我的生活很有意义	4	3	2	1
19. 假若我死了别人会过得更好	1	2	3	4
20. 我仍旧喜爱自己平时喜爱的东西	4	3	2	1

【结果分析】

指标为总分。将 20 个项目的各个得分相加,即得粗分。标准分等于粗分乘以 1.25 后的整数部分。总粗分的正常上限为 41 分,标准总分为 53 分。我国以 SDS 标准分≥50 为有抑郁症状。标准分(中国常模)如下。

1. 轻度抑郁:53~62 分。
2. 中度抑郁:63~72 分。
3. 重度抑郁:>72 分。
4. 分界值为 53 分。

抑郁严重度 = 各条目累计分 /80。

结果:0.5 以下者为无抑郁;0.5~0.59 为轻微至轻度抑郁;0.6~0.69 为中至重度抑郁;0.7 以上为重度抑郁。仅供参考。

(二)你的情绪稳定吗

情绪是心理健康的重要标志,一个人的情绪是否稳定反映了他的身心健康状况。该测试共有30道题,每道题都有3种答案可供选择,请你从中选择出与自己的实际情况最接近的一种答案。对测试题中与自己生活、身份不相符的情况,可以不予选择。

1. 看到自己最近一次拍摄的照片,你有何想法?
   A. 觉得不称心　　　　　B. 觉得很好　　　　　C. 觉得可以
2. 你是否想到若干年后会有什么使自己极为不安的事?
   A. 经常想到　　　　　B. 从来没有想过　　　　C. 偶尔想到过
3. 你是否被朋友、同事或同学起过绰号、挖苦过?
   A. 这是常有的事　　　B. 从来没有　　　　　C. 偶尔有过
4. 你上床以后,是否经常又起来一次,看看门窗是否关好、炉子是否封好等?
   A. 经常如此　　　　　B. 从不如此　　　　　C. 偶尔如此
5. 你对与你关系最密切的人是否满意?
   A. 不满意　　　　　　B. 非常满意　　　　　C. 基本满意
6. 半夜的时候,你是否经常觉得有什么值得害怕的事?
   A. 经常　　　　　　　B. 从来没有　　　　　C. 极少有这种情况
7. 你是否经常因梦见什么可怕的事而惊醒?
   A. 经常　　　　　　　B. 没有　　　　　　　C. 极少
8. 你是否曾经有多次做同一个梦的情况?
   A. 有　　　　　　　　B. 没有　　　　　　　C. 记不清
9. 有没有一种食物使你吃后呕吐?
   A. 有　　　　　　　　B. 没有　　　　　　　C. 记不清
10. 除了看见的世界,你心里有没有另外的世界?
    A. 有　　　　　　　　B. 没有　　　　　　　C. 记不清
11. 你心里是否时常觉得你不是现在的父母所生?
    A. 时常　　　　　　　B. 没有　　　　　　　C. 偶尔有
12. 你是否曾经觉得有一个人爱你或尊重你?
    A. 是　　　　　　　　B. 否　　　　　　　　C. 说不清
13. 你是否常常觉得你的家庭对你不好,但是你又确知他们的确对你好?
    A. 是　　　　　　　　B. 否　　　　　　　　C. 偶尔
14. 你是否觉得没有人十分了解你?
    A. 是　　　　　　　　B. 否　　　　　　　　C. 说不清楚
15. 你在早晨起来的时候最经常的感觉是什么?
    A. 忧郁　　　　　　　B. 快乐　　　　　　　C. 讲不清楚
16. 每到秋天,你经常的感觉是什么?
    A. 秋雨霏霏枯叶遍地　B. 秋高气爽艳阳高照　C. 不清楚
17. 你在高处的时候,是否觉得站不稳?
    A. 是　　　　　　　　B. 否　　　　　　　　C. 有时是这样
18. 你平时是否觉得自己很强健?

  A. 否   B. 是   C. 不清楚

19. 你是否一回家就立刻把房门关上？
  A. 是   B. 否   C. 不清楚

20. 你坐在小房间里把门关上后，是否觉得心里不安？
  A. 是   B. 否   C. 偶尔是

21. 当一件事需要你作决定时，你是否觉得很难？
  A. 是   B. 否   C. 偶尔是

22. 你是否常常用抛硬币、翻纸牌、抽签之类的游戏来测凶吉？
  A. 是   B. 否   C. 偶尔

23. 你是否常常因为碰到东西而跌倒？
  A. 是   B. 否   C. 偶尔

24. 你是否需要一个多小时才能入睡，或醒得比你希望的时间早一个小时？
  A. 经常这样   B. 从不这样   C. 偶尔这样

25. 你是否曾看到、听到或感觉到别人觉察不到的东西？
  A. 经常这样   B. 从不这样   C. 偶尔这样

26. 你是否觉得自己有超乎常人的能力？
  A. 是   B. 否   C. 不清楚

27. 你是否曾经觉得因有人跟着你走而心里不安？
  A. 是   B. 否   C. 不清楚

28. 你是否觉得有人在注意你的言行？
  A. 是   B. 否   C. 不清楚

29. 当你一个人走夜路时，是否觉得前面暗藏着危险？
  A. 是   B. 否   C. 偶尔

30. 你对别人自杀有什么想法？
  A. 可以理解   B. 不可思议   C. 不清楚

【评分标准】

以上各题的答案，选A得2分，选B得0分，选C得1分。请将你的得分统计一下，算出总分。
说明：得分越少，说明你的情绪越佳，反之越差。

1. 总分0~20分，说明你情绪稳定，自信心强，具有较强的美感、道德感和理智感。你有一定的社会活动能力，能理解周围人们的心情，顾全大局。你一定是个性情爽朗、受人欢迎的人。

2. 总分21~40分，说明你情绪基本稳定，但较为深沉，对事情的考虑过于冷静，处事淡漠消极，不善于发挥自己的个性。你的自信心受到压抑，办事热情忽高忽低，易瞻前顾后、踌躇不前。

3. 总分在41分以上，说明你情绪极不稳定，日常烦恼太多，使自己的心情处于紧张和矛盾之中。如果你得分在50分以上，则是一种危险信号，务必请心理医生作进一步诊断。

第八章

直面挫折 释放压力——
高职大学生挫折心理
与压力管理

案例导入

案例8-1：我觉得自己一无是处

晓彬从小到大，学习成绩一直是班里中等偏下，其原因可能是感觉自己一无是处，他也一直得不到老师的重视。在高考后，他考入一所高职院校。第一学期，他成绩马马虎虎，第二学期，多门课程出现了不及格，老师多次找他谈话。在批评多、表扬少的情况下，他的情绪从此一落千丈，变得郁郁寡欢，更加无心学习，也无法处理好与同学的关系，还整夜失眠。对于其他的活动，即使是他的专长也不再想参加，在这种挫败的情绪中空虚度日，他的心底发出既愤愤不平又无可奈何的呐喊：突然觉得我一无是处啊！

案例8-2：当分手已成事实

小E，女，19岁，某高职院校二年级学生。自述近一个月以来内心非常痛苦，有时候难受得用头撞墙，甚至想到了自杀，但最终没有勇气那样做。先是期末考试成绩不及格，让她感到很痛苦。随后，在寒假里，男友又向她提出了分手，她一直无法接受，感到很伤心、很无助、很不甘心，同时又很压抑。心里总是想着以前两人在一起时开心快乐的时光，现在面对他冷漠无情而又决绝的态度，她总是不能相信那是真的，总是幻想着两个人还能和好。心里很苦很累，这两天更是感觉自己快要崩溃了，再也承受不起了。

案例8-3：为什么舍友都不理我

张某，女，某大学一年级学生，性格内向。最近心情很沮丧，原因是与宿舍的几个同学关系不好。她说："刚进学校时，大家还是挺友好的。可是不知道什么原因，没过多久，我就发现她们好像不怎么喜欢我。有时我回宿舍的时候，明明在宿舍门口听到嘻嘻哈哈的声音，可我一进宿舍，本来聚在一起的她们就分开了，当什么事都没有一样，她们当时肯定在说我的坏话！我好痛苦，她们为什么不喜欢我？

案例8-4：解开心结，重现智慧

林某，女，20岁，某高职院校一年级学生。中学时就读于某县城一所普通高中，学习非常刻苦，她的成绩在全年级名列前茅，父母的严厉管教使她性格内向，高考时由于肠炎发病而落榜。复读那年更是挤出了所有时间来准备高考，性格也更为孤僻，结果第二年高考仍没有发挥好。进大学后，她住混合寝室，室友大都分属于不同专业，作息时间常常相互交错，大家聚在一起的时间本就不多，再加上她性格内向，不善交际，和室友交流的机会更是少得可怜，与室友作息时间的差异也导致她常常失眠。她早出晚归地上自习，但学习效率差，她第一学期末成绩有一科不及格，其他科也大都刚过及格线。这让自尊心极强的她深受打击，再联想起自己两次高考失败的沮丧，内心充满了无力感，心情非常低落。她曾经想过自杀以求解脱，但想到父母的殷切期望才作罢。如今变得自卑而又不服气，老担心别人瞧不起自己，内心极度焦虑。她强烈要求休学，觉得休学后才能解脱，班主任劝说无效，最终在班主任的陪同下前来咨询。

"人有悲欢离合，月有阴晴圆缺，此事古难全。"尽管大学生希望自己一帆风顺，万事如意，心想事成，但生活中却总不能回避挫折。前三个案例反映了大学生在学习、生活和工作过程中遇到了挫折时难以应对产生负面情绪，严重的遭受打击，一蹶不振，难以自拔。对大学生而言，成功固然可贵，失败也并非毫无意义，挫折既是打击也是激励，正确认识和对待挫折，是人生成功的必经之路。

第一节 挫折与挫折承受力概述

一、挫折的含义及其性质

（一）挫折的含义

所谓挫折，从心理学角度来看，是指一切能够引起人们精神紧张，造成疲劳和心理变化的刺激性生活事件，比如考试失利、人际关系不和谐、突发灾难性事件，等等。如果有人阻碍了他人做自己喜欢或想要做的事情，他人就是受挫折。人在遭受挫折之后，无论是外部因素引起的，还是内部因素造成的，都会伴随着复杂的情绪反应，比如焦虑、紧张、烦恼、不安、恐惧、压抑、愤怒等，以及心理和生理活动的失衡。

挫折包括三个方面的含义。

一是挫折情境，即指对人们的有动机、目的的活动造成的内外障碍或干扰的情境状态或条件，构成刺激情境的可能是人或物，也可能是各种自然、社会环境。

二是挫折认知，即指对挫折情境的知觉、认识和评价。

三是挫折反应，即指个体在受挫折情境下所产生的烦恼、困惑、焦虑、愤怒等负面情绪交织而成的心理感受，即挫折感。其中，挫折认知是核心因素，挫折反应的性质及程度主要取决于对挫折的认知。

一般来说，挫折情境越严重，挫折反应就越强烈。反之，挫折反应就轻微。但是，只有当挫折情境被主体所感知时，才会在个体心理上产生挫折反应。如果出现了挫折情境，而个体没有意识到，或者虽然意识到了但并不认为很严重，那么，也不会产生挫折反应，或者只产生轻微的挫折反应。因此，挫折反应的性质、程度主要取决于个体对挫折情境的认知。

（二）挫折的性质

挫折是普遍存在的，我们每个人都不可避免地会和它"狭路相逢"。因为我们是社会人，受到社会文化的制约。一旦有所需要，有所追求，就必然会有失败和失落。

挫折具有两面性，它既会令人郁郁寡欢，焦躁不安，又可以使人迎难而上，越挫越勇，关键就看个人的抗挫能力了，每一种挫折或不利的突变，都带着同样或较大的有利的潜在因素。众所周知，司马迁含冤入狱，受到严酷的宫刑，但他化悲愤为力量，终于成就了《史记》这一巨著。

知识链接 8-1

日本人松下幸之助的故事

松下幸之助小时候先在一家自行车行当学徒，15岁的时候进入了大阪电器公司当工人。由于他吃苦耐劳、聪明能干，到了20岁的时候，就被提拔为检查员，松下幸之助在自传中写道：

检查员这个工作，是一般工人梦寐以求的职位，当然，在所有的检查员中，我又是最年轻的。检查员的工作就是要前往客户家，检查前一天技工完成的工作，一天要检查15~20户。因为是我久已熟悉的工作，加上工人都是老同事或老部下，他们的工作习惯我很了解，一看就知道好坏。因此检查员的责任虽重,工作却很轻松,与往日的辛苦劳动简直不能相提并论。一提起检查员,一般工人都羡慕得很,我当然得意洋洋,高兴得不得了。当我以检查员的身份到各家去检查时,总会受到相当不错的礼遇,尤其是我这么年轻,更是讨人喜欢。

但就是这样一份工作竟成为我日后辞职的动机之一。我做检查员之前,自己开始研究电灯插座的改良设计,花了很多心血,终于完成了一个试验品,心里高兴得不得了。我打算先给主任看,请他批评指教,然后再请公司把插座都改成这种新式设计。

有一天,我满怀信心地对主任说:"有一样东西我做成功了,请主任看一看,是非常好的东西。"

"好极了,到底是什么东西?让我们见识见识。"主任把插座拿在手里,看了一会儿,我则如数家珍似的急忙把它的优点和盘托出,然后期待着上司的夸奖。可主任的话却令人意外:"松下君,这东西不行,完全没有希望,这样的东西,根本没有资格提出嘛。"

我好像挨了当头一棒,不知该说什么好,过了一会儿才问:"不行吗?"

"不行!还要多下功夫啊。"

告别主任的时候,我无法隐藏眼泪,本来深信自己的作品是好的,期望过高,所以失望也大。我伤心地哭了起来,我自小就比较爱哭。

检查员的工作前面已经说过,非常轻松。一天走上十几、二十户,如果是顺路,9点从公司出发,两三个钟头就检查完了。这么轻松的工作,在一般人看来,实在是太舒服了。我做检查员以后,过了一两个月,开始感到若有所失,慢慢地对工作失去了以前的热情,不是提早回到公司聊天,就是到处去闲逛。这样的日子,我越来越不满意,日子一久,觉得生活很空虚。努力工作7年,好不容易才升到渴望已久的检查员,其结果竟是对生活感到无聊。

总得有个办法才行。就在我这样想的时候,本来软弱的身体,竟一天比一天瘦下去。以前感冒时,医生说过:"有轻微的肺炎,休息静养一个月比较好。"说来也奇怪,一想起医生的话,咳嗽、盗汗、体重减轻等症状都出现了。我很纳闷,再去看医生,医生说:"是肺炎,要静养。"

想想当年,再想想怎么会有今天,连我自己都感到很奇怪。精神上缺少紧张感,对身心都有非常不利的影响。这段时间,我又不由地记起以前改良过的插座来。"我做得很好,的确比原来的有改进之处,我要把它完成。检查员的工作,别人看的确是值得羡慕的轻松工作,可是我不满意,这样混下去行吗?"我开始烦闷起来,想来想去终于有了结论:"辞掉公司的工作。制造电灯插座,卖给公司,主任说不行,那是他看错了。"我开始自负起来,一旦下定决心,人也精神起来,说来也奇怪,竟越来越不在乎病情了。

想到这里,我突然记起父亲当年说的话:"继续做学徒,将来要以商立身。"好,辞掉!然后制造插座,还有各种电器用具⋯⋯

到底是年轻人,说干就干,这么一决定,没有考虑后果,我立刻写好了辞职申请书。1917年6月15日,把辞职书呈给主任。主任说:"松下君,我并不想勉强留住你,你今年春天才升级做检查员,不是很可惜吗?你要做什么呢?制造插座吗?这个,你可要慎重考虑啊!老实说,我并不是浇你的冷水,我认为是行不通的,所以,请你三思而后行。"主任很亲切地这样告诉我。霎时间,我有些伤心,但还是坚决地说:"谢谢,我已经下定了决心,还是让我辞职吧。"

松下幸之助终于在那一个月的30日,辞别了深深怀念的公司。

上面知识链接中的松下电器创始人松下幸之助亦是如此,当他自信地将亲手制作的电灯插座给主任看时,得到的只有批评。本来他深信自己的作品是好的,期望过高,所以失望也大。幸好,他坚持了下来,在没有得到认可的情况下继续走自己的路,并且越走越好。试想,如果他没有面对挫折迎难而上的勇气和决心,又怎么会有现在闻名世界的松下电器呢?

可见,古今中外逆境成才的例子数不胜数。这些事实告诉我们,挫折并不可怕,提高一个人的抗挫折能力,培养坚强的意志,便可战无不胜。

二、挫折承受力及其影响因素

(一)挫折承受力概述

挫折承受力也就是抗挫折能力、心理承受力,是指对挫折的容忍力和对挫折的超越力,即个体在遭受挫折时,不仅有使自己的行为、心理不致失常,而且有能够忍受,并采取积极进取、明智的心理机制,战胜挫折,并获得成功的能力。

1977年,世界卫生组织精神卫生部主任萨托拉斯提出三条精神健康标准,其中一条就是"能够经受生活的挫折及时地调适自己的情绪,不仅适应环境,而且能有效地改造环境。"因此,挫折承受能力的大小能够反映一个人的心理素质和健康水平。许多人的心理问题就是由于遭受挫折而又不能很好地排解和调适造成的。目前我国青年大学生对挫折的承受能力有待增强。

(二)挫折承受力的影响因素

作为不同的个体,每个人的挫折承受能力也是不同的。挫折承受力强的人在面临挫折或困难情境时,能够愈挫愈强,沉着冷静地处理问题,最后取得成功。相反,挫折承受力过低的人则会焦虑不安,甚至行为失常,严重影响正常的生活。一般而言,挫折承受力的影响因素有以下几种:

1. 生理条件

俗话说,"身体是革命的本钱",在抵抗挫折方面同样适用。个人的生理条件是应对挫折时出现何种反应或反应程度的基础。在同样的困难情境下,一个身强力壮的年轻人肯定比身体残疾、风烛残年的老人更能经受打击。另外,研究发现,有心脑血管疾病的人的心理承受能力远不及正常人。

2. 挫折经验

心理学史上有一个非常著名的实验——斯金纳的白鼠压杠实验,该实验的箱子中有一个杠杆装置,只要小鼠碰到杠杆就会得到食物,否则就只能挨饿了。在整个实验中,小鼠经历了跑、叫、爬、咬的过程,这些行为都与食物"失之交臂",直到压杠才得偿所愿。我们暂且不论这个实验得出的心理学结论。就从表面来看,小鼠之前经历的都是挫折体验,此后这些体验帮助小鼠快速通过压杠获得食物。在人类身上亦是如此,一个经历坎坷的人往往比一帆风顺的人有更强的抗挫折能力。进一步说,如果斯金纳实验中小鼠压杠的结果是电击而不是食物奖励,小鼠肯定会离杠杆远远的。所以,个体过去对待挫折的方式和结果也是影响挫折承受力的因素之一。

当然,发生挫折的频率也很重要。如案例8-2中的小E是在考试失败之后又遇到的失恋,可谓"祸不单行",对她而言就更难承受住打击了。接连遭受挫折,频率过高,挫折承受力必然大大降低。

3. 个性特征

个性是一个人所具有的意识倾向性和较稳定的心理特征的总和。一个人的性格特征、个人兴趣、世界观、价值观都对挫折承受力有重要作用。性格开朗、乐观、坚强、自信的人，相较于性格孤僻、悲观、懦弱、心胸狭窄的人，其挫折承受力要高得多。

当人们一心钻研自己感兴趣的事情时，可能在别人看来很苦很累，但他们却乐此不疲，就算失败无数次也可以一次次从头开始直到成功，此时他们承受挫折的能力就很强。莱特兄弟钻研飞机飞行时期，航空事业连连受挫，飞行技师皮尔机毁人亡，重机枪发明人马克沁试飞失败，航空学家兰利连飞机带人摔入水中等事件都表明飞机依靠自身动力飞行是完全不可能的。但这些都没有打消他们的积极性，从1900年至1902年期间，他们除了进行1 000多次滑翔试飞之外，还自制了200多个不同的机翼进行了上千次风洞实验，修正了李林塔尔的一些错误的飞行数据，设计出了较大升力的机翼截面形状。经过不懈的努力，最终创办了"莱特飞机公司"，并成为世界著名飞机制造商，资金高达百亿美元。这都源于他们对机械装配和飞行的浓厚兴趣。可见，兴趣也是应付挫折不可忽视的因素。此外，正确的世界观、价值观同样影响个人的抗挫折能力。

4. 认知因素

认知是指我们对周围事物的想法和观点，也就是人的认识活动。挫折刺激正是通过人的认知而作用于情绪，产生这样那样的心理行为反应的。对于同样的挫折情境，有人会觉得小事一桩，有人却觉得天都要塌下来了。那么，人们的感受为什么会大相径庭呢？其实在很大程度上就是因为个人的认知方式不同。

5. 社会支持

社会支持是指人们感受到的来自他人的关心和支持。大量研究表明，社会支持与人们的生活满意度呈显著正相关。我们通常会和他人分享快乐，其实痛苦同样需要分享。试想，分享痛苦的人越多，痛苦就被分成很多份，自己的痛苦是不是就会减轻很多呢？事实证明，遇到挫折之后获得较多社会支持的人比孤立无援的人更能克服困难，走出困境。

6. 应对方式

心理学教授黄希庭认为，应对是个体面临压力时为减轻其负面影响而做出的认知和行为的努力过程。不过，应对方式也有积极和消极之分。积极的应对方式主要有解决问题、求助等，而消极的应对方式主要表现为自责、逃避、幻想等。能够及时运用积极应对方式的人，承受挫折能力较强。而那些采用消极应对方式的人无法摆脱挫折困境，承受挫折能力就较弱。

第二节　高职大学生挫折类型与应对方式

一、高职大学生常见的挫折类型

每个人的一生都会面临许多挫折，这是由社会发展决定的。特别是我国目前正处于社会高度发展、经济转型的关键时期，在激烈的社会竞争之下，人们在生活工作各方面所面临的挫折有很多。而高职大学生身份的特殊性决定了他们面临的挫折会更多。

（一）适应不良型

对于许多高职大学生而言，进入高职院校并不是自己所期望的，有可能是因为在考试中发挥失常,也有可能是高考前的突发事件影响了考试心态,很多大学生因此带着强烈的不满情绪开始大学生活。另一方面,刚刚进入大学的高职大学生大多第一次脱离父母的照顾,他们需要在陌生的环境中独立生活以及解决各种各样的问题。如果不能尽快适应理想与现实的落差,尽快融入全新的学习生活环境,难免会产生挫败感。

(二) 学习困难型

刚进大学校门的大学生大多会有这样的疑问:我来学校这么久了,班主任老师怎么老不出现,都不知道该干什么。事实上,高职院校的学习已经不再是高中学习的延续。习惯于高中老师灌输和安排的高职新生,在面对绰绰有余的课余时间时,不知道该如何适应全新的学习内容和教学方式,同时形成自己的学习目标与自学方式。有些大学生因无法找到有效的学习方法而陷入迷茫的境地;有些大学生则因所学专业不是自己的理想所在而对学习产生抗拒心理;还有的甚至逃避学习,整日待在宿舍或者网吧,这些都是学习困难导致的后果。在案例8-4中,林某因期末考试成绩不理想,强化了高考落榜的挫折感,引发焦虑,导致作息时间难以协调,学习效果差,并产生自杀动机。

(三) 交往障碍型

由于远离家乡,多数高职大学生开始了人生的第一次集体住宿生活,与之朝夕相处的不再是父母而是室友。大多同为独生子女的他们,在生活中难免会有些磕磕碰碰:有的因为性格内向、孤僻而无法和别人沟通;有的则太过娇惯,凡事以自我为中心而与他人产生摩擦,发生冲突,从而导致人际关系不良。这些都源于缺乏人际交往的技巧和协调能力。交往障碍直接导致大学生缺乏情感支持,感受不到他人的关爱,从而影响正常的学习和生活。

(四) 情感偏差型

大学生正处于成年早期,他们已经有了成熟的生理基础,也开始产生与异性交往的浓厚兴趣,开始寻找异性朋友。这个时期如果不能与他人建立亲密的个人关系,个体就会感到孤独。当解决了亲密与疏远之间的冲突时,才能形成"爱"的品质。但是由于大学生经验不足,缺乏正确的恋爱观、择偶观等,他们的恋爱过程不会一帆风顺,可能会出现单恋、失恋、多角恋、师生恋等现象,有些大学生也不知该如何区分友情和爱情,以上都属于情感挫折。报纸杂志上不乏因恋爱问题自残、自杀和伤害他人的事例,十分令人痛心。

(五) 经济困难型

随着现代生活水平的日益提高,大学生的学费、生活费等增加了贫困家庭的经济负担。看到别人有好看的衣服、发型,年轻人或多或少会有一些攀比心理,别人有的自己也想有。于是,那些来自贫困家庭又不甘于落后的人,要么压抑自己的需要,要么将大量的学习休闲时间用于兼职,最终很多人产生自卑、无奈的心理。

(六) 发展挫折型

近年来,大学生数量的不断增加,使人才市场的竞争越来越激烈,就业问题日益突出。高职大学生通常有以下几种就业困惑:新生不知道所学专业在几年后是否为社会所需要;认为就业就是靠关系,自己再怎么努力,到头来没有门路还是一场空。在这样的困惑影响下,许多大学生失去了学习的信心,很多人因此放弃学业。另外,对于那些即将离开学校的毕业班学生,求职中的屡屡受挫使他们怀疑学校教育和自己的工作能力,甚至害怕毕业,畏惧社会。

(七) 社会认知型

大学生获取信息的渠道主要是网络,网上的非主流媒体往往会报道一些社会不公平现象以吸引网民的眼球,再加上社会的一些腐败现象和不良风气,均会在大学生的心理上产生强烈的震撼。由于大学生涉世不深,缺少经验,极易对社会形成片面的消极认知。一旦联想到自己今后踏上社会的情景,会产生种种不切实际的幻想,从而产生心理失衡。

二、高职大学生常见的应对挫折的方式

巴尔扎克说:"世上的事情,永远不是绝对的,结果完全因人而异。苦难对于天才来说是一块垫脚石,对于能干的人是一笔财富,对于弱者是一个万丈深渊。"正是由于"天才"和"能干的人"有积极的应对方式,"弱者"有消极的应对方式,所以结果才会完全不同。面对挫折,大学生常见的应对方式主要有以下几种。

(一)认同

认同又被称为自居作用,是个体潜意识地模仿他人的过程。被模仿的往往是与自己有相同特点的人,比如同班同学、舍友,因为他们有着相似的年龄、生活背景、经历,等。当然,成功者或伟人更是他们效仿的对象,特别是那些自强不息的名人。伟人的恒心、自强不息的精神及奋斗历程都影响了高职大学生的处事态度,使他们遇事不慌,勇战挫折。

应对挫折的方式

(二)补偿

"补偿"一词,首先由阿德勒提出。他认为每个人天生都有自卑感,而此种自卑感觉使个体产生"追求卓越"的需要,为了满足个人"追求卓越"的需求,个体就用"补偿"的方式来克服个人的缺陷,这在应对挫折时同样适用。例如,一个相貌平庸的女大学生,为了赢得他人的关注,致力于学问上的追求。由于先天条件不足,在文科上难以突破的大学生,将精力投入到理科学习中,因此成为该学科的佼佼者。所谓的"失之东隅,收之桑榆"就是这些例子的体现。

(三)升华

升华是指将冲动和欲望转移到社会许可的目标或对象上去。举几个简单的例子:喜欢点评他人,就去做评论家;有打人的冲动,就去学习拳击或跆拳道,说不定会学有所成。有些人格完善的高职大学生就能在受挫折之后,将不满情绪转化为动力,因此取得了不错的成绩。

(四)幽默

通过幽默、诙谐的语言和动作,来化解与表达某些令人尴尬的处境、想法和情感体验,以此转移自己或他人的注意力,维持自己的心理平衡,不致出现反常的行为举止。幽默可以帮助大学生摆脱困境,渡过难关。

(五)"合理化"

"合理化"其实就是"自欺欺人",包含"酸葡萄"和"甜柠檬"两种心理机制,是在个体遭受挫折,无法达到目标,不能满足愿望,为减轻痛苦和紧张,保护自尊而采取的心理防御作用,为自己找理由辩护,自圆其说。

"酸葡萄"一词源自寓言《狐狸与葡萄》的故事。狐狸因得不到自己想吃的葡萄,就说葡萄是酸的,根本没法吃。用这个寓言比喻,人们对于自己想要但又得不到的东西,就故意说它不好,从而弱化其意义和价值,以起到平衡心态的作用。举个例子,有些大学生参加学生干部竞选失利,就自我安慰:"学生干部有什么好的,不仅耽误自己的学习时间,还容易和同学产生矛盾,被同学抱怨,不当也罢。"

另一种"甜柠檬"心理,是指没有达到预定目的,便安于现状,甚至抬高现状的价值。狐狸

吃不着葡萄,只好吃柠檬,并认定柠檬是甜的。[①] 比如说,有些智力平平的学生,在学习上竞争不过他人,便安慰自己说"憨人有憨福"。甜柠檬式的自我安慰是指人们对于自己的某种行为明知不妥,但又不愿意承认,只好找出各种理由来增加行为的合理性,以获得自我安慰,减轻心理压力。正如花钱买了柠檬,吃到嘴里是酸的,但还得想办法证明自己的行为是正确的,所以只得说,加点糖就甜了。比如,摔碎了东西,人们会说"碎碎(岁岁)平安",丢了东西,人们会说"破财免灾""旧的不去,新的不来",等等。既安慰了自己,也安慰了他人。

"酸葡萄"和"甜柠檬"心理从心理健康的角度看有一定的意义,在某种程度上可以帮助我们接受现实,起到缓解消极情绪的作用。但真正意义的应付挫折不能只停留在自圆其说之上。

(六) 压抑

压抑是个体阻止自己想到那些引起焦虑的念头、情感和冲动的方式,试图遗忘那些不愉快的东西。在遭受不顺心的事情之后,表现得好像什么事也没有。一方面,为了给别人树立"打不死的小强"的形象,也可能碍于身份面子,有些学生装作什么事也没有发生,不寻找有效的途径宣泄自己的情绪。另一方面,不断告诉自己"不要去想",压抑实际上也是否认、逃避的表现。

(七) 否认

有的高职大学生在面临家庭变故、考试失利等突发事件时,否认事情的发生,目的是从心理上逃避现实,不想面对突发事件带来的一系列问题,从而减低内心的焦虑。例如,某高校大二女生这样描述她的舍友:"因为父母外出打工的缘故,小F从小和奶奶生活在一起,可以说是相依为命吧。前不久,她奶奶因病去世了,她并没有像我们想象的那样大哭一场,反而像没事人儿一样的。她还说要打电话回去和奶奶聊天,带特产回去给她吃。想想都挺吓人的。"其实小F表现的就是典型的否认,她内心无法接受奶奶的离世,只能通过这种方式来应对。

(八) 冷漠

冷漠表现为缺乏人情味儿、意志消沉,对人对事都缺乏热情,出现喜怒无常的情绪反应。表面上看,这样的人对什么都不在乎,其实内心非常痛苦。研究表明,以下情况容易出现冷漠反应:一是长期遭到挫折而无法摆脱;二是遭受挫折后无望无助;三是心理上恐惧不安和生理上痛苦难忍;四是进退两难,攻击和退缩之间冲突激烈。冷漠反应包含着大学生心理上的恐惧和痛苦,通常比受攻击对心理的影响更大,它往往是个体压抑愤怒的一种表现。

(九) 倒退

倒退又称为退化作用或退化,是指个人遇到挫折时以显得较为幼稚的行为来应付现实的困境。这种较为幼稚的行为是和个体的年龄特点不相称的反常行为,如像孩子那样哭泣耍赖、蒙头大睡,目的只是为了引起他人的关注和同情。有一个女学生从小被母亲管得很严厉,导致进入大学以后,只要在老师面前就会显得毫无自信。每次老师找她谈话,她都惊慌失措,而且一旦老师稍加批评,她就坐在地上大哭大闹。"在地上哭闹"就是退化行为。

(十) 攻击

攻击行为是高职大学生中较常见的挫折反应,也是最易引起严重后果的挫折表现。大学生在遇到挫折后,往往需要把愤怒发泄出来,最直接的表现就是将愤怒情绪转移到人或物上。这种破坏性的行为,具体表现为损坏公物或谩骂、殴打,甚至杀害他人。

[①] 黄希庭.人格心理学[M].杭州:浙江教育出版社,2002.

攻击行为可分为直接攻击和间接攻击。直接攻击是直接针对引起个人挫折感的对象,比如有的大学生因失恋一时想不开,就报复曾经的恋人,这是一种不理智的行为。间接攻击是一种转向攻击,将不相干的其他人或者物作为发泄的对象。许多校园暴力事件就源于此。某高校一名大学生在受到班级同学的欺负后,因为自卑心理攻击不了欺负他的人,就欺负校园里比他更弱小的对象。以上行为虽然能在短时间内发泄内心的愤恨,但无法从根本上消除挫折感,损人不利己。

(十一) 固着

固着是指行为方式发展的停滞和反应方式的刻板化,表现为:个体一再遇到同样的挫折而学习到一种一成不变的反应方式,以后情况发生变化,这种刻板的反应方式仍盲目地继续出现。经历多次考试失利并选择放任自流、放弃学习的大学生,在遇到其他挫折时也可能习惯性地逃避,因为逃避已经成为其应付挫折的单方式。

(十二) 逃避

有些高职大学生感到预定目标难以实现,前途渺茫,便在行动上逃避困难和挫折,变得不思进取,以逃避现实。有的通过吸烟酗酒来麻痹自己,有的则沉迷于网络游戏,试图在虚拟世界中满足自己,获得成就感。某高职一名男生,大一时各方面表现还都很积极,大二时对一名女同学产生了好感,但几次追求都遭到了拒绝。对此该男生无法接受,痛苦不堪,于是每天旷课,整天在网吧里与异性聊天、玩游戏。导致的直接结果就是学习成绩直线下滑,精神萎靡不振,基本丧失了与人沟通交往的能力。可见,采取逃避方式的受挫高职大学生,并不能完成有效的自我调适,长此以往会造成适应不良,甚至产生心理疾病。

以上挫折应对方式有些是积极的,有些是消极的,大学生应该用积极的应对方式直面遇到的困难和挫折。

三、高职大学生产生挫折心理的原因

正如挫折概念所说的,凡是使个体产生紧张焦虑感的刺激性生活事件都可以引起挫折。这些生活性事件一方面可能是客观环境带来的,另外也可能是个体自身存在的。一般来说,由客观条件导致的挫折反应较轻,由主观条件导致的挫折反应则较严重。

(一) 产生挫折心理的客观原因

挫折心理的客观原因是指不以高职大学生的主观意志为转移的原因,主要有以下几方面:

1. 自然和人际环境的变化

自然环境的变化是非人为力量所造成的,包括自然灾害、不良的物理环境等。这类挫折一般是人类无法避免的。

此外,由于现在不少高职大学生是独生子女,从小学到中学都在家长的呵护下成长,在只顾学习的同时自理能力很差,而进入高校后的学习、生活较之高中阶段更加独立自主,适应这种生活需要一个过程。另外,大学的人际环境比高中的更为复杂,需要更多交流沟通的技巧,这样的变化易使大学生在人际交往中产生困惑、畏惧和挫折,产生失落感和焦虑情绪等反应。

2. 社会转型的冲击

如今我国正处于社会转型期,社会经济结构、文化形态、价值观念等正发生着深刻的变化,其中的城乡差距、贫富差距、文化和教育的差距,是不容否认的客观存在。高职大学生对社会经济的发展非常关注,对社会问题也十分敏感。加之他们本身具有易冲动、不够理智的特点,那些不公平现象会使其产生不正确的社会认知,进而产生心理挫折感。

3. 家庭经济的压力

不少高职大学生来自贫困的农村,因为家庭经济的压力,他们没有条件复读或接受更好的教育。抱着高考失利的心情来到高职院校以后,一方面存在学费、生活费方面的困扰,另一方面又看到部分富裕家庭同学的挥霍,越发感觉到贫富差距,于是产生自卑感和无力感。

4. 学校环境欠佳

一些大学生在入学前对大学校园充满了美好的期待,以为所有的校园都像电视剧里的那样豪华、现代。事实是由于经费的缺乏,大多数学校的教学环境、教学条件得不到较好的改善,理想与现实的落差使许多大学生无法对学校产生归属感和认同感。这也需要一个适应的过程,如果不能及时调整心态,大学生的挫折感就随之而来了。

5. 社会支持不足

社会支持会影响个人承受挫折的能力,遇到挫折之后获得较多社会支持的人比孤立无援的人更能克服困难。同样的,社会支持不足的个体更易体会到挫折感。根据肖水源编制的"社会支持评定量表",社会支持由主观社会支持、客观社会支持以及对社会支持的利用度三部分组成。主观支持主要包括来自家长、老师、朋友的鼓励和支持。客观支持主要指物质上、环境上的支持,一些贫困家庭的大学生多是由于这个方面支持的不足而产生自卑心理。仅仅有支持的存在而不去运用也是不利于抵抗挫折心理的,如某大学生在遇到困难时回避来自他人的帮助,采用消极的应对方式,又何以对抗挫折呢?可见,社会支持因素也是当今高职大学生产生挫折心理的一个重要因素。

6. 突发事件

意外发生的重大或敏感事件,如自然灾害、恐怖事件、社会冲突,等等,也包括大学生家庭中发生的父母离异或不和。这些突发事件往往在学生的意料之外,超出他们的心理承受能力,因此极易引发挫折心理。

(二)产生挫折心理的主观原因

除了客观环境因素,高职大学生更多的受主观因素的影响,主要是高职大学生个体生理、心理以及知识、能力等因素的阻碍和限制。通过主观方面的努力,这些挫折心理是可以克服的。

1. 社会角色的转换

进入大学以后,高职大学生大多已经意识到自己即将走向工作岗位,开始在一些学校活动和校外工作中锻炼自己的能力,他们的身份已经不再局限于学生。在这个社会角色并不单一的时期,有些大学生由于过分关注工作而忽略了学习,导致出现学习上的失败经验,还有些大学生对自己的能力估计不足,在工作中遇到不少挫折,继而出现消极回避的态度。

2. 生理缺陷或疾病

个别高职大学生存在生理上的缺陷,这些不足往往会导致他们难以融入丰富的校园生活,或者无法参加高强度的文体活动,在人际交往方面还可能受到他人的嘲讽,易使他们的自尊心受到伤害,产生自卑心理。另外,如果遇到疾病困扰,这些大学生缺乏对疾病的科学和客观的认识,了解的也大多是网络上夸大的言辞,结果就是惶惶不可终日,影响正常的学习和生活。

3. 认知不合理

认知不合理主要表现为对自我和外部世界的认知不够客观。首先是有些大学生过分估计自己的能力,制定一些不切实际的目标,以至于目标无法实现。原以为进入大学之后,会有很多的机遇、很大的发展空间,不料遇上的却是"当头一棒"。不仅是在学习方面,在其他方面也会有类似的遭遇。原以为学生社团会三顾茅庐,岂料上门面试都没有通过。原以为学生干部非我莫属,竞选的结果却是名落孙山。于是这些大学生对自己就有了全面的否定。大学生无法清醒地认识症结所在,也反映了他们不正确的归因方式。其次是对社会和他人的认知不当,也会妨碍正常的人际交往,产生挫败感。因此,正确的认知对大学生减少挫折具有重要意义。

4. 个性不完善

完善的个性特征应该是独立、自信、坚韧、成熟,具备这些特征的高职大学生在遇到挫折后敢于挑战挫折并作出理智的反应。而有些高职大学生或思想幼稚、自卑、脆弱,或敏感多疑、盲目冲动,他们在遇到挫折后容易一蹶不振,丧失对生活的信心,甚至走上轻生的道路。

5. 动机冲突

在意志行动中人们常常有两个以上的目标,而这些目标不可能同时实现,继而出现这些目标之间的斗争,即动机冲突。高职大学生在学习、工作、恋爱、生活等方面都存在取舍问题。一旦出现动机冲突并持续时间过长,或经过取舍后导致某些目标得不到实现,个体就会产生挫折感,同时伴随着紧张、焦虑、心神不定等情绪状态。

就高职大学生的情况来看,可以把动机冲突分成四种类型。

第一,双趋冲突。两种或两种以上的目标都很好,但只能选择其一。正如孟子所说的"鱼,我所欲也,熊掌,亦我所欲也,二者不可得兼",大学生找工作时出现的冲突即属于这种类型。

第二,双避冲突。两种或两种以上的目标都是人们要回避的,而他们又只能回避其中的一个目标。例如,高职大学生必须选择一门自己不喜欢的选修课。

第三,趋避冲突。这种冲突是在同一事物对人们既有吸引力又有排斥力的情况下发生的,大学生竞选班干部虽然可以锻炼自己的能力,但同时要牺牲闲暇时间,影响学习效果。

第四,双重趋避冲突。在实际生活中,人们常常面对两个或两个以上的目标,而每个目标都具有吸引力和排斥力,这时人们不能简单地接近一个目标而回避另一个目标,必须多重选择。比如,大学生在择业时,可供选择的岗位各有利弊,这需要他们慎重考虑。

随着当今社会的发展,高职大学生的选择越来越多,越来越自由,由此带来的动机冲突也日益增加。因此,学会如何选择、把握机会有助于克服挫折感。

6. 心理矛盾

高职大学生正处于人生发展的青年期,这一时期的心理特征是智力发展显著、自我意识增强以及性意识的觉醒与发展。伴随着这些基本特征,高职大学生存在以下几种心理矛盾。

(1) 理想与现实的矛盾。随着大学生认知能力的发展,他们开始思考人生和世界,对自己的未来充满了期待。但是高校和专业的选择让许多人与理想失之交臂,再加上现实社会中的许多不良现象(贪污腐败、以权谋私、嫉贤妒能等)使他们在价值取向上产生困惑,不知道该如何在人生之路上作出抉择。

(2) 孤独感与交往需要的矛盾。青年期的高职大学生来到大学这样的集体环境,自然对集体有强烈的归属感和依恋感。但是那些性格孤僻、缺乏沟通技巧的大学生很难融入集体生活,也很难交到知心朋友,由此产生的孤独感与迫切的交往需求形成一对矛盾,在这样的矛盾下极易产生压力,形成挫折。

(3) 独立自主与身心依赖的矛盾。平均年龄在 18~22 岁的高职大学生处于由少年向成年过渡的人生阶段,在这个转折时期,他们产生了强烈的自我意识,渴望独立自主。但是实际上,高职大学生的心理尚未成熟,其心理状态仍带有一定的幼稚性、依赖性和冲动性。另一方面,存在独立意识但无独立能力也是矛盾所在。现在的大部分大学生还是选择向家里伸手要钱。尽管少数大学生通过打工、做兼职赚钱,但低廉的收入还是不足以支付相对高额的学费。这种独立与依赖之间的矛盾会给大学生造成心理失衡,从而产生矛盾和挫折。

(4) 充分的时间与无法有效管理的矛盾。从高考过来的学生大多已经习惯于高强度的学习生活,每天都是家—食堂—教室三点一线的生活,没有太多的自主权。一旦进入大学后,相当多的高职大学生无法适应大学的学习方式,尤其不能有效支配充分的自由时间。闲暇时间无所适从,大多窝在宿舍靠睡觉、上网、聊天虚度时光,继而出现学习效率低下、成绩下滑等现象,导致这种结果的主要原因还是缺乏独立自主的学习能力和学习习惯。随着年级的升高,不良学习习惯和时间分配的弊端逐渐凸显,特别是临近毕业的高年级大学生,感受到前所未有的学习与就业压力。当这种压力和紧张超过一定限度时,就会成为一种心理负担,产生挫折。

(5) 性意识觉醒与正常异性交往的矛盾。随着年龄的增长及生理心理的进一步成熟,大学男女之间会产生一种情感的吸引,表现为:对异性表示关心,互有好感,萌发彼此接触的要求和愿望,并且寻找特定的异性作为自己交往的对象。另外,大学生也有强烈的性生理需求。由于社会文化、道德规范、学校规章制度、家长的约束等因素的制约,他们必须对自己的性冲动加以控制。当然,在自我克制的过程中必定存在一些困惑,这也是高职大学生产生挫折的压力源之一。

第三节　高职大学生挫折承受力的培养

一、培养挫折承受力的必要性

在我国,挫折承受力既是传统教育长期忽视的重要内容,又是当前素质教育实施中的热点。抗挫折心理教育就是要在抗挫折教育的过程中培养个体抵抗挫折的心理能力素质,提高大学生的抗挫折能力,为全面实施素质教育提高大学生的整体素质奠定心理基础。增强挫折承受能力,是获得对挫折的良好适应和保持心理健康的重要途径。培养挫折承受力对精神健康有很大的意义。只有提高承受挫折的能力才能将挫折对心理及生理的消极影响降到最低,使大学生受到挫折后能够在极短的时间内恢复过来。

目前,抗挫折心理教育已在各高校蓬勃开展。由于抗挫折心理教育操作起来专业性较强,无论在理论层面上还是在操作层面上尚需要对一些专业问题进行探讨。我国大学生抗挫折心理的探究仍处于起步阶段,主要融入心理健康教育的工作之中,尚未形成具有本土特色的挫折防御机制和干预模式,与国外存在较大差距。鉴于此,构建大学生抗挫折心理能力的实践模式,培养高职大学生良好的挫折承受力是完善心理健康教育的趋势所在。[1]

---

[1] 张萌,张骞.大学生抗挫折心理问题分析及教育对策[J].高校辅导员,2010年第5期.

知识链接 8-2

南瓜的力量

在美国马萨诸塞州阿默斯特（Amherst）学院进行过一项很有意思的实验。试验人员用很多铁圈将一个小南瓜箍住，以观察当南瓜逐渐生长时，能够对这个铁圈产生多大的压力。最初，他们估计南瓜最大能够承受大约 500 磅[①]的压力。在实验的第一个月，南瓜承受了大约 500 磅的压力；实验到第二个月时，这个南瓜承受了 1 500 磅的压力，并且当它承受到 2 000 磅的压力时，研究人员必须对铁圈进行加固，以免南瓜将铁圈撑破。最后当实验结束时，整个南瓜承受了超过 5 000 磅的压力后，瓜皮才破裂。当他们打开南瓜时，发现它已经无法再食用了，因为它的中间充满了坚韧牢固的纤维，这完全是为了想要突破包围它的铁圈。为了吸收充足的养分，以便于突破限制它生长的铁圈，它的根部甚至向泥土里伸展了几万英寸。

通常我们都会有这样的认识，南瓜在铁圈面前处于绝对弱势，因为南瓜不过就是纤维素组成的，被金属切割是理所当然的事，然而就是这样一个看似不堪一击的南瓜，居然可以承受几千磅的压力，如果不是科研人员加固铁圈，我想南瓜才会是最终的胜利者，因为它的"心"和"根"都已变得无比坚实。

想一想，人难道不是一样的吗？很多成功背后都曾有无数个困境，很多名人都有过失败的经历。于是我们可以得出如下结论：伟大的成功，都要归功于坎坷之路，任何坦途都难以创造奇迹。

二、挫折承受力的培养

根据承受挫折能力的影响因素，高校可以从以下几方面着手培养大学生的抗挫折能力，为大学生增强耐挫力提供社会支持。

（一）加强锻炼，形成健康的体魄

前面提到，生理条件不同的个体在挫折面前的承受力也不同。因此，需要加强高职大学生的体育锻炼，形成健康的体魄。一方面，积极参加体育锻炼可以增强身体免疫力，提高身体素质。另一方面，体育锻炼也有利于大学生的心理发展，可以宣泄情绪，增强信心，培养坚强的意志品质。

（二）接纳自我，形成正确的自我认识

都说知彼知己才能百战不殆，前提当然是知己，即正确认识自己，客观地、全面地看自己的长处和短处、优点和缺点。因为角度的问题，自己看自己和别人看自己的结果肯定不同。为了得到客观的评价，可以征求父母、老师、同学对自己的看法。有了"自知之明"以后还要学会悦纳自己，既包括自己的长相、身高、身材等外部特征，也包括性格、能力、爱好等个性心理特征，还包括家庭条件、自身状况等。

记住：接受自己不能改变的，改变自己能改变的。形成正确的自我认识可避免因盲目追

---

① 1 磅 =0.453 592 千克。

随、羡慕、嫉妒他人而导致的心理挫折。重新评估自己的优势与能力,为获得成功奠定良好的基础。

知识链接 8-3

从末流学生到 IBM 的开拓者

IBM(美国国际商业机器)总经理之子托马斯·沃森小时候是个末流学生,同他声名显赫的父亲相比,他简直是个低能儿。在读公司商业学校时,他的各科学业全靠一名家庭教师的鼎力相助才勉强过关。后来他开始学飞行,却意外地有一种如鱼得水的感觉,他发现他驾驶飞机竟是那样得心应手,这使他对自己的信心倍增。第二次世界大战期间,他当上了一名空军军官。这段经历使他意识到自己"有一个富有条理的大脑,能抓住主要东西,并能把它准确地传达给别人"。沃森最终继承父业成为公司总经理,使公司迅速跨入了计算机时代,并使年利润额在 15 年里增长了 10 倍。

(三)认识挫折,保持良好的心理状态

许多大学生尚未认识"人生不如意之事十之八九"这样的客观事实。高校可以通过讲座、教室标语的形式开展挫折教育,如"失败乃成功之母"、"吃一堑,长一智"等等,使大学生知道挫折的必然性和两重性,这样就能时刻做好面对挫折的准备,发扬郑板桥"千磨万击还坚劲,任尔东西南北风"的精神。如果失败已成事实,最要紧的还是在挫折中吸取经验教训,挫折不是危机,而是巨大的机遇,它可以使人变得更加坚强、成熟。教师也可以在课堂上多举一些逆境中奋起的例子,如司马迁完成《史记》的艰辛历程。良好的心理状态伴随着对挫折的清醒认识,挫折承受力也能得到很大的提高。

(四)面对现实,修订预期目标

目标的制定很重要,一个人有了明确的生活目标,才能按照目标自觉地去追求,不达目的,誓不罢休。但是目标的制定并不那么容易,很多高职大学生产生挫折的原因多是达不到自己的预期目标而产生心理失衡。高校应该帮助大学生正确客观地认识和评价自己,结合自身、家庭和社会的现实情况,制定"跳一跳,够得到"的奋斗目标,过高过低的目标都不利于大学生的发展。在实现目标的过程中,更要根据目标完成的情况适时调整动机和需求,修订更为完善的目标。

对于临近毕业即将走上工作岗位的大学生来说,高校尤其应注意针对他们的择业方面的心理指导,引导他们树立正确的择业观(图 8-1)。

(五)创设情境,增强自我效能感

一般来说,积极体验大多来自日常生活中的积极事件或积极的人际关系。对于很少有所体验的大学生,教师要在课堂上创设情境,可以在轻松优美的音乐中讲述幸福的小故事,或让大学生展望美好的未来,或感受被他人赞扬的自豪感,这些积极的情绪体验都有助于大学

图 8-1 调整目标

生增强自我效能感。案例8-1中的晓彬长期得不到老师的表扬,受到的只是消极关注(批评),他的挫败感就是来源于极其低下的自我效能感。

自我效能感由美国著名心理学家班杜拉率先提出,是指人对自己是否能成功地进行某一成就行为的主观判断。自我效能感低下的极致状态就是习得性无助感。它是指个体在接连不断地受到挫折时,便会产生无能为力、听天由命的心态。美国心理学家塞里格曼等人对这种心理现象进行了实验研究。如果预测到某一特定行为将会导致特定结果,那么这一行为就可能会被激活、被选择。比如说,某学生认为上课注意听讲就能得到好成绩,那么他就会去认真听讲。虽然我们没有清晰地意识到,但实际上客观存在的一个事实是:当我们在接受一个任务或者遇到了困难时我们常常会问自己"以我的能力能应付眼前的困难吗?"对于这种问题的回答往往决定了一个人解决问题的方式是消极逃避还是迎难而上。因此,自我效能感的增强有利于培养抗挫折能力。

知识链接 8-4

习得性无助实验

习得性无助实验是美国心理学家塞里格曼做的经典实验。实验过程是这样的,先是将狗固定在架子上予以电击,狗既不能预料也不能控制这些电击。在这之后,他们把狗放在一个中间用矮板墙隔开的实验室里,让狗学习回避电击。电击前10秒室内亮灯,狗只要跳过板墙就可以回避电击,对于一般的狗来讲,这是非常容易学会的,可是,实验中的狗绝大部分没有学会回避电击,它们先是乱抓乱叫,后来干脆趴在地板上甘心忍受电击,没有任何反应。塞里格曼认为,这一实验结果表明,动物在有了"某些外部事件无法控制"的经验之后,会产生一种叫做习得性无助感的心理状态,这种无助感会使动物表现出反应性降低的消极行为,妨碍新的学习。后来,以人为被试的许多研究也得到了相似的结论。

(六) 投身实践,培养健全的人格

挫折承受力的培养离不开丰富的社会实践,社会就是一个大课堂,深入这个大课堂不仅可以让大学生参与真实的社会活动,也可以认识到社会的真实面貌,知道社会的积极面、阴暗面,社会需要的是什么以及自己缺乏的是什么。只有充分认识到以后的生存环境,才能生活得如鱼得水。社会也是一个炼丹炉,在相对比较复杂的环境中难免会有各种各样的困难,大学生可以在困难中体会困难,一次次的挫折体验能够提高他们的挫折免疫力。如果经过坚持不懈的努力达到了目标,又能体验到成功的感觉。社会的千锤百炼可以造就许多"火眼金睛"。

坚强的意志品质是提高受挫承受力的基本条件,反映在自觉性、果断性、自制力和坚韧性等特征中,社会实践亦可以培养大学生健全的人格,使他们今后在面对挫折时乐观自信、自强不息、宽容豁达。

(七) 合理归因,提高应对挫折的积极性

所谓归因,就是归结行为的原因,是个体根据有关信息、线索对行为原因进行推测与判断的过程。挫折归因是找出挫折的原因。只有对挫折正确地归因才有利于从根本上解除挫折。

有不少心理学家就归因问题展开过研究,也得出了不少结论,美国心理学家韦纳的自我归因理论认为,不同的归因倾向会给人的心理行为带来不同的影响。在高职大学生中存在两种典型的错误归因方式,一种是内归因,另一种是外归因。完全将失败归结于外部因素的大学生无法发现自身的问题,以后还是无法处理类似的情境。而完全内归因的结果是,完全否定自己的努力,从此会变得一蹶不振,消极回避挫折。

案例 8-3 的主人公就应该进行合理的归因。有人说"世界上没有无缘无故的爱,也没有无缘无故的恨",确实如此,凡事都是有原因的。经过了解得知,张某是该校学生会主席,在工作中表现突出,深受老师的喜爱。可正是由于她的这种学生干部身份,即使在宿舍中,她也很难转变角色,总是不自觉地使唤舍友,慢慢地,大家就对她敬而远之了。知道了事情的问题所在,要修复这层关系就不难了。

高职大学生应该冷静客观地分析挫折的原因,是外部因素(竞争对手太强、目标难度太大、客观环境不佳),还是内部因素(自己的身心状态不好、不够努力),抑或是其他因素(运气不好)。不同的挫折,原因也是不同的,需要综合考虑。总的来说,只有以积极的态度去分析失败的症结所在,才能用切实的行动改变挫折情境。

(八) 运用积极的心理防御机制,合理宣泄情绪

个体在面临紧张情境时,自觉或不自觉地解脱烦恼,减轻内心不安,以恢复心理平衡与稳定的一种方式,称为心理防御机制。它同挫折一样具有双重性,积极的意义在于能够使主体在遭受挫折后减轻或免除精神压力,恢复心理平衡,甚至激发主体的主观能动性,激励主体战胜挫折。消极之处在于不当的心理防御机制可能会使主体出现退缩甚至恐惧而导致心理疾病。高校应该指导大学生采用积极的心理防御机制(认同、补偿、升华、幽默等)来应对困难情境。

另一方面,合理宣泄情绪也可以帮助大学生转移注意力,减轻挫折感。比如,向他人倾诉自己所受挫折;在适当的场合大哭一场,释放体内的不良情绪;参加文体活动,转移注意力;学学阿 Q 的"精神胜利法",等等。

第四节　压力与压力管理

挫折往往与压力联结在一起,总是伴随着压力事件的出现而发生。正确认识压力并学会管理压力可以减小挫折所带来的负面影响。

一、正确认识压力

(一) 压力的概念

压力原先是一个物理学的概念,意指施于某一物体的一种外力。加拿大内分泌生理学家汉斯·塞利首先将压力的概念引进医学和心理学。可以说,他是研究压力对人的影响的开山之祖。人们每天都要承受外部的与内部的种种刺激,有些刺激会让人放松,产生愉快感,有些则会引起焦虑、不安的紧张状态。任何令个体紧张的刺激都可称为压力。

压力也是各种情感的反应,如焦虑、强烈的情绪和生理上的唤醒等,是有机体的一种内部状态,这种状态由两种因素组成:一是威胁,或"紧张刺激物";二是由个体生理上可以测量到的变化和个体行为组成的反应。例如,某人在表面上看不到压力的表现,但在其生理上或行为上则有一些反常反应,比如出汗、做噩梦等。

(二) 压力的类别

为了更好地了解压力,可以按照不同的标准给压力分类。

1. 根据压力的类型划分

可分为学业压力、家庭压力、环境压力和自我导引压力。这些压力来源之间并不是孤立的,它们之间相互影响、互为因果,并且是"一损俱损,一荣俱荣"。

2. 根据压力的程度划分

可分为过度压力、适度压力和过低压力。

3. 根据压力所产生的生理和情绪反应划分

可分为好的、快乐的压力和不好的、痛苦的压力。

4. 根据压力的来源划分

可分为外在因素压力和内在因素压力。

(1) 外在因素。包括物理环境,如气温过冷过热、光线过弱过强、噪声、空间狭小、交通拥挤、环境脏乱、农药、塑料制品、煤气、污染等。灾难性事件,如水灾、旱灾、火灾、冰雹、火山爆发、泥石流、龙卷风、重大交通事故、瘟疫流行、战争等。生活事件,主要是生活的突然变动。

(2) 内在因素。主要是躯体疾病等生理因素和挫折、冲突等心理因素。

当然,不同的压力事件会引起不同的挫折反应,比如社交压力所带来的挫折反应可能包括自卑、不敢与人交流,等等。[①]

(三) 压力是把"双刃剑"

说起压力,人们总认为它是个贬义词,是个不好的、需要消灭的现象。这么想是不理性的。事实上,它的积极作用不可低估。压力是一把"双刃剑"。从积极方面来看,压力有以下几点好处:

首先,作为人们面对威胁时产生的一种原始的"战斗或逃跑"反应,压力在开始的时候起着积极作用,可以增加人的活力,提高警觉性,使人的思考和行动变得更加敏捷。作为一种生理和心理过程,压力可以应付不确定的变化和危险。

其次,适度的压力锻炼人,提升人的适应和创新能力。心理学家是这么认定人的心理发展的动力的:社会向人们提出的要求所引起的新的需要与其原有心理发展水平之间的矛盾,是人们心理发展的内因或内部矛盾。这种内因或内部矛盾就是心理不断向前发展的动力。如果没有来自外界的压力,我们人自身就不能向前发展。从这种意义上讲,压力就是一种积极力量。个体尽管遇到了压力,但适应能力却提高了,压力还可以促使个体向更高的目标前进。这种情形从婴儿期到青春期的发展过程可以看到,他们从努力学会走路到努力谋生的整个成长过程都是由某种程度的压力促成的。因此,在个体的成长过程中,压力是必不可少的,是生活的一部分,是适应生活的基本条件。

最后,适度的压力能使人处于应激状态,神经处于兴奋状态,让个人认识到改善自我的机会,以更加努力的姿态、更高的热情完成工作,如此便有助于业绩改善。压力感偏低,可能就很难充分调动我们的积极性来主动地对待工作以及工作中的机遇和挑战。

当然,所有以上这些指的都是适度的压力。"适度"就是"增一分则太长,减一分则太短"。

---

① 邰启扬.减压其实很简单[M].北京:社会科学文献出版社,2011.

具体来说,即指时间不长、刺激不大,尤其是能让人最终体验到成就感的那种压力。这是一种理想状态的压力,可惜的是绝大多数人并不是在这种理想的压力状态下生活、学习、工作的。

另外,压力也有一系列弊端:压力会导致一系列的生理、心理问题。在生理上,压力会导致免疫系统机能下降,抵抗病毒、细菌的能力降低;会使心血管系统超负荷,导致高血压和心脏病;骨骼肌肉长期紧张,造成腰酸背疼;不规律的饮食使消化系统紊乱,容易腹泻或便秘。在心理上,高压力一般容易使人产生愤怒、焦虑、抑郁等负面情绪。而低压力又容易使人不思进取,得过且过。

总之,压力利弊并存,关键在于你握住的是刀刃还是刀柄。

二、有效进行压力管理

当我们遇到过度压力时,管理压力势在必行,主要可以从以下三方面着手:

(一) 检测压力状况

过多过少的压力都不利于个人的健康发展,所以,先来测测你的压力状况吧。见本章课堂活动中的 PSTR 心理应激自测表。

注意,如果你压力过小,就要寻找一些感兴趣的事情做,这里就不做过多的阐述。以下两方面主要涉及的是压力过大的情况。

(二) 形成正确的理念

面对同样的压力情境,人们的反应往往会截然不同,除了过去经验和个性特征等方面的因素,根本原因还是在于理念的不同。理念正确了,压力感就会小很多。与其期待压力事件不要发生在自己身上而惶惶不可终日,还不如调整自己的理念,客观地看待世界。举一些简单的例子如下:

1. 分辨可控因素与不可控因素

世界上有三件事:自己的事、他人的事和老天的事。他人的事和老天的事,我们管不了。自己的事也要分为可控与不可控。

是你能控制并能解决的,那就去扎扎实实地完成,事情做好了,压力也就自然消失了。

如果你不能控制,能力所不及的,要么提高自己的能力,要么就寻求帮助,千万别硬揽在自己身上,这样不仅办不好事,还给自己增加烦恼。记住,你一直能控制的永远是对事件的反应。

2. 少些顾影自怜

许多人总是喜欢无限夸大自己的痛苦,无限缩小自己的快乐。我们有自己的压力,但世界上人人都有自己的压力、自己的烦恼。如果你光着脚走在路上,看到前面一个人穿着一双新鞋,肯定是羡慕不已;可是再回头看到一个没有双腿的人,心想自己也应该知足了!

3. 学会珍惜

珍惜现在所拥有的,也可以是一个生活的成功者。人们感到痛苦往往是因为自己认为碗里的饭菜寡淡无味,而锅里的东西美味无比。细细品味现在所拥有的,你的幸福感会油然而生,心态也会变平和许多。

4. 别一味地和他人较劲

人们有一个怪毛病,就是喜欢拿自己的短处和别人的长处做比较。打个夸张的比方,和姚明比身高,和西施比美貌,结果肯定是必败无疑。其实,换个角度比比,就会发现他们有很多地方不如你。比如,姚明不能无忧无虑地出现在公共场所。如果这样想,是不是会好很多呢?

(三)运用减压技术

除了认知观念上的调整,有效运用减压技术可以达到事半功倍的效果,这里介绍几种比较简单易行的方法。

1. 肯定性训练

肯定性训练也叫做自信训练、果敢训练,其目的是个人在人际关系中公开表达自己的真实情感和观点,维护自己的权益,也尊重别人的权益,发展人的自我肯定行为。

自我肯定行为主要表现在三个方面:请求他人为自己做某件事,以满足自己合理的需要;拒绝他人无理要求而又不伤害对方;真实地表达自己的意见和情感。在实际生活中,许多大学生表现出的是不肯定行为。如谈话时眼睛不敢看着对方,说话句子短,不敢提出合理要求,不敢拒绝别人的无理要求,不敢表示自己的不满情绪;与同学发生矛盾时不敢正面解决问题,而是哭着找老师等。

肯定性训练是通过角色扮演以增强自信心,然后再将学得的应对方式应用到实际生活情境中。通过训练,当事人不仅降低了焦虑程度,而且发展了应对实际生活的能力。[1]

2. 呼吸法

(1)深呼吸练习。这个练习每天需做1~2次,每次5~10分钟。1~2周后可以将练习时间延长至20分钟。每次练习结束,用一些时间检查身体上是否还有紧张点。如果有,比较这种紧张与练习开始时的紧张感有没有区别。

方法:这个练习可以采用站式、坐式和卧式。最好用卧式,平躺在地毯或床垫上,两肘弯曲,两脚分开8寸,脚趾稍向外,背躺直。对全身紧张区逐一扫描。将一手置于腹部,一手置于胸上。用鼻子慢慢地吸气,进入腹部,置于腹部的手随之舒适地升起。现在微笑地用鼻子吸气,用嘴呼气,呼气时轻轻地、松弛地发出"呵"声,好像在将风轻轻吹出去。使嘴、舌、腭感到松弛。做深长缓慢的呼吸时,体会腹部的上下起伏,注意呼吸时的声音越来越松弛的感觉。

(2)叹气练习。人在白天有时会叹气或打呵欠,这是氧气不足的征兆,叹气、打呵欠是机体补充氧气的方式,也能减少紧张,因此可以作为松弛的手段来练习。

方法:站立或坐着深深地叹一口气,让空气从肺部排出去。不要想到吸气,让空气自然地进入。重复8~12次,体验一下松弛感。

3. 除了具体的减压技术,减压的生活方式也很重要

(1)泡澡。闲暇的时候泡个热水澡,全身得到充分的放松,如果同时能哼个小曲儿,压力肯定会得到瞬间的释放。之后再小憩一会儿,将会是极大的享受。

(2)购物。在购物的时候,我们每个人都是"上帝",能得到他人的尊重。穿梭在琳琅满目的商品服饰之间,烦恼便会烟消云散。要是你再买到一件满意的东西,成就感更是随之而来了。

(3)打扮自己。我们都有过这样的经历:走在路上迎面而来的是一个穿着邋遢、蓬头垢面的人,心情会大受影响。自己的打扮同样会影响个人的心情,不妨刻意打扮一下自己,对着镜

---

[1] 邰启扬.减压其实很简单[M].北京:社会科学文献出版社,2011.

子看到自己的"倩影",是不是信心暴涨了呢?

(4) 参加运动。生命在于运动。当你全身心地投入到一项运动中时,你会忘却烦恼。每一次运动之后,我们的心灵都能得到一次放飞。有氧运动最利于身心健康,比如散步、跳绳、长跑、骑自行车,等等(图8-2)。

(5) 欣赏音乐。节奏感强的音乐能够振奋人心,增强自信心;舒缓的音乐则可以平缓呼吸,调节紧张的情绪。感到疲劳的时候,细细品味一曲音乐,真是美哉!

(6) 主动休息。当你感觉到疲劳时,其实疲劳已经积聚得很严重了,此时休息可能已经为时已晚,休息时间再多也难以一时达到恢复体力的效果。年轻人都习惯熬夜至通宵,然后靠一整天的补觉来恢复清醒,这些都是被动休息的表现。主动休息应该是提前休息,以主动的心态去应对即将到来的疲劳。

图8-2 参加运动合理宣泄

课堂活动

一、活动

(一) 蝌蚪变形记

1. 目的

(1) 让大学生体验到每个人的生活都有进有退,不是一帆风顺的。

(2) 让大学生认识到任何事情的结局不到最后一刻都不会明了,暂时的挫折并不可怕,关键是心态。

2. 时间

大约需要15分钟。

3. 道具

标记"蝌蚪""青蛙""人""王"的大卡片各一张,若干首节奏感较强的音乐。

4. 场地

室外或者可移动桌椅的教室均可。

5. 内容

(1) 场地分为四大块,分别放置"蝌蚪""青蛙""人""王"的卡片,代表四个角色的活动区域。刚开始,所有的大学生都是"蝌蚪",猜拳后根据角色的变换调整活动区域。

(2) 程序规则:两个"蝌蚪"猜拳,胜者变成"青蛙"。"青蛙"找"青蛙"猜拳,胜者变成"人","人"找"人"猜拳,胜者变成"王"。如果输了,就倒退一个层级。最高层(人)胜利不升级,最低层(蝌蚪)失败也不退级(升级顺序为:"蝌蚪"—"青蛙"—"人"—"王")。

(3) 分享:在游戏中,你的感受如何?有何感想?在平时的学校生活中遇到了哪些类似的不顺心的事情呢?当时的感受是什么?

6. 注意事项

(1) 游戏中要做到真实、诚实,切勿弄虚作假,那样就失去了游戏的意义。

(2) 不到时间不能停止,"王"也要找"王"猜拳。音乐停止,活动结束。

(3) 活动结束后记住自己的最终身份。

(二) 举手仪式[①]

1. 活动目的

让大学生体验坚持所需要的耐心和毅力,培养大学生的意志力;让大学生认识到培养意志力要从小事做起。

2. 活动时间

大约需要20分钟。

3. 活动道具

秒表一块。

4. 活动场地

室内室外均可。

5. 活动内容

(1) 全体同学按体操队形站立,两只手臂伸直向胸前平举,身体不准晃动,坚持10分钟(可以按照具体情况确定时间的长短),看谁能够坚持到最后。

(2) 分享:当时间过了一半的时候,你有什么感受?当你坚持到最后一刻时,你有什么感受?在坚持的过程中遇到了哪些困难?你又是如何克服的?你觉得这个活动对你的学习和生活有何启示?

6. 注意事项

(1) 若在室外,尽量避免在恶劣的天气条件下活动。

(2) 教师本人最好一起体验,给大学生树立榜样。

(3) 游戏过程中,教师可以鼓励大学生合唱鼓励性的歌曲,如《团结就是力量》、班歌,等等,或者喊一些激励性的口号,以此打发难熬的时间。如果坚持到最后的同学较多,可以再拉长一分钟,看还有哪些人能坚持,并对坚持到底的同学予以表扬。

(三) 体验放松

1. 目的

让大学生学会释放紧张的情绪,懂得松弛之道。让大学生集体体验放松的感觉,掌握自我放松的要领和技巧。

2. 时间

大约30分钟。

3. 道具

若干首轻音乐。

4. 场地

室内。

[①] 杨敏毅,鞠瑞利.学校团体心理游戏——教程与案例[M].上海:上海科学普及出版社,2006.

5. 内容

(1) 抓"9"游戏。全体同学围成圈(可坐可站),伸出右手手心向下,左手食指向上与相邻同学的手心接触。教师随机喊数字,当喊到带有9的数字(如9、29、92……109……)时,学生要左手逃,右手抓,以此体验心理紧张的感觉。

(2) 让大学生体验肢体紧张的感觉。顺序为:手臂—腿部—肩膀—背部—胸部。

① 手臂:双手同时握拳,就像握着某个东西一样,确信自己握到了最紧,再将手臂举在胸前。保持这个姿势,体验手臂的紧张感。

② 腿部:将脚趾向下蜷,蜷得越紧越好,紧绷小腿肚和大腿的肌肉,使其达到最大限度的僵硬。保持这个姿势,体验腿部的紧张感。

③ 肩膀:用力耸起肩膀,向双耳靠拢,收缩脖子后部、背部和肩膀上的肌肉。保持这个姿势,体验肩膀的紧张感。

④ 背部:绷紧背部,用足力气,弓成一个空心交叉的姿势。保持这个姿势,体验背部的紧张感。

⑤ 胸部:深吸一口气,用力扩张上半身,把空气都吸入胸腔。保持这个姿势,体验胸部的紧张感。

(3) 进行放松想象练习。播放轻音乐,根据教师的指导语去想象。

指导语:我现在躺在海边的沙滩上,温暖的阳光照在我的脸上,海风吹拂过我的脸庞,耳边还有海浪的声音,这些都让我感到无比的舒服,所有的紧张感都没了……(可以根据教师特点转换指导语)

6. 注意事项

(1) 放松的环境要幽暗些,并且保持安静。

(2) 放松之前,大学生调整自己的坐姿,以最舒服为准。

(3) 在放松想象过程中,大学生使用的呼吸方法应该是腹式呼吸(吸气时腹部隆起,呼气时腹部降低),教师可以在放松前教其使用。

二、心理测试

心理应激自测表(PSTR)

指导语:请用15分钟时间完成这个测验,不要花费太多时间考虑,根据自己的实际情况,选择最符合自己的答案(表8-1)。

表8-1 心理应激自测表(PSTR)

描述	总是	经常	有时	很少	从未
1. 受背痛之苦	A	B	C	D	E
2. 睡眠无规律且不安稳	A	B	C	D	E
3. 头痛	A	B	C	D	E
4. 腭部痛	A	B	C	D	E
5. 如果需要等候,会感到不安	A	B	C	D	E
6. 脖子痛	A	B	C	D	E

续表

描述	总是	经常	有时	很少	从未
7. 比多数人更容易紧张	A	B	C	D	E
8. 很难入睡	A	B	C	D	E
9. 感到头部发紧或痛	A	B	C	D	E
10. 胃不好	A	B	C	D	E
11. 对自己没有信心	A	B	C	D	E
12. 对自己说话	A	B	C	D	E
13. 担心财务问题	A	B	C	D	E
14. 与人见面时感到窘迫	A	B	C	D	E
15. 担心发生可怕的事	A	B	C	D	E
16. 白天觉得累	A	B	C	D	E
17. 下午感到喉咙痛,但并非感冒所致	A	B	C	D	E
18. 心里不安,无法静坐	A	B	C	D	E
19. 感到非常口干	A	B	C	D	E
20. 心脏有毛病	A	B	C	D	E
21. 觉得自己非常无用	A	B	C	D	E
22. 吸烟	A	B	C	D	E
23. 肚子不舒服	A	B	C	D	E
24. 觉得不快乐	A	B	C	D	E
25. 流汗	A	B	C	D	E
26. 喝酒	A	B	C	D	E
27. 很自觉	A	B	C	D	E
28. 觉得自己像四分五裂了	A	B	C	D	E
29. 眼睛又酸又累	A	B	C	D	E
30. 腿或脚抽筋	A	B	C	D	E
31. 心跳加速	A	B	C	D	E
32. 怕结识人	A	B	C	D	E
33. 手脚冰冷	A	B	C	D	E
34. 便秘	A	B	C	D	E
35. 未经医生处方乱吃药	A	B	C	D	E
36. 发现自己很容易哭	A	B	C	D	E
37. 消化不良	A	B	C	D	E
38. 咬手指	A	B	C	D	E

续表

描述	总是	经常	有时	很少	从未
39. 耳朵有嗡嗡声	A	B	C	D	E
40. 小便次数多	A	B	C	D	E
41. 有胃溃疡病	A	B	C	D	E
42. 有皮肤方面的毛病	A	B	C	D	E
43. 咽喉很紧	A	B	C	D	E
44. 有十二指肠溃疡病	A	B	C	D	E
45. 担心工作	A	B	C	D	E
46. 有口腔溃疡	A	B	C	D	E
47. 为小事所厌烦	A	B	C	D	E
48. 呼吸急促	A	B	C	D	E
49. 觉得胸部紧迫	A	B	C	D	E
50. 很难做出决定	A	B	C	D	E

【评分方法与评定标准】

1. 评分：A（总是）4分；B（经常）3分；C（有时）2分；D（很少）1分；E（从未）0分。
2. 计算总分。常模为 54 ± 22。没有年龄、性别上的显著差异。
3. 评定标准：

一般，43~65分，表示压力适中；低于43分，表示压力过小，需要适度增加压力；高于65分，表示压力过大，需要适当降低。

【具体标准】

93分以上：表示处于高度应激反应中，身心遭受压力伤害，需要去看心理医生，进行必要的心理调整。

82~92分：表示正在经历较多的心理压力，身心健康正在受到损害，人际关系出现问题。

71~81分：表示压力相对适中，可能刚刚开始出现对健康不利的情况。

60~70分：表示压力适中，偶尔可能出现压力较多，但有能力应付，心理趋向于平静。

49~59分：表示能够控制压力反应，心理处于相对放松的状态。

38~48分：表示来自外界的压力影响很小，工作与生活缺少适度压力和兴奋。

27~37分：表示生活沉闷，即使发生刺激或有趣的事情也很少作出反应，需要增加反应，增加社会活动或娱乐活动。

16~26分：表示在工作与生活中经历的压力经验不够，或者没有正确分析自己。

第九章

把握情感　勇担责任——
高职大学生恋爱心理

案例导入

案例 9-1：恋爱契约

小希，大二女生，父母都是普通工人，家庭条件一般。在一次学院组织的活动中，认识了学长刘×。两个人在一起后，刘×对小希的照顾无微不至，小希也觉得和刘×在一起是那么幸福，哪怕经济条件很艰苦的情况下，小希都没有觉得苦，在小希的心中，只有一种共患难、共奋斗的幸福。一年以后，就在小希畅想着未来幸福生活的时候，刘×突然提出分手，说自己喜欢上了另外一个女生，那个女生家庭经济条件非常好。这件事情对小希打击很大，在经过一段时间的低迷后，小希突然说："我一定要找一个比刘×更好的男生，而且再也不要受到感情的伤害。"小希还制定了一份"恋爱契约"。

第一，从正式恋爱第一天起，恋爱关系持续3个月。3个月后，可以无条件分手，分手后可以继续做朋友。如果双方都对对方满意，可继续发展。

第二，试恋爱期间，双方不得干涉对方的隐私生活。

第三，双方吵架以后，生气时间不得超过24个小时。

第四，双方的花销AA制，如果男方愿意，可以承担女方的正常生活费。

第五，如出现原则性问题（如出轨），可直接分手，无需等到3个月。

第六，试恋爱期间，不与双方家长接触，以免以后造成尴尬。

第七，试恋爱期间，男方必须保护、迁就女方，且接受女方的不讲理和撒娇。

（资料来源：李忠军《高校辅导员工作案例研究方法与实证》）

案例 9-2：配偶选择

某大学中文系的一名女生来自偏远地区的一个小镇，从小母亲就告诉她说，像我们这种家庭出来的人，在社会上完全没有竞争优势。考进大学后，母亲嘱咐她要凭自己还端正的姿色和大学生的条件，尽早为自己找到有钱有身份的丈夫。她的母亲年轻时是当地的一个美人，嫁给了有钱人，使自己终身有靠。该女生遵从母亲的教导，从进大学起就经常不上课，而是参加很多活动，尤其是和外国留学生的联欢活动。终于和一个女留学生交上了朋友，进而认识了女留学生的哥哥，一位富裕商人。大学一毕业她就嫁给了这位商人。每当与老同学聚会，她都显得非常满足和幸福，她所追求的东西都实现了。

思考：爱情的实质是什么？恋爱的动机有哪些？

案例 9-3：如何走出失恋后的困境

我今年20岁。这次恋爱持续了半年的时间，可能是初恋的缘故，失恋之后，我感觉生活缺少了很多东西。我们在一起的时候，感情很好。但是他家里不同意，他当时一时冲动说了分手的话，之后又来挽回，这让我缺乏安全感，也就狠心拒绝了。拒绝之后，我开始后悔，我想到了他之前对我的好，我开始埋怨自己为什么当时那么狠心。于是，我想过挽回，也表示过，但是他说感情已经支离破碎了，我感觉很无奈。现在他在找工作，我也不想因为这件事情打扰他，更多的是，我觉得他已经表示这段感情破碎了，我也不想去勉强。现在的我始终走不出来，每天都在回想之前恋爱的情景，每天半夜都会醒，醒过来之后觉得一切都不存在了，就会觉得后悔和懊恼。我现在觉得学习生活压力很大，有很多问题需要自己面对。这段日子没有生活目标，也没有生活激情，有时候很想回家，躲在爸爸妈妈的怀抱，不去想这些让人喘不过气来的压力。有段时间我就害怕自己心理有问题了，于是赶紧看心理方面的书和杂志。我现在非常想让自己能够斗志昂扬、信心百倍地去面对生活的困难,可是我自己却做不到,我觉得自己很孤独、很懦弱,一点都不坚强。我应该怎么办呢?

案例 9-4:这就是爱情

一天,一个男孩对一个女孩说:"如果我只有一碗粥,我会把一半给我的母亲,另一半给你。"小女孩喜欢上了小男孩。那一年他 12 岁,她 10 岁。

过了 10 年,有一天,他们的村子被洪水淹没了,他不停地救人,有老人,有孩子,有认识的,有不认识的,唯独没有亲自去救她。

当她被别人救出后,有人问他:"你既然喜欢她,为什么不救她?"他轻轻地说:"正是因为我爱她,我才先去救别人。她死了,我也不会独活。"

于是他们在那一年结了婚。那一年他 22 岁,她 20 岁。

后来,全国闹饥荒,他们同样穷得揭不开锅,最后只剩下一点点面了,做了一碗汤面。他舍不得吃,让她吃;她舍不得吃,让他吃!三天后,那碗汤面发霉了。

当时,他 42 岁,她 40 岁。

许多年过去了,他和她为了锻炼身体一起学习气功。

这时他们调到了城里,每天早上乘公共汽车去市中心的公园,当一个青年人给他们让座时,他们都不愿坐下而让对方站着。

于是两人靠在一起手里抓着扶手,脸上都带着满足的微笑,车上的人竟不由自主地全都站了起来。

那一年,他 72 岁,她 70 岁。

她说:"10 年后如果我们都已死了,我一定变成他,他一定变成我,然后他再来喝我送他的半碗粥!"

70 年的跌宕起伏,成就了这段坚贞的爱情。

爱情是人类永恒的话题。爱情其实就是隐藏在平凡而真实的生活之中(案例 9-4)。现在有些高职大学生常常将自己的爱情或想象得过于理性(如案例 9-1),或过于功利(如案例 9-2),或过于浪漫。究竟真正的爱情是什么?高职大学生在恋爱过程中会受哪些因素影响?在面对恋爱挫折时,我们又该如何处理(如案例 9-3)?恋爱是大学的必修课,还是选修课?我们将在本章中对这些问题进行探讨。

第一节 恋爱心理概述

高职大学生已进入青春期,随着性生理与性心理的成熟,对恋爱问题、两性问题反应敏感。一方面,伴随着与异性的交往,伴随着对至善至真爱情的追求,高职大学生在爱中不断成长;另一方面,由于缺乏恋爱与性心理方面的科学知识,以及受自身和外界各种因素的影响,很容易产生各种困惑。这一节,我们将探讨高职大学生的恋爱与性心理。

一、恋爱的含义

(一)恋爱与爱情

恋爱是指一对男女之间在生理、心理和社会因素共同作用下相互倾慕和培植爱情的过程。所谓爱情,就是一对男女之间,基于一定的社会关系和共同的生活理想,在各自内心形成的最真挚的相互倾慕,并渴望对方成为自己终身伴侣的最强烈的感情,是两颗心灵相互向往、吸引,达到精神升华的产物,是人类特有的一种高尚的精神生活。

美国心理学家斯滕伯格提出了爱情成分论。他认为爱情由三个基本成分组成:激情、亲密和承诺。激情是爱情中的性欲成分,是情绪上的着迷;个人外表的和内在的魅力是影响激情的重要因素。亲密是指在爱情关系中能够引起的温暖体验,是两个人心理上互相喜欢的感觉,包括对爱人的赞赏、照顾爱人的愿望、自我的展露和内心的沟通。承诺指维持关系的决定期许或担保,是爱情中最理性的成分。亲密是"温暖"的,激情是"热烈"的,而承诺是"冷静"的。这三种成分构成了喜欢式爱情、迷恋式爱情、空洞式爱情、浪漫式爱情、同伴式爱情、愚昧式爱情、完美式爱情共七种类型。在斯滕伯格看来,前面列举的六种都只是类爱情或非爱情,在本质上并不是爱情,只有第七种才是爱情,而我们在现实生活中碰到的类爱情和非爱情的情形实在太多,以致把具备三要素的爱情基本当作是一种超现实的理想状态(图 9-1)。

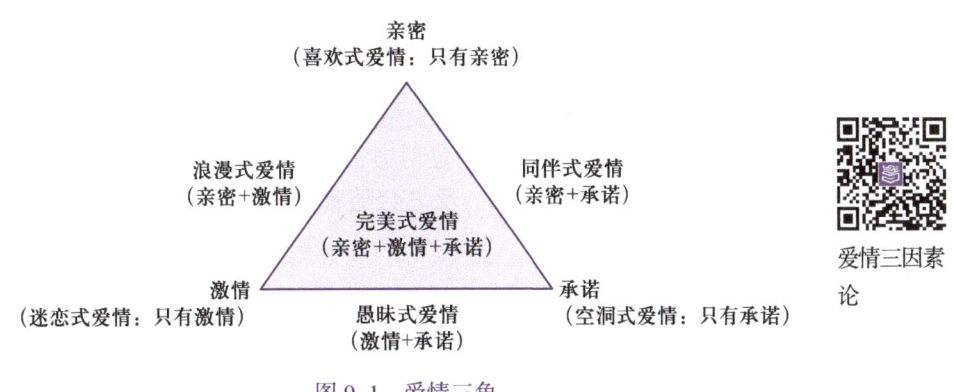

图 9-1 爱情三角

爱情三角形虽然非常形象地揭示了复杂的爱情关系,但现实中的爱情往往牵涉到不止一个三角形,于是斯滕伯格又提出了多重三角形原理,包括现实中的三角形和理想中的三角形;自己的三角形和对方的三角形;自己知觉到的三角形与对方知觉到的三角形。另外,具备三个基本成分并不意味着爱情就成为现实,爱情需要更多的努力来调节这三者的关系。

(二)爱情的甄别

1. 友谊与爱情

现实中确实有不少高职大学生把一般的友谊误解为爱情,常有同学讲,那个男同学为什么总是帮我们送水果、送花;为什么在一些活动中那个女生总是对我特别关心。大学生异性相处中,一个眼神,一个动作,常会被赋予特别的意义。友谊和爱情有时确实很难严格划分。日本青年心理学家曾对异性间的友谊和爱情的异同做过区分,他认为有以下五个方面不同。

(1) 支柱不同:友谊的支柱是理解,爱情的支柱是感情。
(2) 地位不同:友谊的地位是平等,爱情的地位是一体化。

爱情的甄别

(3) 体系不同:友谊的系统是开放的,爱情的系统是关闭的。
(4) 基础不同:友谊的基础是信赖,爱情则纠缠着不安和期待。
(5) 心境不同:友谊充满"充足感",爱情则充满"欠缺感"。

也有观点认为,友谊和爱情最为明显的区别是爱情具有排他性、隐蔽性,而友谊则不具备这些特点。陶行知先生说:"爱情之酒甜而苦,两人喝是甘露;三人喝是醋酸;随便喝便会中毒。"可见,爱情是男女双方渴望成为终身伴侣的强烈感情,不容许第三者插足,忠贞专一的爱情才是真正的、纯洁的爱情。而异性友谊则不具备排他性。所谓隐蔽性则是指热恋中的男女一般不愿在众目睽睽之下谈情说爱。这种心理特征在爱情萌发的初始阶段尤为明显。男女之间有一些属于他们自己的特殊的交流方式和交流内容。而友谊,在公众场合下则不会顾及太多的行为方式和言语内容。

2. 喜欢与爱情

喜欢与爱情是高职大学生异性交往中经常遇到又难以区分的两种感情。其实,男女情分为男女喜欢与男女爱情两个层次。青年人在性发育成熟时,便开始被异性所吸引,对异性产生好感,开始有寻求恋人的需要。这是人生理上的自然本能,是从人自己的需要出发产生的感觉,这种感觉是不需要对对方的需要和幸福负任何责任的,是纯自我的生理和心理需要。喜欢的理由可以不同,如长相、身高、气质、声音、才学等,喜欢只是对某一方面暂时的好奇和欣赏,其喜欢的程度和方面也会经常变换。而爱情是心灵相吸、相依、相助的一种情感,既有强烈占有对方身心的心理,也有心甘情愿满足对方需要和为对方幸福承担责任的心理。爱情是不容易因对方某方面的改变而改变的,反之会随着相处时间渐长而加深,责任也会随之而加强。

3. 性与爱情

性与爱情的关系是高职大学生难以回避而又敏感的一个问题。性是爱情的生理基础,同时性的满足又是爱情的一种渴望。爱情以性生理发育为基础,爱情渴望有身体的亲密接触,但是有爱不一定有性,有性不一定代表就是爱。过于追求形式上的爱情,如不分场合的拥抱、接吻甚至更亲密的行为,并不说明一定有爱和彼此爱得多深。像"无爱之性""为性而性",这类爱情或婚姻大多也是以失败告终。

二、恋爱的类型

1. 浪漫型

认为爱情是生活的全部内容,将爱情理想化、神圣化。总是期待有浪漫的、惊喜的事情发生,对于现实状况考虑较少。

2. 游戏型

把爱情看成是游戏的内容,只为虚度光阴、丰富校园生活,对恋爱的对方不承担任何责任。

3. 占有型

对所爱之人赋予强烈的感情,并要求对方回应同样的感情,在生理上和精神上有很强的占有欲,不容许对其他异性有一丝情感。

4. 伴侣型

这种爱情是在长期的学习、生活过程中培养出来的,是建立在信任和真诚的基础上,是一种平淡而厚实的爱情。

三、高职大学生恋爱的发展

高职大学生爱情的产生和发展有相当大的个体差异,其恋爱的经历和方式也不相同,但一般而言,大致要经过择偶、初恋、热恋、苦恋等阶段。①

1. 择偶期

由于心理、生理的发展以及社会因素的影响,进入高职院校后,大多数大学生都有了一种轻松感。随着与异性交往的增多,中学时代朦胧的幻想开始变得清晰,被压抑的爱情心理也开始了滋长,开始慢慢根据自己的价值观、人生观、生活经验、兴趣爱好等勾勒出理想异性的轮廓,形成了自己择偶的标准,并在学习、生活和过往中探索和寻找自己心目中的偶像。这个时候,高职大学生心目中理想对象的幻想色彩最为浓厚,臆想的成分更多。

2. 初恋期

作为恋爱过程开始的初恋是在偶像确立的基础上,在交往过程中感到某一异性与自己心中的"那个人"相符合,便产生了明显的爱慕之情。这种情感促使一方或双方产生接近和进行情感交流的动力,渴望了解和关注对方,也渴望对方了解和关注自己。在这个阶段,大多数人会在对方面前表现自己,展示自己的优点和才华,通过各种方式向对方传递爱的信息,一旦成功,恋爱便拉开了序幕。男女之间单方面的爱慕还不是爱情,只有相互爱慕,爱情才能建立。在恋爱中,从单方爱慕到互爱,有时可能是同步到来,有时也可能是异步的,或者还会经受一些波折与非难。

3. 热恋期

男女大学生在初恋的基础上,经过进一步的深入交往、了解,彼此感到十分满意,积极的情绪体验迅速升温,关系日益亲密,表现出分离时激动不安,等待时焦躁烦闷,真可谓"一日不见,如隔三秋"。由于热恋双方交往的频繁以及都想进一步窥探对方的内心世界,从而使恋爱向广度和深度发展。他们总喜欢同恋人单独在一起,不希望别的朋友参与他们的约会。这个时候,"情人眼里出西施",情人的缺点在对方看来也觉得可爱,觉得对方就是自己一直在寻找的"那个人",他们常相依相偎在一起,幻想着未来的幸福生活。

4. 苦恋期

经过了一段时间的热恋,彼此都有了进一步的了解,开始逐步回到现实。一方面,家庭对恋爱的态度、社会舆论、未来工作等一系列的现实问题接踵而来,迫使双方不得不去面对;另一方面,双方在这个时期,对自己的要求都有所放松,都开始用更加现实的标准审慎地看待对方,开始判断对方在能力、性格、兴趣、生活习惯等方面的差异,从而出现迷茫、吵架、揭短等冲突行为。其实,这种冲突本身也是双方再认识、再自省的过程。往往经过这一过程的撞击,恋爱双方会达到更高层次的和谐与适应。由此,对恋爱对象一个完整、深入的认识就形成了。真正的爱情是既爱慕对方的优点,又能容忍对方的缺点,从而双方心灵上真正融为一体,为共同的方向努力奋斗。当然,生活中有很多恋人因无法磨合而分手的。

---

① 吴继霞,黄辛隐.大学生心理健康学[M].上海:学林出版社,2007:172.

四、高职大学生选择恋人标准的影响因素

高职大学生在选择某个恋人时,并非某时某刻一下子决定的,而是受多种因素影响。选择的标准也是多样或单一,或综合考虑。了解高职大学生选择恋人标准的影响因素对高职大学生在生活中塑造健康的自我形象有很大帮助。高职大学生选择恋人标准的影响因素有以下几方面。

1. 个人因素

有的高职大学生认为感觉第一,有感觉,便可以恋爱了;有的高职大学生认为恋爱重在现实,如果对方能够满足所需,那就可以了;有的欣赏某人的聪明才智;有的喜欢对方的温柔体贴;有的是在一起很开心,能玩到一起,便可成为恋人;还有的认为选择恋爱对象性格最重要。

知识链接 9-1

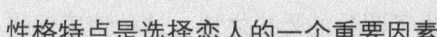

性格特点是选择恋人的一个重要因素

人们习惯对男性与女性特征常作不同的描述。在选择恋人时,一般女性选男友,希望更具有男子特征,如勇敢、坚强。而男性选择女友注重女性特征,如温柔、顺从等。不过现实中越来越多的大学生在选择恋人时,会给男友选择标准加上一些女性化的特征,如温柔、体贴。在选择女友时加上自信、独立等男性化的特征。这涉及一个重要概念,就是双性化。桑德拉·贝姆提出了双性化的概念,她认为适应最好的人是同时具备男性特征和女性特征的人,她把这种特征称为双性化。男性化主要由固执己见和控制等特征构成,女性化则主要涉及人际关系和情感表达。男性化和女性化得分都高的人,被划分为双性化人。一项研究表明,大学生认为双性化的人比男性化、女性化以及未分化的人更受欢迎、更有趣、适应更好、能力更强、更聪明,而且更成功,双性化的人会是最好的伴侣。因为双性化的人更能意识到爱意并能表达出来。因为他们具有产生亲密感的敏感性和理解力、果断性而且愿意冒险。

2. 家庭因素

人的成长过程中,最初对男人、女人的认识,以及与男人、女人关系的建立,就是从父母开始的。高职大学生在选择恋人时,会受自己对父母的印象和态度的影响。例如,一个把父亲当成偶像,非常欣赏父亲的女生,会按照父亲的样子来选择男友。同样,一个对母亲欣赏备至的男生,也会按母亲的标准去选择恋人。当然,父母的感情如何,父母之间彼此相处的方式如何,也会直接影响到高职大学生对男人、女人的态度。如果一个女孩觉得父亲对母亲不好,可能会产生对男人不好的印象,会希望找一个尊重女性,使其有安全感的男孩。男孩也会同样如此。不过由于情感世界的复杂性,每个人对父母也会产生非常复杂的情感,在选择恋人上会表现出捉摸不定,徘徊犹豫,复杂多变。

3. 社会导向

在一定的社会上生活,特别是每个时代有着各自的特点,高职大学生恋爱也会受时代和社会时尚的影响。现代社会崇尚的开放、竞争、务实等特点,也会成为高职大学生选择恋

人的标准。"男孩不坏女孩不爱""干得好不如嫁得好""宁愿坐在宝马车里哭,不愿坐在自行车上笑"等带有争议性的讨论,多少反映了现在大学生选择恋人的心态。一些高职大学生在选择恋人时把目标从大学校园转移到社会中。金钱、地位等不自觉地成为选择恋人的标准。

五、恋爱对高职大学生成长发展的意义

(一)学习建立亲密关系

恋爱是发生在两个人之间、一个人与另一个人建立起来的一种亲密关系。这种亲密关系能否稳固、发展、走向成熟,其实也是大学生自我成长的一个重要标志。学习建立发展亲密关系,是在学习如何去爱另一个人;是在学习如何和一个人长期相处,学会包容、体贴、关心、尊重,接纳失望、痛苦、不满等;是在学习如何保持恰当的距离,不会因为怕失去爱而过度地依赖或过度地疏远,学会建立和享受安全感、亲密感;是在学习体会如何在关系中满足自身及相互的心理需要。

(二)培养发展爱情关系

恋爱会使人有许多的情感体验。被爱是一种幸福,爱别人也是一种幸福。爱情要巩固与发展需要不断地培养。由于爱情中有激情的成分,激情却不能总保持在一个高度的状态。从这个角度来讲,爱情又是一个平淡的过程。时间长了,误以为爱变了,其实是爱情的成分在爱中变化,少了激情,更多了亲密和承诺。爱情在产生的瞬间不是就此停止,爱情是要发展,不断更新充实的。要不断提供养分才能使爱情之花常年盛开。如果你一直有什么美好的东西可以让对方感受到,那么你的爱情生活将不断地被充实,不断地延续美好。爱情的培养发展,也是建立在对对方不断了解、接纳、发现、欣赏的基础上。

(三)恋爱是自我认识与成长的一个过程

通过恋爱,更好地认识自己。恋人对一个人来讲是一个重要人物,重要人物对自己的看法无疑是了解自我的重要途径,并有着巨大的影响力。恋人就像一面镜子,会照出自己的许多东西,从中可以发现自己。另外,对于个人来讲,大学生在恋爱关系中,也会不断发现自己的情感世界、个性特点,发现自己为人处世的方式,发现自己的以往经历对自我的影响。这种美好的情感使人乐于承担责任。爱可以改变人的趣味,升华人的人格,开发人的潜能,促进人的新生。

第二节 高职大学生恋爱特点

一、高职大学生恋爱的特点

高职大学生年龄相近,随着接触时间和机会的增多,彼此间有了更多了解,产生感情也是很自然的事。但这种感情与社会上的恋爱又有所不同,它是在特定的时间、特定的环境下产生的,具有自己独有的特点。

(一)恋爱自主性较强,恋爱动机多元

高职大学生文化层次相对较高,独立意识强,思想开放,受传统习俗的约束较少。他们在确定恋爱关系前、恋爱关系后,一般很少征求父母的意见,大多自己做主。另一方面,与社会上

受结婚动机驱使而恋爱的现象不同,高职大学生的恋爱动机更为多元。恋爱动机可简单地划分为以下几类。

1. 满足情感需求

有些大学生步入高职院校以后,在宽松的环境和放松的心情下,对寻求心灵归宿和情感寄托的需求日益强烈,他们中的一部分人便到异性中去寻找感情寄托,通过恋爱消解寂寞,或期望从恋爱中获得温暖、保护,或弥补自己成长经历中的情感缺失。

2. 从众心理

校园里,恋爱已经成为一道独特的风景。曾流传着这样一段话:"高中时代,爱情是奢侈品,少数人拥有得起。大学时代,爱情是日用品,没有很寒酸"。在这样的氛围中,有些原本没打算在大学恋爱的人也成了"跟潮的人",甚至有学生认为,大学不谈一场恋爱,就等于没上过大学。在大学如果没有谈一次恋爱是一件特没面子的事。对于从没有过恋爱经验的人来说,恋爱是一件既新鲜又特有吸引力的事。于是,便可以寻找自己的"另一半"。

3. 渴望自身价值得到认同心理

很多大学生把有异性朋友作为体现自身价值的一个方面,甚至认为,被越多人追越有价值感,很享受"被人追求"的状态。因为被人追求意味着自己有人爱,值得人爱,证明了自身的价值和魅力。这时候恋爱就成为可以炫耀的资本和印证个人价值的工具。

4. 积累经验心理

有些高职大学生在校园追求的并非真正的爱情,而是获得恋爱和性的体验,尝一尝爱情的滋味,把恋爱看做成长的过程,通过在学校的恋爱获得人际相处、认识异性经验的手段,为以后恋爱打基础,提高以后踏入社会婚恋成功的系数。因此,这类学生在恋爱中会更为注重过程,而对结果如何则很少虑及。

5. 欲望和冲动心理

有些大学生为了满足性生理和心理的需求,寻找异性进行恋爱。这种基于原始的欲望冲动而进行的恋爱是不会结出幸福之果的。同时,这种恋爱关系中的男女对自己性行为的放纵,最终会使双方生理、心理都会受到伤害。

6. 功利和实用心理

有些大学生由于受某种利益的诱惑,社会评价机制的负面影响,或者为了对方的优势地位或为了对方的物质财富而追求对方,甚至不惜付出任何代价。这样的爱情脆弱易碎,很难长久。

7. 感觉和浪漫心理

这是一种被人们歌咏、赞美和追求的爱情。双方都有着浪漫情怀和炽热的感情。这类爱情是功利和实用心理的反叛,更加注重恋爱的过程和情感体验。

(二)注重恋爱过程,轻视恋爱结果

"不要求天长地久,只在乎曾经拥有,爱过恨过已经足够。"这句大学生中广泛流传的顺口溜反映了部分大学生的恋爱心态:过程经历更为重要,至于结果如何已经不太在意。由于受将来职业的不确定性和未来人才的流动性等各种因素的限制,很多高职大学生在恋爱时很少考虑将来是否要结婚的问题。因此,在恋爱对象选择的时候,对于对方是否是一个志同道合、能否长久生活的人没有慎重考虑,而是更加关注当时当地的情感体验。一方面,注重恋爱过程,有利于更深层次地了解对方,增加心理相容度。另一方面,这种强调"爱的进行时",忽视"爱的将来时",从爱情的实质来讲,是只强调了爱的权利,忽视了爱的责任,遮蔽了理想与现实之间存在的矛盾,实际上反映了这些大学生逃避承担责任的随意性。

(三) 恋爱观念开放,传统道德淡化

随着信息技术的日益发达,"性自由""性开放"等观念对高职大学生的恋爱观产生了很大影响。有些大学生的贞操观念淡化,对婚前性行为持开放、理解和宽容的态度。在爱的激情下,往往会选择暂时摆脱传统文化的束缚,放任自己的感情,追求爱情的缠绵悱恻并乐在其中,时时沉浸在两人的世界里。另一方面,高职大学生受到内心深处伦理道德的谴责,经常处于理智与感情矛盾的旋涡中。

(四) 恋爱行为公开,浪漫色彩浓厚

现在,高校对大学生恋爱基本上采取"既不提倡也不反对"的态度,大学生的恋爱一改以往传统的含蓄、内敛的形式,呈现在大家面前的是:公开场合手拉手、肩并肩,甚至搂搂抱抱、爱抚亲吻。他们既不担心同学的议论,也不担心老师的批评;有的甚至以谈恋爱为荣耀。在大学的食堂里,宿舍楼、上课的教室里,随处可见恋爱的亲昵举动。在特殊的节日,互赠对方礼物也成了当下浪漫爱情的一种方式。爱情的表达形式、内容也更为多样。在大学校园中,不乏通过网络扩大交友途径,增进了解,确立恋爱关系的。

(五) 恋爱自我中心,态度轻率化

在恋爱过程中,大学生更加强调自身的感受,对周围同学的情绪知觉较迟钝,因此易引发一些同伴矛盾。有些大学生恋爱,情绪化色彩很重,与异性建立恋爱关系的时间缩短,恋爱过程缺乏持久性,与多个异性同时确立恋爱关系的人数增多。有些大学生,往往对某个异性有些好感,就认为是自己爱上他了,便展开追求,过了不多久,发现原来自己错了,一场恋爱便旋风般地结束了。过了不久,又投入到另一场恋爱中去了。这种恋爱如果在双方的心里没留多少痕迹还行,但有时也可能会对一方或者双方的心理造成很大的伤害。

二、高职大学生性心理的特点

(一) 性心理的好奇性与探究性

从青春期开始,性好奇心理一直伴随着大学生的成长,从性认知的好奇到爱的追求,构成了高职大学生恋爱的动机。当前,我国高校性科学教育尚未全面展开,不少大学生尚未形成稳固的、正确的性道德观和恋爱观。对性心理的好奇促使他们有意无意地从网络、报纸杂志、电视电影等媒体探究相关知识,并在宿舍同学间交流。这种交流是零散的、不系统的,容易使个别大学生的性意识受到错误引导而发生性过失、性犯罪的行为。另一方面,有些大学生由于性的能量得不到合理的疏导、升华而导致过分的压抑,少数大学生还可能以扭曲的方式、不良的行为表现出来,如厕所文学、课桌文学、网络BBS、微博上发泄,极个别会发展成窥视、恋物等变态行为。

(二) 性意识的强烈性与表现上的内敛性

高职大学生尽管情感上迫切需要抚慰和理解,但他们又是自尊心极高的群体,为了避免受到伤害,一般不愿意向别人敞开自己的内心世界。在对待性问题上也是如此,尽管生理成熟,有很强烈的性意识,但行为表现上又显得拘谨、羞涩、冷漠。他们十分关注自己在异性心目中的印象。这种矛盾有的时候会表现为内心对某一个异性很感兴趣,表面上却是一副无动于衷的样子。有的时候很讨厌与异性的亲昵举动,但内心却很渴望。诸如此类的矛盾心理和冲

突,使他们产生了很多烦恼。

(三) 男女性心理的差异性

女生性意识的觉醒较男生早,而男生获得性体验比女生早。从对异性情感表达上看,男生表现得较为外显和热情,女生则表现得含蓄和深沉。在内心体验上,男生更多是新奇、喜悦,而女生是不知所措、羞涩。在内容表达方式上,男生更为直接,女生则采取暗示的方式。在冲动唤起上,男生的性冲动易被视觉刺激唤起,而女生则易被听觉、触觉刺激引起。

知识链接 9-2

男女对性的不同感受①

1. 男女大学生性行为动机有所区别。男生居前三位的动机依次为追求性的欢快感(18%)、发展爱情(16%)和一时感情冲动不能自控(13%)。女生居前三位的动机依次是怕对方变心而解除恋爱关系(12%)、排除孤独感(10%)和其他未明确指出的动机(10%)。
2. 男性性欲高于女性。
3. 男性对视觉刺激更敏感。喜欢异性裸体的,男生为64%,女生为7%,差异明显。在看到异性裸体时,男生的性反应为"产生亲近欲望"的占52%,女生的反应为"无所谓"的占29%。

第三节 高职大学生常见的恋爱心理困扰及调适

一、高职大学生恋爱心理困扰

恋爱是复杂的高级心理活动,交织着爱慕、兴奋、紧张、期待、渴望和焦虑等,情绪反应复杂,如果处理不当,容易产生心理困惑。

(一) 单相思与爱情错觉

单相思只是异性关系中的一方倾心于另一方,但由于种种原因,未曾向对方表白或未找到合适的机会或方式,也得不到对方回报的单方面的"爱情",或已然向对方表示了自己的爱慕之心,但被婉言拒绝,面对现实无法解脱,仍执著地爱着对方。单相思是少男少女对爱情的美好憧憬,是一种正常的心理现象。一般随着年龄和阅历的增长,会慢慢解脱出来。但如果深陷其中,对单恋的那方一直十分关注,耗费了相当多的精力,自身的情绪、行为受单恋对象影响很大,那么就会影响自身的学习和生活,进入恋爱误区,处理不好,也会给以后的婚姻生活带来消极影响。爱情错觉是指在异性间的交往中,一方错误地认为对方对自己"有情有意",或者误把双方正常的交往和友谊误认为是爱情的来临。爱情错觉是单相思的另一种形式,它常会使人想入非非,自作多情。

克服单相思可以从以下几个方面进行努力。

第一,正确理解恋爱的真正含义,明白爱情是男女双方两相情愿的事,任何单方面的情感

---

① 葛宝岳,宋英. 大学生心理健康教程[M]. 长春:吉林大学出版社,2013.

都不是真正的爱情，从而否定自己单方面的思恋。

第二，向所爱的人表达。如果所爱的人根本不可能爱自己，则要尊重对方的选择，学会放弃，把自己从爱的沉溺中摆脱出来，或看书，或交友，把注意力转移到其他事物中去。

第三，当单相思者出现较严重的失眠、寡言少语、无法安心学习和生活时，可以到医院寻求心理治疗或药物治疗。

案例9-5：这是爱情吗

两年前我喜欢上一个人，他风趣幽默的讲课风格，深深吸引了我。他的夫人两年前出车祸去世了，他一直痛苦得不能自拔。我喜欢重情义的男人，之后，我开始给他打电话、发信息，可能我的攻势太猛，他拒绝了我，但我一直没有放弃。前两天他终于主动约我了，我们聊得很开心，彼此都有些紧张，很兴奋，我感觉幸福极了。但接下来的日子，他仍然和过去一样。一直主动的我，觉得好累，有时想干脆放弃算了。

这里让我们重新审视什么是爱情。在案例中，感觉到被他吸引并产生的美好感觉，是你内心欲望、幻想、喜悦等情绪的外化，只是你以为是他的存在给你带来的。当你觉得你爱他的时候，只要他对你稍加注意，你就会觉得这是对方对你的特意关切。实际上这跟对方关系不大。当你对某个人有好感的时候，你会尽量地去搜索你记忆中他给你的"回应"或"表示"。当感觉到"幸福极了"时，这种幸福可能是源于长期的欲求不满，内心压抑的许多幻觉终于有了出口的一种表达。面对这种境况，最好的解脱就是这样想：他只是在孤独与欲望不能满足时才会找你，你不是被他珍惜的那个人。

（二）网上恋爱

随着网络社交的盛行，越来越多的怀有浪漫情怀的学子们投入到网络爱情中去。他们希望在网上找到一个情投意合的白马王子或白雪公主。有些大学生在现实生活中不善于和异性打交道，不敢涉足爱河，但内心又极其渴望。网络特有的虚拟帮助他们克服了面对面的尴尬和羞怯，使他们能够轻松地面对爱情，这种吸引力在现实生活中是很难找到的。但我们的恋爱并不会一直满足于网络的虚拟模式。当一段时间的心灵沟通后，就不得不面对面沟通了。按照雅虎公司在欧洲做的调查，网友的单独会面有80%以上的可能会使双方失望。在异性网友接触中，这一统计数字还要有些上浮。从虚拟的网络爱情走向现实的爱情，有的美梦成真，有的无疾而终，有的上当受骗。年轻的大学生要细细辨别，提高自我保护意识，慎重处理网络爱情。"让虚幻的归属虚幻，现实的归属现实"。

（三）失恋

失恋是指恋爱过程的中断，恋爱的一方否认或中止恋爱关系后给另一方造成的严重的心理挫折。恋爱失败和失恋是两个不同的概念。前者是指对恋爱关系的否定。一般有两种表现。

（1）恋爱双方都不满意，彼此都同意分手，结束恋爱关系。

（2）恋爱的一方提出分手，而另一方仍情意绵绵，沉溺于恋情的怀念之中。对任何人来说，失恋都是一种痛苦的情感体验，会造成不同程度的伤害。有的大学生因失恋而丧失生活的信心和勇气；有的大学生因失恋而陷入强烈的忧郁、焦虑、悲愤甚至绝望的消极情绪状态中；有的大学生恋爱不成反目成仇，图谋报复，"我得不到的，别人也休想得到"；甚至还有不堪忍受痛苦而自杀的大学生。

案例 9-6：分手后我仍忘不了他

我有一个相恋 7 年的男友，我不在乎他的长相、个头、是否给我买得起房子，为他我和家人据理力争，因为我只图这份感情。我们的感情在别人看来都是牢不可破的，可是他却背叛了我，在我和她之间难以抉择。于是，我主动和他分手，但我"心如刀割"，过去的生活在心里留下了太深的烙印，它们总时不时地出现在我脑海里，痛苦伴随着我，我恨他，每天都在想他和新欢幸不幸福。知情的人都说他一定会后悔，会来找我，如果真有这一天，我还能接受他吗？

（资料来源：《心理月刊》）

失恋后，我们经常会陷入痛苦中，思考这份感情的过往。心理咨询师李子勋在谈论爱情的时候提到，"一个人一生的情感有如登山一样，开始我们胆怯、害怕，不太会欣赏风景。有了男女朋友我们开始有了登山的乐趣，彼此成为对方的风景。但爱情这座山太巍峨，到处是曲径通幽，免不了摔跤、迷失、分道扬镳的时候。"① 你可以感受一下在这份爱情中快乐比幸福哪个更多一点，以便作出决断。

常见的摆脱失恋的办法有以下几种。

（1）合理的宣泄。选取适当的场合与对象，诉说自己的不平与委屈，包括痛苦地流泪，适当的体力消耗等。

（2）"合理化"作用。不断强化这样的认知："与一个不爱自己的人在一起，是一种折磨，尽早地分手倒是不幸中的大幸"。

（3）行为转移。可以有意识地安排自己平时喜欢做却没时间做的事情。一方面，繁忙的安排让你没有时间来为失恋痛苦；另一方面，你有可能从这些活动中受到启发，变得顿悟、超脱。时间是治疗失恋的良药。

（4）学会宽容。经过一段时间，多数人的伤口会治愈，但是要彻底从失恋中走出来，还必须有一颗宽容的心，以及重新面对爱的勇气。只有学会了宽容、谅解，才会积极地重新寻找真爱，才会走出失恋的阴影。

失恋是人生中一个很大的挫折，考验的是人的耐受挫折能力。失恋使人产生痛苦的感觉是很正常的事，每个人都会有，只是程度有差别。失去爱会使人感到一种重要关系的丧失或一种身份的丧失，或某种美好感觉的丧失。这需要一定的时间去面对和适应。我们应该正确认识失恋（图 9-2）。

1. 失恋只是一种选择的结果

一个人不选择自己不等于自我就全面的失败，一无是处。每个人在爱的关系中心理需要不同，看重的关键点也不同。每个人都有可爱的一面，只是每个人欣赏的角度不同。

2. 在失恋中学习，把失恋作为一种人生的财富

也许失恋给人带来的强烈的内心冲击是其他事件所不能代替的，但这个过程中所体会到的情感、挣扎与痛苦，也可作为人生的一笔财富，丰富我们的人生体验，人会在失恋中变得更加成熟。

图 9-2　正确认识失恋

① 资料来源于网络

3. 失恋给人再恋爱的机会

一次失恋不等于整个爱情生命的结束。一段恋情过后,人还会再恋爱,再体验美好的爱情,只要用心去体验、去建设、去学习和感受就可以了。

(四) 多角恋

所谓多角恋,是一个人同时被两个或两个以上的异性所追求或自己同时追求两个或两个以上的异性,并建立了恋爱关系。多角恋是产生恋爱纠纷的主要原因之一。导致多角恋爱的因素有以下几方面。

(1) 满足自己不同的欲求,在不同的角色中寻找快乐。

(2) 由于经验不足,缺乏明确的择偶标准,便多头追逐。

(3) 受虚荣心影响,总以为追求者越多,其自身价值就越高。多角恋是一种不正常、不道德的恋爱现象,必须坚决予以反对和克服。对于爱情,我们应该抱着专一、负责的态度,明确自己真正想要的,并努力维系好这份爱情。

案例 9-7:爱情可以这样吗

我是一个很受欢迎的女孩子,可我却不知道怎么说"不",或者说,我有点贪心,我希望得到所有人的喜欢。这件事,我没有告诉过任何一个人,其实从我高三和A谈恋爱开始,就常常游走在两个男生之间,后来大一有了第二个男朋友B。大二大三换了一个男友C,可总数还是两个。我一直将男友的数目控制在两个,也一度为了某个男友试图清场,却始终忍不过半年。后来认识了现在的男友D,于是和A、C都分了手,同时将有男友的消息公告了天下,却在半年后还是没忍住诱惑,接受了另一个男人E的追求。也就是说,那时我又有了两个男友,又过了半年,D渐渐从我生命中淡出了,F却出现了,他是一个真挚热烈的男子,我见过那么多男人,他是最懂我的一个,而我也是最懂他的一个,我不舍得放弃他,所以我接受了。至于情人E,是最危险的关系,我贪恋和他在一起的快乐,后来终于咬牙离开,却泪流满面,我可能是真的喜欢他。

(资料来源:《心理月刊》)

生活中的喜欢与被喜欢,是一件很容易发生的事情。互相吸引的两个人,在同时感到眼前一亮的那一瞬间,发生共鸣的其实只有彼此身上很小的一部分。你喜欢某个人,可能是欣赏他的"某个方面"。因为吸引你的某个方面在不断地变化,所以你身边的人也在不断地变化。这种喜欢可能是真实存在的。但这不能成为你长久的生存状态。如果你想结束这种状态,你是能够做到的。试着珍视最开始的那一部分共鸣,并且从中获得继续牵手的勇气,全然地展现自己和接纳对方,一起走向爱情的顶峰。

二、建立和发展健康的恋爱心理

恋爱中的大学生有时盲目,缺乏理性,一味追求激情和享乐;有时特别理智,衡量得与失,选择极其现实。用什么样的态度看待恋爱,如何来建立和发展健康的恋爱心理,就成为一个很重要的问题。

(一) 树立正确的恋爱观

黑格尔在《美学》中指出,"爱情里确实有一种高尚的品质,因为它不只停留在性欲上,而是显出一种本身丰富的高尚优美的心灵,要求以生动活泼、勇敢和牺牲的精神和另一个人达到统一。"① 真正的爱情需要尊重、理解、给予、责任、信任和专一。

1. 爱是尊重与理解

真正的爱情是双方互相尊重、理解,在长期的相处中经受住各种考验,从而培养出更真挚的情感。在两人确立恋爱关系时,必须出于双方意愿,彼此相爱,两情相悦,任何一方都不能强迫或诱骗另一方接受自己的爱,即使这种爱慕是纯洁的。如果对方认为不适合继续交往,就必须尊重对方的意愿,不可强求。一旦恋爱关系确立,就要尊重对方的人格、意愿。当双方发生冲突时,要用理智克制自己的情绪,站到对方的立场思考问题,提出双方都能接受的方案。

2. 爱是责任与给予

苏联教育家苏霍姆林斯基说过:"爱情首先意味着对你的爱侣的命运、前途承担责任。"责任不一定能萌生爱情,但责任可以维护爱情。只有融入了责任的爱才能长久、永恒。爱的责任不是要求你去承担惊天动地的大举动,而是在某些时候,你能够义无反顾地负起那份原本应该承担的义务。或许承担的责任很苦很累,但仍欣然接受。弗洛姆说:"爱的首要意义是给予,而非接受"。② "给予"不是放弃和牺牲。有观点认为,能"给予"是力量的表现,通过"给予"体现自我的力量,体验到生命力的升华,在给予对方快乐的时候,自我也充满快乐。给予可以是关心、理解、支持、尊重,也可以是喜欢、接纳、承担、分享。

3. 爱是信任和专一

爱不能离开信任。经常的猜疑和嫉妒会使爱情蒙上阴影。信任需要由相爱的双方共同建立,并谨慎维护。彼此忠诚,纯洁专一,是恋爱道德的重要表现。一旦双方确立了恋爱关系,就应该在内心世界中珍惜这份情感。三角恋爱、多角恋爱的结果都会对一方或多方造成伤害。

案例 9-8:我能同时爱两个人吗

安安与明和剑的三人行快 3 年了。他们爱她一个,可她爱他们两个。如果两份爱有轻有重,有深有浅,安安也会比较容易决断,可她觉得,她爱他们是同等深刻。也做过努力放弃一个,但安安说:"太困难了,我无法忍受他们任何一个心碎。"除了无限期地拖延下去,安安什么也不能做。

同时爱两个人——在一生中的某段时间里,我们很可能会遭遇这样的情感困境。这是同样的一种爱还是完全不同的?它是新的情感空间还是一场灾难?因为每个人都有自己爱的定义,心理学家也各有解释,没有答案,没有道德评判,也没有解决方案,只有诸多可能性。

正方:同时爱,是可能的。

心理学家贾晓明认为,同时爱两个人是一种很普遍的现象。一个人很难具备所有人身上具备的好东西,来满足另一个人内在的所有需要。另外,随着你的成长,你内在的需要也在增加,当你有新的需要产生的时候,就需要另外一个人来满足。所以爱上两个以上的人,从心理学上讲是很正常的心理现象,也是可以理解的。

反方:你可能不诚实。

你不诚实,事实上你已经爱上了新的这一个,你不愿接受自己是个负心者,而宁愿相信你同时在爱两个人。《新观察家》杂志资深心理记者郭玉这么认为,"这两种并存的爱,都不是

---

① 桑志芹.大学生心理健康学[M].北京:科学出版社,2007:157.
② 吴继霞,黄辛隐.大学生心理健康学[M].上海:学林出版社,2007:188.

我们指的核心意义上的爱情。"心理咨询师王裕如认为,"经典的爱情是排他的,你的爱只能给一个人。我认为,也许他/她对两个人都不爱,只是不同的两种需要,他/她并没有爱上其中任何一个,因此才把他们并列在一起。"还需要注意的是,人们说同时爱两个人,可能指的不是同一类情感。每个人对爱的定义都不同,对爱的需要也不同,人们用各种各样不同的词来表达自己的爱,很可能人们在谈论不同的感情。

三人舞会如何结局

三人舞会有好结局吗?在小说中或者电影里,作家或导演通常会安排一个或者两个主角的死做结尾。《周渔的火车》里,在两个男人间奔波的周渔被导演孙周安排摔下山崖,死了。《天龙八部》里的段正淳全心全意对待他身边的每一个女人(刀白凤、秦红棉、甘宝宝等),金庸大侠还是让多金且贵的段王爷自刎了。他们难道不是被我们对安全和忠诚的渴望杀死的吗?你玩火,最好也付点代价——这是我们的一种集体投射,我们这样希望,作家和导演就帮助我们实现。

(二) 爱的能力的培养

恋爱是甜蜜又苦涩的,渴望恋爱是一回事,会不会恋爱则是另一回事。爱是一种能力,也是一门艺术。谈恋爱,首先应了解爱、懂得爱,具备爱的能力,才可能让爱的美好愉悦自己的心灵、丰富自己的思想,和所爱的人共享生活的甜蜜。

1. 爱的储存

爱的能力首先看内心储存了多少爱可以给予,如果一个人内心是干枯的,没有爱可以付出,也就缺乏爱的能力的基础。

米尔的储爱槽:心形的储爱槽是储存爱的地方,是来解释人对爱的渴望。将自己想象成一个婴儿,在你的内心深处有个心形的储爱槽,如果这个储爱槽有个计量表,一开始等于零。

请看图 9-3,上方的两个心形槽代表你的亲生父母,随着时间的流逝,他们会用自己槽中的爱注满你的槽。过了 20 年,当你脱离了家庭,自己成家,那时你的槽已注满了爱。身为成年人的你,准备好去注满储爱槽。因而在一个正常的家庭里,爱是代代流传下来的,从父母传给子女。

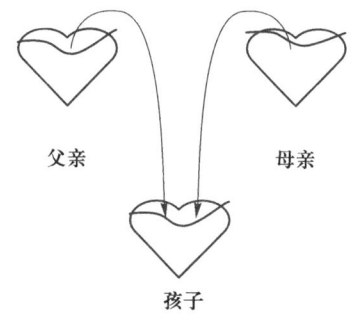

图 9-3 储爱槽

父母给予孩子的爱,使孩子也会切身感到自己是一个可爱的人。当一个人爱他人之前,首先要学会的是爱自己,也就是自爱。

2. 表达爱的能力

当你爱上一个人时,能否用恰当的方式和语言向对方表达出来呢?这是一种爱的能力。有些大学生喜欢上某个异性,又很爱面子,怕对方拒绝,迟迟不敢大胆地表白,有时候甚至摆出对异性根本不屑一顾的样子,这是外在行为与内在心理的反向。有的将对方神圣化,将自己矮化,每当遇到对方就手足无措,词不达意,这样反而给对方留下不好的印象。羞怯和自卑都会影响一个人的自信心。现实生活中有很多因为不会表达而错失获取爱情的机会。因此,大学生在遇到自己倾慕的对象时,要鼓足勇气向对方表白。这样对方至少知道了你的爱意,你也才有与对方发展爱情的可能。其实,在我们周围,个人的外表、社会地位、经济状态总会有这样那样的差异，我们应该对这些外在条件有客观的认识与评价，爱情更多强调的是内心的情感体验。当你确定了这份内心体验之后，在表达时，心理上做好充分准备，注意表达的时间和空间，尽量不给对方造成紧张和不适。表达的方式可以用纸条、礼物传递，也可以面对面说出。一般来讲，男生在表达爱慕时应主动、直接、大方，女生则相对被动、含蓄。表达爱是在表明爱一个人，也是幸福，即使可能得不到回报。你让对方知道被一个人爱着，这是一种很崇高的境界。

3. 接受爱的能力

大学生不仅要勇于追求爱，掌握表达爱的能力，还要学会如何接受他人给予的爱。有的大学生在别人向自己示爱后，内心挺高兴，但又不敢接受属于自己的爱，或者对爱缺乏心理准备，显得惊慌、不知所措，或者觉得自己不配，不值得爱，因此而失去发展爱的机会。爱是双向的，不仅仅是付出，同时也有收获。一个人只有领悟并接受了他人的爱，才有可能给他人更大的爱。当期望的爱来到了身边，能否勇敢地接受也是爱的能力的表现。缺乏这种能力的人，就会错失很多美好的东西。大学生要具有接受爱的能力，就需要懂得什么是爱，知道自己喜欢什么，适合什么。能主动关心他人、热爱他人，能及时、准确地对爱的信息作出判断，坦然作出选择，同时也能应对因拒绝求爱引起的心理困扰。

4. 拒绝爱的能力

每个人都有爱和被爱的权利，每个人又都有拒绝被爱的权利。有爱的能力的人不是对爱来者不拒，或者将认为不是自己的爱就简单地拒之千里。当别人追求你，而你觉得对方不是你喜欢的那种人时，要理智地加以拒绝，勇敢说"不"。拒绝爱的能力，首先，表现为对他人的尊重，要感谢对方对自己的欣赏和感情。其次，要态度明确，表达清楚，即和对方只能是什么样的关系，同学还是一般朋友，或者什么都不是。最后，行动与语言要一致。可能有些大学生怕对方受伤害，虽然语言上拒绝了对方，但是行动上还与对方有较亲密的接触，如单独去看电影、吃饭等，使对方容易误解，认为还有机会，还纠缠在与自己的情感中。

如果在恋爱过程中，发现双方在一起并不合适，就应当立即提出分手。要选择适当的时机提出中止恋爱。恋爱中止后，不诋毁对方人格，不说对方坏话，这都是拒绝爱的能力的表现。

知识链接 9-3

堕胎对女性的伤害

资料1：来自北京大学妇幼保健中心与世界卫生组织的一份性与生殖健康调查，调查对象为北京、郑州、南宁和深圳四市10家医院的2 000多名要求做人流的未婚女性。在要求做人流的未婚女性中，57.1%患有生殖道感染；1/3首次性行为发生在19岁以前，其中8.9%发生在中学期间，首次性行为最小年龄只有13岁；性伴侣数最多达到16个，但9道极为简单的关于性健康知识的测试题，答对者却只有1.2%。

资料2：专家分析1 236例不孕不育患者的病因发现，由女方疾患引起的不孕症中，40%左右患者是因内分泌紊乱、排卵障碍等引起的原发性不孕，近60%的患者则是由人工流产和药物流产手术后引起的继发性不孕。专家随机调查接受"试管婴儿"治疗的100多对夫妇后,结果令人担忧,其中有90%左右的人是因人工流产和药物流产术后,导致输卵管阻塞引起不孕。

资料3:婚前性行为同样伤害男性

从医学角度剖析,婚前性行为同样会伤害男性:容易造成功能性的性功能障碍,也就是某些精神和心理因素引起的性功能异常。性功能的正常发挥与一个人的精神、心理状态密切相关。未婚状态下的性生活,男女双方的心理状态会表现得十分复杂。由于不是正式夫妻,男女双方显得十分紧张,甚至是担心与惧怕,生怕被人发现,或者内心有一种自责与内疚之情,似乎有愧于对方或对方家庭。在这样的条件下,男性很容易发生早泄、阳痿、不射精等现象。

5. 恋爱挫折的承受力

恋爱中遭遇挫折是在所难免的事,这些挫折对大学生的心理承受能力是一种考验。人对失恋的应对方式反映了一个人的心理成熟水平和恋爱观。当爱情受挫后,要通过增强理智感,分析原因,寻找解决问题的方法和途径,在新的追求中确认和实现自己的价值,从而提高自己的心理承受能力。要做到失恋不失德、失恋不失志。即失恋后仍保持道德,不诋毁、不谩骂对方,不成恋人,还可以是朋友。不要因为失恋就整天垂头丧气,丢掉了目标和责任。对大学生来说,调适失恋心理首先要端正认识。爱情不是生活的唯一内容,生活中还有很多东西等着你去追寻。向别人倾诉内心的烦恼也是提高承受力的一个途径。运用心理保护机制也是行之有效的,如"酸葡萄"与"甜柠檬"、隔离和升华等防御机制。

知识链接 9-4

模仿苏格拉底与失恋者的对话

苏(苏格拉底):孩子,为什么悲伤?

失(失恋者):我失恋了。

苏:哦,这很正常。如果失恋了没有悲伤,恋爱大概就没有什么味道。可是,年轻人,我怎么发现你对失恋的投入甚至比对恋爱的投入还要倾心呢?

失:到手的葡萄给丢了,这份遗憾,这份失落,您非个中人,怎知其中的酸楚。

苏:丢了就是丢了,何不继续向前走,鲜美的葡萄还有很多。

失:等待,等到海枯石烂,直到她回心转意向我走来。

苏:但这一天也许永远不会到来。你最后会眼睁睁地看着她和另一个人走的。

失:那我就用自杀来表示我的诚心。

苏:但如果这样,你不但失去了你的恋人,同时还失去了你自己,你会蒙受双倍的损失。

失:踩上她一脚如何? 我得不到的别人也别想得到。

苏:可这只能使你离她更远,而你本来是想与她更接近的。

失:您说我该怎么办? 我可真的很爱她。

苏:真的很爱?

失:是的。

苏:那你希望你所爱的人幸福吗?

失:那是自然。

苏:如果她认为离开你是一种幸福呢?

失:不会的!她曾经跟我说,只有跟我在一起的时候她才感到幸福。

苏:那是曾经,是过去,可她现在并不这么认为。

失:这就是说,她一直在骗我?

苏:不,她一直对你很忠诚。当她爱你的时候,她和你在一起,现在她不爱你,她就离去了,世界上再没有比这更大的忠诚。如果她不再爱你,却还装作对你很有情谊,甚至跟你结婚,生子,那才是真正的欺骗呢。

失:可我为她所投入的感情不是白白浪费了吗?谁来补偿我?

苏:不,你的感情从来没有浪费,根本不存在补偿的问题,因为在你付出感情的同时,她也对你付出了感情,在你给她快乐的时候,她也给了你快乐。

失:可是,她现在不爱我了,我却还苦苦地爱着她,这多不公平啊!

苏:的确不公平,我是说你对所爱的那个人不公平。本来,爱她是你的权利,但爱不爱你则是她的权利,而你却想在自己行使权利的时候剥夺别人行使权利的自由。这是何等的不公平!

失:可是您看得明明白白,现在痛苦的是我而不是她,是我在为她痛苦。

苏:为她而痛苦?她的日子可能过得很好,不如说是你为自己而痛苦吧。明明是为自己,却还打着别人的旗号。年轻人,德行可不能丢哟。

失:依您的说法,这一切倒成了我的错?

苏:是的,从一开始你就犯了错。如果你能给她带来幸福,她是不会从你的生活中离开的,要知道,没有人会逃避幸福。

失:可她连机会都不给我,您说可恶不可恶?

苏:当然可恶。好在你现在已经摆脱了这个可恶的人,你应该感到高兴,孩子。

失:高兴?怎么可能呢,不管怎么说,我是被人给抛弃了,这总是让人感到自卑的。

苏:不,年轻人的身上只能有自豪,不可自卑。要记住,被抛弃的并非就是不好的。

失:此话怎讲?

苏:有一次,我在商店看中一套高贵的西服,可谓爱不释手,营业员问我要不要。你猜我怎么说,我说质地太差,不要!其实,我口袋里没有钱。年轻人,也许你就是这件被遗弃的西服。

失:您真会安慰人,可惜您还是不能把我从失恋的痛苦中引出。

苏:是的,我很遗憾自己没有这个能力。但可以向你推荐一位有能力的朋友。

失:谁?

苏:时间,时间是人最伟大的导师,我见过无数被失恋折磨得死去活来的人,是时间帮助他们抚平了心灵的创伤,并重新为他们选择了梦中情人,最后他们都享受到了本该属于自己的那份人间快乐。

失:但愿我也有这一天,可我的第一步该从哪里做起呢?

苏：去感谢那个抛弃你的人，为她祝福。
失：为什么？
苏：因为她给了你忠诚，给了你寻找幸福的新机会。

6. 发展爱的能力

美国著名诗人惠特曼说："爱，不是一种单纯的行为，是我们生活中的一种气候，一种需要我们终身学习、发现和不断前进的活动。"相恋只是爱情生活的第一步，在人生的漫长道路上，积极发展爱的能力，是整个人生的任务。缺乏了这种能力，爱就不能维持，更不能发展。

爱情需要不断输入新鲜血液才有生命力。要保持爱情的常新，需要智慧、耐力、持之以恒及付出心血，同时又有自己的个性，有自己的追求与发展。学新的东西，善于交流，欣赏对方，是爱的重要源泉。一个人越深刻、越丰富、越完善，他的爱情就越丰富多彩。

爱情需要学会克己与宽容。爱情生活中并非总是阳光明媚。恋爱过程中，总会有分歧、争吵，还有来自各方面的压力和困难。在面对这些问题的时候，只有互相尊重，宽容克己，真正地关心对方，走进对方的内心世界，以对方的快乐为自己的快乐。才能使爱情得到发展，家庭和谐。

课堂活动

一、活动

（一）爱是什么

1. 目的

通过活动让大学生思考自己的爱情观，同时通过大学生对爱的实质的讨论拓宽大家的思路，更全面地领悟爱的真谛，并能对自己的情感生活有所反思。

2. 操作

请静静地思考一下"爱"是什么？并在白纸上写出 5 条你所认为的爱的实质，如爱是需要、关怀，等等（请更多关注那些直觉的、第一印象的内容，而非理性思考的内容和感受），写完后每个同学在小组里向大家汇报自己的选择及感受。

3. 讨论

（1）你在活动中有何感受？

（2）对你而言，爱的实质是什么？它对你曾经或目前的恋爱有何影响？你的选择与你的爱情观相符合吗？

（3）其他人的爱情观对你有何影响？

（4）最后每个小组将排在前 5 位的爱的实质写到黑板上在全班进行分享，教师进行点评、补充、总结。

(二)男生眼中的女生和女生眼中的男生[①]

1. 目的

通过异性的眼光来审视现在的自己,找出差距,完善自我。

2. 操作

(1) 男生眼中的女生(男生填写)

A. 你认为女生最吸引你的三项特质,依次用①②③标出。

①温柔②漂亮③贤惠④热情⑤真诚⑥稳重⑦聪明⑧勤奋⑨身材好⑩有修养⑪好运动⑫有主见⑬活泼、外向⑭内向沉稳⑮善于打扮⑯穿着大方⑰爱好相近⑱家庭背景好⑲顺从⑳其他(列出上面未说明而你认为重要的特质)

B. 简单描述你讨厌什么样的女生。

(2) 女生眼中的男生(女生填写)

A. 你认为男生最吸引你的三项特质,依次用①②③标出。

①高大②英俊③幽默④真诚⑤稳重⑥热情⑦聪明⑧勤奋⑨讲义气⑩好运动⑪有主见⑫有修养⑬出手大方⑭乐观外向⑮穿着潇洒⑯爱好相近⑰乐于助人⑱家庭背景好⑲勤劳⑳其他(列出上面未说明而你认为重要的特质)

B. 简单描述你讨厌什么样的男生。

统计并公布调查结果,由此展开讨论。

(三)"谢谢你的爱"——善意地拒绝他人

1. 目的

体验感受,学会表达。

2. 操作

每个小组分别由两名同学轮流扮演表达爱情的人(角色 A)与谢绝爱情的人(角色 B),其他同学做观察员,来评比扮演角色 B 的同学的表达能力,并对他(她)的不足给予帮助。

3. 活动要求

(1) 小组内的每一名同学都至少扮演一次角色 A,也扮演角色 B。

(2) 小组内的评比标准:是否是一种有效的,而且不使角色 A 感到尴尬的谢绝爱情的表达方式。

二、心理测试

恋爱观自测

恋爱观是人生观在恋爱上的反映。它不仅决定着对恋人选择的标准,也决定着一个人恋爱的目的和为达到目的所采取的方式,由此也关系到婚姻的幸福美满程度。回答方法:你只需从下列问题所给出的答案中选出最适合你的一项。

1. 你和对方建立恋爱关系时所依据的条件是(   )。

    A. 各有所长,基本相当   B. 我比对方优越

    C. 对方比我优越   D. 没考虑

2. 对恋爱日程和起始时间的安排是(   )。

---

① 桑志芹. 大学生心理健康学[M]. 北京:科学出版社,2007:166.

A. 懂得了人生的真谛和爱情的内涵,又确定了事业上的前进方向和出发点时

B. 随着年龄的增长,自有贤妻或好丈夫光临

C. 早下手为强,越早越主动

D. 没想过

3. 你认为恋爱最终达到的目的是(　　)。

A. 结为情投意合的伴侣

B. 成家过日子,养儿育女

C. 满足情欲的需要

D. 只是看着恋爱好玩,下一步没想什么

4. (男做)你对你未来的妻子首先考虑的是(　　)。

A. 善于理家,进得厨房　　　　　　　B. 容貌漂亮,出得厅堂

C. 人品好,能体贴、帮助自己　　　　D. 只要爱,其他无所谓

(女做)你对你未来的丈夫首先考虑的是(　　)。

A. 潇洒,有风度　　　　　　　　　　B. 金钱权势占优势

C. 为人正直,待人和蔼可亲,有上进心　D. 只要他有钱,其他都不考虑

5. 你希望同你的恋人怎样结识开始?(　　)

A. 青梅竹马、一往情深　　　　　　　B. 一见钟情、难舍难分

C. 在工作和学习中逐渐产生感情　　　D. 经人介绍

6. 你认为巩固爱情的最佳途径是(　　)。

A. 设法讨好对方　　　　　　　　　　B. 努力使自己变得更完美

C. 对恋人诚恳、言听计从　　　　　　D. 无计可施

7. 恋爱的过程是相互了解、相互适应和培养感情的过程。既然是个过程,就需要时间,你希望恋爱的时间是(　　)。

A. 越短越好,最好是"闪电式"　　　　B. 时间尽可能长些

C. 时间拖得很长　　　　　　　　　　D. 自己无所谓,听对方的

8. 你认为了解恋人的最佳途径是(　　)。

A. 自己精心设计某些场面,对恋人做无休止的考验

B. 诚挚的交谈,细心的观察

C. 通过朋友

D. 没想过

9. 当你在恋爱过程中遇到一位比恋人条件更好的异性对你有好感时(　　)。

A. 说明真相,更忠于恋人　　　　　　B. 对其冷漠,但保持友谊

C. 讨好对方并瞒着恋人与其来往　　　D. 感到困惑,不知如何是好

10. 你原以为恋人很理想,随着时间的推移发现恋人也有缺点和不足时你怎么办?(　　)

A. 用对方能接受的方式帮助对方改进　B. 因事先没有想到而伤脑筋

C. 嫌弃对方,犹豫动摇　　　　　　　D. 不知如何是好

11. 恋爱进程不是一帆风顺的,你对恋爱中出现的波折认识是(　　)。

A. 最好不要出现,既然出现了也是好事,是对对方的相互了解和考验

B. 有点难过,认为这是不幸的

C. 疑心丛生,打算分手

D. 束手无策

12. 你倾慕某异性并对他(她)展开追求时,你发现他(她)已经另有所爱,你怎么办?(　　)
    A. 静观待变　　　　　　　　　　B. 千方百计"切入"
    C. 抽身止步,成人之美　　　　　D. 没想过

13. 当你的爱情小舟在行驶中由于对方的原因搁浅时,你怎么办?(　　)
    A. 千方百计缠着对方　　　　　　B. 损害对方名誉
    C. 说声再见,各奔前程　　　　　D. 不知所措

14. 当你的恋人背信弃义甩掉你以后,你怎么办?(　　)
    A. 只当自己瞎了眼　　　　　　　B. 你不仁,休怪我不义
    C. 吸取教训,重新开始　　　　　D. 悲愤痛苦,不知所措

15. 当你多次恋爱都未成功,随着年龄增长成了"老大难"问题时你怎么办?(　　)
    A. 一如既往,宁缺毋滥　　　　　B. 自暴自弃,随便找一个了事
    C. 检查一下择偶标准是否切合实际　D. 自认命不好,对恋爱感到绝望

【记分与评价】

以上问题回答完以后,根据自己的答案按表统计得分(表9-1)。

表9-1　恋爱观自测记分表

题目	A	B	C	D
1	3	2	1	0
2	3	2	1	0
3	3	2	1	1
4	2	1	3	1
5	2	1	3	1
6	1	3	2	0
7	1	3	2	0
8	1	3	2	0
9	3	2	1	0
10	3	2	1	0
11	3	2	1	0
12	2	1	3	0
13	2	1	3	0
14	2	1	3	0
15	2	1	3	0

(1) 得7个以上的0分:你的恋爱观还没有确定,如果你年龄尚小切不可匆匆跨入情场;如年龄已长成,也要读几本指导婚恋的读物,待恋爱观确定之后再跨入情场为宜。

(2) 15~24分:需好好端正恋爱观。这是因为你的恋爱观有不少问题,这些问题使你辛勤

播撒的爱情种子难以萌发,即使萌发了也难结甜蜜之果。如你已进入情场,劝你及早退出来,改进恋爱观后,不愁爱情之树不枝繁叶茂。

(3) 25~34 分:恋爱观尚可。你在情场上虽不至于有大的失误,但一时也难以得到真正的爱情。爱情是圣洁的事,为了你的幸福,最好把恋爱观再校正一下,变"尚可"为"正确"后,再跨入情场不迟。

(4) 35~45 分:恋爱观比较正确。这是你进入情场的最佳入场券,进场以后也可能会有点儿曲折,这种曲折只不过是你实际目标的暂时困难。但你最终会寻觅到称心如意的恋人。

第十章

珍爱生命　笑对人生——高职大学生生命教育与心理危机干预

案例导入

案例 10-1：智利奇迹

北京时间 2010 年 10 月 14 日上午 9 点左右，随着智利最后一名被困矿工走出救生舱后，进行了将近 24 个小时、备受全球瞩目的罕见救援行动成功结束。持续了两个月的智利矿难，终于迎来了胜利的光芒。经过全球通力合作，33 名矿工在等待了 68 天后终于成功获救，并且迄今没有重大生理和心理疾病发生。

智利奇迹是一次次面对挫败的过程。得到矿工生存的消息已经是矿难发生近三周之后的 2010 年 8 月 22 日，当时井下补给几乎耗尽。此后救援方案一再变更，即使到最后仍然有多项备用预案。只要不放弃希望，就有光明在前面。智利矿难救援，时间最长、难度最大，种种客观数据确实令人吃惊，但这些并不是可以被称为奇迹的核心要件，比它们更加闪耀的应该是井下矿工和救援行动中所体现出的人性的光辉。

人性的光辉始终在矿难救援过程中体现。尽管被困两个多月，矿工们仍然礼让升井顺序，并争做最后一个升井者以体现对救援工作的信心。最终的升井顺序还是为救援成功制订的，先让 4 名身心最健康的人升井，然后由他们以切身体会指导后面的 10 名身体最差的人。不过带工班长排在最后，他严格执行着宝贵的船长原则。

人性光辉体现在智利奇迹的方方面面。矿工们不仅在井下团结一心，共同延续生命，他们同时也已经做好准备共同面对新的难题。他们共同经历过苦难，也要共同面对明天。

案例 10-2：我愿意为她付出一切，她怎么就不爱我了呢

小飞是某大学二年级学生，两年前在网上认识了一位名叫小言的女生，小言的父亲在一次交通事故中不幸去世，她从小就和母亲相依为命，但是跟母亲关系并不是很好。小飞十分同情她的遭遇，并暗下决心要好好呵护她，于是两人就慢慢产生了感情，暑假的时候还互相到对方的城市去玩，相处得很甜蜜，两人还决定以后组成一个幸福的小家庭。新学期开始后不久，小飞接到小言分手的电话，这对于沉浸在爱情甜蜜喜悦中的小飞来说，不啻晴空霹雳。任小飞怎么努力和央求，小言都断然拒绝。遭受失恋打击的小飞，上课神情呆滞，坐立不安，做什么事情都不能集中精神。他百思不得其解："我愿意为她付出一切，她怎么就不爱我了呢？"继而，他变得自卑，又觉得前途渺茫，"死"这个可怕的字眼浮现在他的脑海里。于是他跑到宿舍后面的河边，幸亏同学发现得及时，把他救了上来，才避免了一个年轻生命的逝去。

案例 10-3：我因为减肥失败而服药自杀

小叶是在某知名大学上二年级。小叶的家人说，小叶在高中毕业以后，体重便直线上升，曾经达到 70 多千克。当小叶上大学后，她便自己去买了一些药减肥。可能因为方法不当，小叶闭经已经有 3 个多月了。小叶说，在减肥过程中，她给自己制订了节食计划，每天只以苹果充饥。有时候，她在上课时饿得头晕眼花，但也只好默默忍受。后来，小叶的体重下降到 50 千克，但由于她长时间节食，内分泌功能发生紊乱，导致她 3 个月都没来月经。小叶曾听说过早闭经可能会导致不孕，对此她感到十分害怕。于是，她就一边增加每天的食量，一边吃泻药控制体重。一段时间后，小叶每天总感觉到四肢乏力，做什么都觉得无精打采，甚至对人生产生了厌倦，于是她就想到了以自杀来寻求解脱，幸亏被其家人及时发现送到医院进行抢救，才避免了一场悲剧的发生。

案例10-4：谁伤害了我，我就跟他一起死

小五，男，19岁，某大学二年级学生。他说："自高中三年级到考入大学后，长期郁郁寡欢，对什么事情都感到兴趣索然，时常心烦意乱，学习感到吃力，考试成绩处于中下水平。现在，我对未来的前景感到渺茫，毫无信心。与同学相处得也不好，整天忧心忡忡，不想与他人说话。时常感到神疲乏力，有时还感到气短、心悸、胸闷，心情极为痛苦烦闷，有时还产生了轻生的念头。我想尽快恢复正常身心状态，却始终找不到正确有效的方法。这样的状态持续已达三年多。我想，如果我自杀了，大家不会同情我，只会说我果真是个没出息的人，我就把所有的心思都放到学习上，发誓要考上大学。我认为，只有考上大学，才能为自己争一口气，也才能离开那个鬼地方和那些小人。可是，考上大学后，我的心情并没有从此就好起来。学习负担重，与同学的关系仍是不好。一学年下来，各科考试的成绩都不理想。我觉得真是应了那句老话：天下乌鸦一般黑！很多同学都跟我吵过架，很多同学都不愿意和我交往。我现在真的感到人生毫无意义，生活枯燥无味。我现在脾气很暴躁，谁要是伤害了我，我是不会让他好受的，大不了跟他一起死。"经过心理医生诊断，他患有抑郁症，经过一段时期的咨询，渐渐有所好转。

以上的案例中，我们看到了智利矿难中生命的奇迹及其彰显的人性光辉，我们也看到了大学生们因为恋爱、学习、生活等原因无视生命的想法或行为，让人感到心痛。究竟是什么原因让青年学子感觉捕捉不到生命的意义与价值？我们的教育忽视了什么环节？为此，本章关注大学生的生命教育和心理危机的预防与干预。

第一节　生命及生命教育

一、生命的内涵

生命是什么？这是一个看似简单却又相对深奥的问题。冯契在其主编的《哲学大辞典》里指出："生命是主要由核酸、蛋白质分子组成的，以细胞为单位的复合体系的存在方式。"生命是有机体的存在形式，它包括人、动物和植物，这里谈的生命，我们特指人的生命。人的生命不仅具有自然属性，还具有社会性、精神性。自然属性的生命主要是指生理上的进食、代谢、排泄、呼吸、运动、生长、生殖和反应性功能的系统。社会属性的生命是人区别于他物，特别是区别于动物的本质差异。马克思强调说："人的本质是一切社会关系的总和。"生命不是单个人的抽象物，而是一切社会关系的总和。人之所以为人，不仅仅取决于人的自然存在，有意义的生命的存在才是人的最为根本的存在。人是社会的人，人生活在社会之中，社会性是人的根本属性。[1] 精神性是哲学和心理学层面的，是与"理性""意识""思维"等相一致的概念。精神性生命的最终归宿应该是个体的精神生活。如我们敬仰的共产主义的创始人马克思，他在为无产阶级的解放事业上所表现出来的超人意志和热情，都来自于他那"改变世界"的崇高责任。正是在这种"革命者的责任"的精神驱使下，马克思才发现了人类历史发展的一般规律和资本主义社会的特殊规律，为人类社会的发展规划了美好的蓝图。所以，有的人虽然死了但永远留在人们心中；有的人虽活着，但如同行尸走肉。

---

[1] 王文科.生命教育概论[M].广州：广东高等教育出版社，2008.

我国社会学家李银河曾经说过:"生命是一个奇迹。在热力学第二定律中,它是一个减熵的现象。能生而为人本身就是一个太多偶然因素构成的奇迹,从这个意义上说,每个人都是宇宙的幸运儿。我们太应珍惜这几乎是不可能的奇迹,珍爱生命,善待生命。它的存在应是狂欢,应是快乐,应是难以压抑的歌唱。"生命是神奇的,是独特的,所以我们要珍惜它。生命是不可逆的,也是短暂而珍贵的,因此在生命高潮的波峰,我们应该学会享受它,在生命低潮的谷底,我们应该学会忍受它,这样才能发现生命的绚丽。生命是由其长度(譬如追求健康长寿)、宽度(譬如追求充实的生活)与深度(譬如追求强烈的生命感受)组成的一个三维立体,我们不能无限延长生命的长度,但是可以改变生命的宽度和深度。立体代表着多面,并不是一个平面,就如人生是丰富多彩的,喜怒哀乐各有其呈现的时候。同样,人生亦是一个过程,曲曲折折,坎坎坷坷,不就构成了人生的立体性了吗? 人人都能争取更大的人生容积,人人都能创造一个充满欢乐、拥有成功、丰富多彩的人生。

二、生命的意义

生命是人类从事一切活动的载体,没有生命,便没有一切。生命是宝贵的,生命只要存在,明天就有无限的可能性。存在主义的观点认为存在先于本质,生命本无意义,不存在任何先决的意义,我们活着就是要去创造出这个意义。释迦牟尼认为人生的意义是觉悟人生,所以他创立了佛教。耶稣说人生的意义是爱一切人。人本主义哲学认为,生命的意义就是自我实现。生命的意义就是使自己每一
认识生命
天都有一些心灵与智慧的增长,每一天都对世界有一些奉献与利益。我们应该努力创造生命的价值,从平凡而真实的人生中、自我价值的实现中、与他人相处的过程中寻找生命的意义。

王国维在《人间词话》中说,人生奋斗必须经过三种境界:第一种境界是"昨夜西风凋碧树,独上高楼,望尽天涯路",这是一个人在孤独之中寻找理想、寻找生命着落点的痛苦时刻;第二种境界是"衣带渐宽终不悔,为伊消得人憔悴",这是一个人找到了值得为之奋斗的目标,全力以赴,不惜一切代价而为之努力的过程;第三种境界是"众里寻他千百度,蓦然回首,那人却在灯火阑珊处",这是一个人通过自己的苦苦寻求和努力,发现自己想要的东西原来就在自己的身边或心里。这时候,世俗目标是否实现已经不重要,重要的是灵魂的解放和心灵的归属。生命永远像童年一样简单,是浅薄;生命陷入世俗的纷争,是庸俗;生命从纷争中得到解放,是觉悟。觉悟后才能进入王国维所描述的第三种境界。

三、大学生生命教育

人类自诞生以来就不断追求自由、探索生命的意义,随着人类文明的发展与进步,生命教育的思想理念也逐渐明晰和丰富起来。生命教育是舶来品,最早来自20世纪初的西方死亡教育和生死教育。20世纪60年代,美国的杰·唐纳·华特士(J. Donald Walters)提出生命教育的思想,80年代在澳大利亚、英国、日本等国家逐渐推广,再到90年代港台地区大规模、有系统地开展,进而在华人地区获得本土化的发展。

(一) 大学生生命教育的概念

对于大学生生命教育的概念,目前,国内的相关研究见仁见智,不一而足。台湾教育界普遍认为,"生命教育就个体本身而言,是关乎全人的教育;就个体与外界的关系而言,是关乎与他人、与自然万物、与天(宇宙主宰)之间,如何相处互动的教育。"浙江大学张云飞认为,"生命教育是指引导大学生正确认识人的价值,人的生命,理解生活的真正意义,培养大学生的人文精神,培养大学生对终极信仰的追求,养成大学生的关爱情怀,使他们学会过现代文明。"湖南公安高等专科学校王晓虹认为,"生命教育就是有关生命的教育,它主要是帮助人们认识并珍爱自己的生命,尊重他人的生命,并在此基础上主动思索生命的意义,找出自己存在的价值和定位,提升生命的质量,培养人们的人文精神,使之学会过现代人文明的生活。对青少年进行生命教育,目的是使他们既认识到生命的伟大和崇高,又认识到生命的渺小和脆弱;既了解人类的生命价值,又了解自然界中其他生命的意义;既关注自身生命,又关注、尊重、热爱他人的生命;既积极创造生命的价值,又自觉提升生命的价值。"①

大学生生命教育,就是"通过有目的、有计划的教育活动,引导大学生从认识人的自然生命的特征入手,进而去体会自我的社会生命,意识到人的生命只有在社会中才能孕育和成长,从而必须处理好生命与自我、生命与他人、生命与自然、生命与社会的和谐关系,学会关心他人、关心自然、关心社会,热爱生命。大学生生命教育包含了这样两层内涵:一是使大学生不但要了解自然生命、理解生命,从而懂得尊重生命、关爱生命和善待生命;二是使大学生通过自我完善,确立健康的人生观,树立正确的价值观和态度面对生活,面对生存和死亡,实现生命的价值,并在此过程中感悟生命的真谛。当代大学生生命教育是以帮助大学生更加深入地认识生命的意义,树立积极的生命价值观,提升生命质量并发展个人独特的生命,形成人与自然、人与社会的和谐关系,获得幸福人生为宗旨的。②

知识链接

生命的价值

有一个生长在孤儿院的男孩,常常悲观地问院长:"像我这样没有人要的孩子,活着有什么意思呢?"

院长笑而不答。

有一天,院长交给男孩一块石头,说:"明天早上,你拿这块石头到市场去卖,但是不是真卖,记住!不论别人出多少钱,绝对不能卖。"

第二天,男孩蹲在市场的角落,意外地有好多人要买他那块石头,而且价钱越出越高。回到孤儿院,男孩兴奋地向院长报告,院长笑笑,要他明天拿到黄金市场叫卖。在黄金市场,竟有人出比昨天高10倍的价钱要买那块石头。

最后,院长叫男孩把石头拿到宝石市场去展示。结果,石头的身价较昨天又涨了10倍,但由于男孩怎样都不卖,竟被传扬成"稀世之宝"。

男孩兴冲冲地捧着石头回到孤儿院,将这一切报告院长。院长望着男孩,徐徐说道:"生命的价值就像这块石头一样,在不同的环境就会有不同的意义,一块不起眼的石头,由于你的珍惜,惜售而提升了它的价值,而被说成稀世珍宝。你不就像这石头一样吗?只要看重自己,自我珍惜,生命就有意义,有价值!"

---

① 王晓虹.生命教育论纲[M].北京:知识产权出版社,2009.
② 李娅.当代大学生生命教育实践探究[D].南京师范大学,2011.

（二）大学生生命教育的目标

生命教育，就个体而言，目标在于促进个人生理、心理、社会、灵性全面均衡发展；就个体与外界的关系而言，其目标在于使人认识生命（包括自己与他人），进而肯定、爱惜并尊重生命。

高校生命教育的目的在于协助大学生了解生命的意义，学习尊重自己，尊重生命，加强人际关系，进而能珍惜自己的生命、欣赏自己并关怀别人。大学生生命教育的目标是提升大学生对生命的思考，了解人生的意义与价值、生命的目的与功能，建立独立自主的信念，养成积极向上的人生观。为了帮助大学生寻找生命的意义，根据生命教育的内容，相对应的实施目标就是：珍爱生命、创造生命价值、正确认知死亡、走向生命的成熟以及创造和谐的生命关系。

（三）大学生生命教育的内容[①]

1. 生命意识教育

生命意识的培养，是生命教育的起点。生命意识教育就是帮助大学生形成科学、正确、完整的对生命的认识，形成对生命的热爱、珍惜、尊重，并能主动地保护生命。因此，引导大学生珍惜爱护生命的生命意识教育，主要从珍爱生命、尊重生命和保护生命三个方面入手。

第一是珍爱生命，它是生命教育的基础和首要前提。日本思想家池田大作说过："最崇高、最尊贵的财宝，除生命外断无他物。"费尔巴哈说过："生命就是人最高的宝物。人牺牲生命来祭神，只是因为神的眼睛像人一样，也是把生命看做最高的、最有价值的、最神圣的宝物。"生命是大学生最宝贵的财富，必须让当代大学生意识到生命的宝贵性，让他们明白不能随意地结束自己和他人的生命。

第二是尊重生命，尊重生命就要"尊重生命的个性，培养每个生命个体健全、丰富的情感。"生命教育要教育大学生尊重生命的个性，不仅要承认每个学生的差异，而且要懂得尊重差异、欣赏差异。我们要引导大学生具有大自然般博大的胸怀，每个人个性成长的过程，都是生命表现能动性、创造性的过程。

第三是保护生命，生命权是一种独立的人格权，所以大学生应该保护生命。由于大学生入学前基本上没有系统地接受过安全教育，对安全知识了解甚少。通过生命教育，要让大学生了解生命权的基本内容，掌握大学生安全防范知识和心理健康知识等，提高防范能力和自我保护能力，并学会用法律武器来保护自己的生命权不受侵害。另外，也要求在当个人利益与他人利益、集体利益和国家利益发生矛盾，需要支配生命权时，个人有义务履行自己的职责，做出应有的牺牲，以实现人生价值。

2. 忧患意识教育

忧患意识是指人们从忧患境遇的搅扰中体验到生命的尊严及人之为人的意义和价值，并进而以自身内在的生命力量去突破困境、超越忧患，以达到真善美统一境界的心态。大学生生命教育要教育大学生正确面对生命困境的忧患意识教育，具体包括两方面的内容。

一是挫折观教育。生命是一个过程，自然会遇到许多艰辛、险阻、磨难。人生在世，不如意事十之八九，没有一个人的人生道路是笔直的。由于大学生身心发展的不平衡性和其所处的特殊时代和社会背景，决定了大学生常常忽视生命发展过程中的艰辛和磨难，一旦遇上稍不如意的事时，就会垂头丧气、意志消沉、情绪低落，甚至采取自杀等极端行为来应对。针对这种情况，当代大学生生命教育就必须使大学生正确对待人生的挫折，要用自信乐观的人生态

[①] 车雪梅.高校生命教育的实践研究[D].重庆交通大学，2010.

度来面对人生的困境,这样才能度过人生的逆境,创造生命的辉煌。首先,正确对待人生挫折的教育。生活的道路并不是平坦的,到处充满着坎坷和曲折,每个人的人生道路也绝不是一帆风顺的。其次,培养大学生乐观自信的人生态度,并在此基础上培养大学生战胜苦难的能力。

二是死亡观教育。要教育大学生正确对待死亡,只有正确地认识死亡,才能更好地珍惜生命、热爱生命。尽管死亡是每个人都要面对的事情,但却不是所有人都能够自觉地意识到并恰当地处理好的。这就需要生命教育来培养和传递,需要生命教育来发展和养成。大学生生命教育要向大学生介绍有关死亡的知识,使他们正确地认识死亡,树立正确的生死观,以一种平常、豁达的心态去看待生死。生死是两相依的,有生就必有死。

3. 和谐意识教育

《学习的革命》一书的作者戈登曾说:"教育的最高境界应该是达到三个和谐,即让学生与自身生命和谐、与周围生命和谐、与大自然万物和谐。"生命教育中也就要教育大学生正确认识和处理个人与自我、个人与他人、个人与自然的关系,创造一种广泛的生命和谐。

首先是大学生的自我和谐,这也是大学生与他人、与社会、与大自然保持和谐生命关系的前提和基础。主要包括两个方面的内容:一是正确认识自我的教育。一个和谐的个体生命,总是身心健康的统一体。大学生不仅要有强健的体魄,还要有健康的心理。只有身心都健康,才能全面发展。二是良好的自我认同感的教育。大学生对自己持有认同感,就会对自己充满信心,就会乐观地对待生命发展过程中遇到的各种困难和挫折。

其次是与他人的和谐。人的生命的社会属性决定了人总会和周围的人发生关系。因此,当代大学生必须处理好与他人的关系,建立起和谐的人际关系,这样才能使个体生命得到充分展现和发展。通过人际交往方面的教育,帮助大学生与他人、与社会建立和谐的关系。一方面要教育大学生学会与人交往和沟通,引导大学生建立人际交往的意识和了解人际交往的常识,掌握一些处理人际关系的技巧和艺术,学会通过对话、沟通等方式来加深理解,以便在社交场合能处理好各种关系。另一方面要教育大学生掌握人际交往中应遵循的基本原则,如尊重原则、平等原则、诚信原则、互利原则等,学会尊重他人、理解他人、关爱他人,与他人、与社会和谐相处。

最后是人与自然的和谐。人是自然的产物,是自然界的一部分。人与自然和谐相处是人类社会具有永恒价值的理念。因此,要教育大学生做到人与自然的和谐相处,尊重自然、保护大自然,尊重生命的多样性和大自然的规律性,热爱自然、保护自然。这样,自然才会给人类的生存提供优美的环境,为人类提供一个和谐美好的生命家园。

4. 奉献意识教育

雷锋曾说:"人的生命是有限的。可是为人民服务是无限的,我要把有限的生命投入到无限的为人民服务之中去。"他兑现了自己的人生诺言,因而他的生命有了存在的意义。当代大学生的生命教育必须有奉献意识的教育,要注意三个方面。

第一,奉献意识教育是基于生命的教育。马斯洛的需要层次理论指出,只有在生理的需要、安全的需要、归属和爱的需要、尊重的需要等得到满足之后才会去追求人生的价值。大学生只有拥有了强壮的身体、健康的心理,储备了知识,掌握了技能,才能实现生命的价值。

第二,奉献意识教育要尊重价值的多元化。大学生是形形色色、参差不齐的,所以要把握教育的层次性和针对性,开展榜样教育,引导他们树立正确的价值观,促进社会的健康和谐发展。

第三，奉献意识教育要求大学生摆脱生命中物质化的、功利化的价值追求，更多地提高自己的精神境界，不断追求人生真理，追求高尚的道德品质，在为他人、为社会做贡献的过程中不断升华自己的生命价值。

（四）高校生命教育的实施途径和方法[①]

1. 专门课程

专门课程相对于渗透式生命教育课程来说，最大的优点就是连贯性和独立性，它将生命教育的基本内容系统地、完整地呈现出来，通过教师有计划、有目的的教学活动，系统地向大学生传授有关生命的知识，使大学生在正确认识生命的基础上，寻找生命的意义，追求生命的价值。专门课程跨学科的内容分量较大，重视加强有关道德、文化和艺术方面的内容。担任核心课程的教师可能来自各个不同的系，在课程内容的选择、教授方法上虽然有所不同，但是都要严格要求教师贯彻生命教育的目标，这些教师应该是学术基础深厚、具有通融识见的优秀教师。他们专门开设生命起源、审美教育、心理健康教育等课程，让大学生全面了解生命，进而珍爱生命。专门课程仍然是迄今为止在理念上最能够体现生命教育精神的一种实施方式，专门课程可以避免将生命教育边缘化，最大限度地发挥生命教育的实施效果。例如，哈佛核心课程包括6个领域的若干课程，这6个领域分别是：外国文化、历史研究、文学艺术、道德观念、科学和社会分析。专门课程的实施需要开设数量多、高质量的课程，对于师资力量、资金的要求都比较高，因此，要将专门课程和其他生命教育的教学方式有机地结合起来。

2. 学科渗透

虽然单一的生命教育课程具有连贯性，能将生命教育的基本内容系统、完整地呈现出来，但我国大陆高校普遍存在大学生课程多、课时满的状况，专门对其进行生命教育的时间不充足，因此将生命教育渗透到各学科教学的过程中，将会得到更加显著的效果。台湾学者钮则诚比较赞同渗透式的生命教育课程，他认为"生命教育若要彻底实现，应该融入各科教学内容中，更重要的是在教育观念上，应由传统的教师传授知识方式，改变为设计一个学习情境。大学生最大的挑战不是结果的获得，而是能否根据新的证据来对自己的思想进行反思的历程，也就是批判自己的思考历程。"此即建构教学理念所强调的以大学生为主体，重视的是大学生反思的能力，透过建构式的教学将有助于大学生重新探索生命的意义，建构自己的生命图像，活出人性的尊严。生命教育进入学科渗透的层面，也对所有任课教师的生命教育理念和生命教育知识提出了很高的要求。

3. 寓于活动

活动是生命的本源意义之一。马克思主义哲学认为，实践是认识的来源，实践是认识发展的动力，实践是检验真理的唯一标准，实践是认识的最终目的。生命教育的最终目标是改变大学生的思维和行为，让大学生更加珍爱自己的生命，认识生命的意义，进而实现自己生命的价值。在实施生命教育的过程中，要注意运用实践的办法来加深大学生对生命的理解。在生命教育中可以采取各种类型的实践活动，从具体实施来看，可以开展校内实践活动和校外实践活动。就校内而言，可以开展专题教育活动。专题教育主要是通过在学校中举办一些专

---

① 宋保民. 论大学生生命教育[D]. 武汉工业学院，2011.

题性的活动来对大学生进行生命教育。专题教育可以固定开展的时间,例如一个月一次,也可以根据现实条件的需要,随机展开。专题教育的开展形式,主要有讲座、开设宣传专栏等。根据生命教育的内涵,在大学中可以开展以下专题教育:健康教育、审美教育、安全教育、性教育、生死观教育等。就校外而言,如现在很多学校组织暑期"三下乡"活动,大学生运用自己的所学,一来可以帮助别人解决实际问题,二来也可以帮助大学生体会自己的人生价值,并进而争取实现更大的人生价值。总的来说,大学生生命教育的目标和内容最终还要落实到大学生的行动中去,并产生良好的教育效果,这才是生命教育的目的。

4. 优化环境

一个高校,无论是校园内部,还是校园周边,都需要有一个良好的环境和氛围,适宜于教师教学科研和大学生读书学习与修身养性。实现育人的有效途径,除了教育、服务、管理,还有环境,这早已成为人们的共识。苏联著名的教育实践家和教育理论家苏霍姆林斯基从教35年,其中有23年在一所叫做"帕夫雷什中学"的乡村学校担任校长。他十分重视校园环境建设,他曾指出用环境进行教育,这是教育过程中最微妙的领域之一。学校教育环境中,有着某些富有生命意蕴的情境。其中,生命的创生力呼之欲出。从性质来说,学校的环境可以分为物理性的环境与心理性的环境。物理性的环境可以由学校建筑、学习器材、花草树木等构成,并通过不同的颜色、比例、造型等的组合,构成整体的物理环境。如从颜色的角度看,祥和、热情、充满生机的颜色,会更优于那种躁动、抑郁、混乱、黑暗的颜色。从心理环境的角度看,校风、班风、教风、学风都是比较明显的心理环境,制度和物理环境也会影响到大学生的心理情境。在一个民主、宽松、自由的环境中,个体更容易激发灵感,更容易表现自我,更容易获得多方面的知识。而在一个拘谨、压抑、专制的环境中,个体的生命可能被极大地压抑、掩盖住,不利于个体生命的成长。学校应充分利用一切有利因素与教育资源,营造一种具有时代气息、高品位的校园文化氛围,使大学生受到耳濡目染、潜移默化的教育。学校良好的环境,犹如栽培作物的温室,让大学生感受到生命的美好,提高他们生活的质量,更重要的是能使大学生以更饱满的热情、更充沛的精力去创造生命的价值。

5. 心理咨询

大学生是一个特殊的群体,主要处于青年中期,心理发展正走向成熟而又未真正的完全成熟。大学生由于已经达到公民法定的年龄,又进入了大学,因此便自认为已经是成人,说话和行事力求带有成人的味道。但是从他们对社会问题的认识方面,他们只能是"准成人"。他们不同于社会上的年轻人,在政治上,他们更为敏感。在经济上,他们不能自立。在人际关系上,他们大多远离家乡,缺乏家庭温暖,校园生活也使他们比较脱离社会,集体生活又使他们缺乏个人生活空间。书本知识比较丰富,但是社会经验相对贫乏。思维活跃,但是容易脱离实际。因此,大学生除了可能产生一般的心理问题,这些特殊的处境还可能使他们产生一些特殊的心理问题。所以除了要对广大学生开展各种形式的生命教育,还应该针对每个学生不同的实际问题,例如新生进校后的适应性问题、学习困难学生的学习问题、恋爱问题、人际关系问题、社会工作问题等做深入细致的心理引导工作。高校应积极开展心理咨询和治疗,针对不同的问题,采用间接咨询与直接咨询、个别咨询与团体咨询、电话咨询与网络咨询等相结合的形式,帮助大学生解决心理问题,防治心理疾病,使他们能够正确地认识和评价自己;建立和谐的人际关系,积极的情感多于消极的情感;能适应社会,与社会协调一致,思想观念、目标及行动都能跟得上时代的发展。

生命是完整的,生命教育不同于其他学科的教育,是一项全社会积极参与、共同完成的系统的、综合的工程。要取得良好的效果,除了学校教育,还离不开家庭、社会的积极参与和配合,共同构筑关爱大学生生命发展的立体环境,形成三维合力机制,这样才能使大学生的生命得到全面、自由、健康的发展。

第二节 大学生的心理危机

一、大学生心理危机的现状

心理危机是指个体在遇到灾难、突发事件、精神压力或面临严重挫折和重大困难,个体自身既不能回避又无法用自己的资源或应对方式去解决而出现的心理反应。

大学生心理危机一般是大学生在高校中学习、生活过程中发生的,面临自然、社会重大事件的概率相对较低,主要是指大学生个体遇到个人重大事件时,无法自我控制、自我调节而出现的情绪与行为的严重失衡状态。

大学生心理问题综合起来大体可以分成两大类:一类是一般性的成长心理问题,有心理障碍倾向但并不严重,这是大学生心理存在的主要问题;另一类则是出现了程度不等的心理障碍。成长心理问题主要包括:环境改变与心理适应的问题,学习心理调适不当而出现的心理问题,情绪控制、自我认知、人格发展、意志品质锻造能力的相对较弱而造成的人际交往、恋爱、性心理等方面出现心理与行为的偏差。

二、大学生心理危机的成因

(一)内因导致的危机

1. 角色转换与适应障碍

首先,大学新生入学后或多或少会引起心理落差。其次,进入大学面对新的环境、人际关系、教学模式,尤其是复杂的人际关系,不同的教学模式以及对独立生活的不适应,容易产生心理失衡的问题。因为新生心目中的大学与现实中的大学有差距,大学生活与梦想上的落差易产生困惑。如不及时调整,会产生失落、自卑、焦虑、抑郁等心理危机。

2. 大学生对情感的渴求以及现实中的交际困难

大学生处于青少年向成年的转变时期,这一阶段还会出现自豪感和自卑感的矛盾冲突,强烈的交往的需要与孤独感的矛盾冲突,理想与现实的矛盾冲突,再加上现在的大学生多数是独生子女,生活上的娇生惯养和学习上的一帆风顺,使他们很少经受挫折锻炼,独立的生活能力较差,以及和同学生活上的差异,很容易产生心理上的不稳定。这些矛盾如果存在过于强烈和持久,在遭遇某种刺激时,就容易出现心理障碍,影响人体的健康发展。

3. 大学生的年龄处于青年中后期,自我意识特别强烈

入学后,有一种强烈的成人感和独立意识,于是想极力摆脱家长和老师的制约与管理,相对独立地生活和学习。因此,自我规划便成了他们追求的重要内容。但因自理能力较差,与人交往能力较差而依赖性较强,难以面对和应付日常生活和学习中的困难与挫折,往往犹豫不决,这就使他们常常陷入困境之中,时常心神不宁、焦虑紧张和忧郁。到了大学,这种强烈的依赖感与独立感的矛盾加剧了其内心的冲突,危机便由此产生了。

4. 大学生进入恋爱阶段,但是很多大学生缺乏科学、正确的恋爱方面的知识

大学生往往在好奇心的驱使下,开始涉足爱情,结果陷入深深的情感痛苦之中,不仅遭受情感上的伤害,甚至因为性知识的缺乏造成身体上的伤害。我国现在的教育还不够完善,青少年很少从正当的途径获得科学的性知识,对于与性有关的话题更是闭口不提,没有可以沟通交流的对象。遇到类似问题时孤立无援,个人力量又无法解决,从而导致危机。在案例10-2中,小飞失恋后无法走出来而想到轻生就是典型的例子。

5. 部分大学生自我认识不准确

部分大学生自我定位不合理,期望过高,心理脆弱,意志不够坚强,应付压力能力欠缺,自我管理能力差。在案例10-3中,小叶认为自己肥胖,希望减肥,在减肥过程中目标设置过高而没有实现,她自认为失败后感到绝望而轻生。其实她已经成功了,我们说一个好的开始就是成功的一半,她应该看到自己已经比原来瘦了很多。

(二) 外因引发的危机

外部因素引起的危机是指人在社会关系活动中不可避免的危机,包括亲友突然死亡、恋爱关系的突然破裂、失去所爱之物而产生的情感危机;重要考试失败、失学、失业、晋升失败而产生的事业危机;遭遇灾祸、自然灾害等其他意外事故等而产生的心理危机。

对大学生而言,主要有以下几个方面。

1. 就业压力是很重要的影响因素

高校扩招以来,由精英教育向大众教育转化,所有面临毕业的大学生都要接受社会的选择,再加上就业形势的相对紧张,就业岗位要求和标准也日益提高。由于相当数量的大学生缺乏足够而必要的就业心理准备,毕业甚至未毕业就出现了严重的就业心理压力。毕业生数量大幅度增长,但社会整体就业岗位没有明显增加的趋势。人才市场中供求关系的巨大变化使用人单位对大学生的知识结构、社会实践、综合素质的要求越来越高。大学生面对激烈的就业竞争压力无所适从,对未来的希望感到渺茫。世态炎凉使大学生倍感孤独,因此失去安全感,产生严重的厌世情绪,对社会产生控诉乃至做出危害社会的事情。

2. 学业压力使精神负担沉重

由于从紧张的高考中脱颖而出,许多大学生到了大学就想放松一下,而昔日的高材生走到一起,一些学生没有了往昔的优势,学习压力增大。而且为了将来就业需要,除了完成必修课,还要参加各种形式的等级考试和资格考试。部分大学生长期处于身心疲惫状态,引发心理疲劳。其表现是思想迟缓,注意力不能集中,反应速度降低,情绪烦躁,怠倦等。

3. 学校教育的疏漏

学校思想政治工作与心理健康教育没能及时衔接,进而帮助大学生排解心理障碍。从饱受升学压力的高中,进入梦寐以求的大学,这是青年成长路上一次新的转折。大学生应认准自己的人生定位,实现自我发展,能独立地判断、自主地适应是能否成功地度过大学生活的关键。大学是开放性的空间,如不能很好地认识和适应,将会导致心理危机。

4. 家庭经济困难

有许多高职大学生来自农村,家庭子女多,家庭经济负担大,甚至有部分大学生家庭经济条件困难,他们比其他大学生承担更多的压力和家庭期望。多重压力常造成他们中的大部分人有不同程度的心理困惑和障碍,尤其是心理承受能力差的大学生容易产生心理问题,主要表现在自卑、孤独、焦虑、嫉妒等方面,从而产生心理危机。

三、大学生心理危机的特征

大学生心理危机既有一般危机的共性,也有其区别于其他年龄段的个性。一般来讲主要表现在以下几方面[1]。

1. 发展性

我国大学生成年初期面临的十个发展任务:完成学业;适应新的人际关系,提高人际交往能力;逐渐独立于父母;完善性别角色;对身体发育和性成熟的适应;正视两性关系;树立作为社会成员所应具备的人生观和价值观;确立和完善自己的社会角色及任务;为选择职业做准备;成就感的获得和自我实现。这些任务是大学生在适应社会新角色过程中必然面临的问题。适应得好,这些任务就成为大学生成长的动力;适应不好,这些任务就成为大学生的危机问题。

2. 交互性

交互性指的是大学生心理危机的产生往往是多种因素共同交互作用下的结果。比如家庭状况、个人情感问题、就业压力、人际交往不良等因素交织在一起,当遇到一定的生活事件时,心理危机便不可避免地产生。他们既需要获得爱情、学业、技能、事业进步等方面的满足,同时也承受巨大的负担,即对爱情、学业、技能、事业进步等作出抉择与承诺,而此前大多数人没有这些经验。

3. 易发性

大学生正处于青年初期,其生理渐趋成熟,但心理发展还处于由不成熟向成熟发展的过渡阶段,而社会发展又滞后于心理发展,因此在他们身上经常出现积极与消极并存、自卑与自负并存的矛盾。由于他们的心智不够成熟,稍微遇到一点刺激和小小的冲突就会引起轩然大波,有的甚至会酿成悲剧事件。

4. 潜在性

潜在性是指大学生心理危机并非以直接爆发的方式体现,而是潜藏在个体中,当易感的个体遭遇危机事件时,就容易引发心理危机。

5. 双效性

大学生心理危机事件与任何事物一样,都有两面性。一方面,它会对大学生、学校乃至社会产生消极后果,具有破坏性;另一方面,危机的发生能使管理者积累经验,可教会大学生如何生存发展,也能使大学生学会如何面对复杂的社会,变得成熟,等等。只要当事者尤其是决策者能抓住机会,认真总结经验教训,变被动为主动,变消极为积极,转机就会出现,危机后就可出现新的良好发展态势。

四、大学生心理危机的识别及预防

联合国专家预言,从现在到 21 世纪中叶,没有任何一种灾难能像心理问题那样带给人们持续而深刻的痛苦。危机可以识别,也可以预防。因此,我们要掌握应对危机的策略,化危机为机遇,在解决危机中不断成长。

大学生心理危机的识别与预防

(一)大学生心理危机的识别

根据对有过心理危机的大学生的不良心态及行为所进行的调查分析,并结合

---

[1] 张本钰. 我国大学生心理危机干预工作发展研究[D]. 福建师范大学,2008.

郑希付先生的《临床心理学》，我们把大学生心理危机的表现归纳为情绪、认知、行为、躯体四个方面。

1. 情绪方面

良好的情绪是心理健康的重要标准之一，不良的情绪体验是心理出现问题的主要因素，异常情绪所造成的负面影响足以产生心理危机。当大学生的情绪突然发生改变，明显不同于往常，出现不良情绪反应时，如情绪低落、悲观失望、焦虑不安、意识范围变窄、忧郁苦闷、喜怒无常、自我评价丧失、自制力减弱等，就有发生心理危机的可能。恶劣的情绪是判定个体发生抑郁症的重要临床表象（图10-1）。

图10-1　心理危机识别

2. 认知方面

危机事件中的大学生，难以集中注意力进行学习，极为敏感和多疑，形成疑病倾向，甚至丧失对人的基本信任；偏听、偏信，难以区分事物的异同，体验到的事物关系含糊不清，作决定和解决问题的能力受到影响，有时害怕自己发狂等；健忘，效能降低，不能把思想从危机事件上转移。这些都是在应激状态下认知功能受到损害的结果。

3. 行为方面

人的行为是心理活动的反映，正常的行为活动是一个人心理健康的重要表现之一。当个体大学生出现行为异常，不能专心学习或劳动；回避他人或以特殊方式使自己不孤单；令人生厌或具有黏着性；不敢出门，害怕见人，与社会联系断裂，拒绝帮助；言语行为和思维情感不一致；饮食、睡眠出现反常，卫生习惯变坏，不讲究修饰，自制力丧失，不能调控自我，孤僻独行等非常态行为时就要注意大学生是否出现心理危机了。

4. 躯体方面

其主要特征是躯体方面出现失眠、头晕、食欲不振、胃部不适、呼吸困难、肌肉紧张等症状。

临床实践研究表明，心理危机的发生必须满足下列三个条件：第一，生活中出现了导致心理压力的重大或意外的事件；第二，躯体和意识出现不适感觉，但尚未达到精神病程度，不符合任何精神病诊断要求；第三，当事人用寻常解决问题的手段不能应付。这三种情况在个体身上同时出现，并伴有上述四个方面中的两个或两个以上方面的表现，就认为该生出现了心理危机。

（二）大学生心理危机的预防

1. 持续不断地开展心理健康知识宣传和培训

（1）加强对大学生心理健康知识的普及力度。西方有一句谚语："事先预防总比事后遗憾好。"对于大学生的心理问题来说，道理也是一样的。如果大学生平时就掌握了丰富的心理健康知识，具备一定程度的心理调节能力，当生活中的烦恼或危机来临的时候，他们就比较容易平稳度过，不容易出现严重的心理问题。因此高校要高度重视对大学生心理健康知识的普及，覆盖面要大，宣传频率要高，要采用大学生乐于接受的方式，保证宣传普及的质量。当前许多高校都开设心理健康课程，加强对大学生的生命教育和挫折教育，定期举办内容丰富、形式多样的心理健康知识宣传活动，收到了相当不错的预防效果。

(2) 加强对校园各类相关人员的心理知识培训。在大学校园中,有一些工作人员每天都与大学生亲密接触,如果他们掌握足够丰富的心理健康知识,了解一些心理危机出现时的危险征兆,就有利于及早发现出现心理危机的大学生。因此,心理咨询中心应该定期对这些工作人员展开培训。这些人员主要包括学生辅导员及班主任、学生宿舍管理员、专业课任课教师以及行政人员等。因此,高校要积极想办法创造各种条件,使学生辅导员或班主任能够有机会定期参加校内外的各种专业培训,充实他们的心理学专业知识,并有效地开展工作。

2. 定期开展心理危机排查

在当前的高校,往往会出现这样的情况,即大学生出事了,但是在心理咨询中心却查询不到该生曾经来访的记录。调出该生刚入大学时的心理普查记录,结果也往往属于正常范围内。出现此类现象的原因可能有两点。一是大学生本身感到自己有心理问题,但由于对自身心理问题的认识存在偏差,有羞耻感而加以掩饰,怕别人知晓,因此他不会前往心理咨询中心主动寻求专业人员的帮助。在回答心理普查问卷时也不会以诚实的态度作答,导致心理咨询中心难以发现此类大学生。二是因为大学生的心理问题是一个动态发展的过程,随时有可能发生,不一定只在刚刚进入大学校园时出现。那么,怎样才能及早发现大学生这些心理危机的苗头呢?首先,要关注大学生中的特殊群体和个体,如新生群体、贫困生群体、毕业生群体、遭遇突发事件的学生个体等。其次,要及时感知危机预警征兆,这就需要高校尽可能利用校园各种媒体(广播、电视、校园网络等),多方位宣传心理咨询中心,鼓励大学生学会寻求帮助,把各种心理问题消灭在萌芽状态中。另外,高校应每年对各年级大学生开展一次心理普查,每个月开展一次心理危机排查,筛查出重点人群,并随后把他们约到心理咨询中心接受面谈咨询,可以做到及早发现并消除危机隐患。

3. 及时归纳总结危机事件

预防大学生心理危机事件发生的一个有效的方法就是对已经发生的危机事件进行及时的归纳总结,从中可以发现具有哪些特征的大学生易出现心理危机。以中国政法大学为例,通过对几年来出现的恶性危机事件总结分析发现:即将毕业的大四学生成为心理危机易感人群,找不到工作、难以拿到学位文凭等,如果与情感问题、家庭矛盾等诸多问题交织在一起,就很容易在大学生心中形成叠加效应,最终压垮大学生,导致悲剧的发生。因此,通过总结分析危机事件,可以使我们重点关注特殊人群,将预防工作做在前面,防止负面情绪在大学生心里堆积和放大。

4. 及时防范模仿效应的发生

当今社会,报纸、网络、电视、电话等通信手段高度发达,人们获取信息的渠道非常广泛,获取信息的速度非常快,导致由此而产生的模仿效应不断发生。例如,2010年春季,媒体报道了福建省南屏县凶手杀害8名小学生的恶性事件后,在随后的几个月里,全国其他地方也相继发生了多起类似的残害幼儿的恶性犯罪事件。同样地,高校大学生自杀事件一旦被媒体披露,在短期内很可能会对其他高校中那些正徘徊在生死关头的大学生形成"榜样"的效应,导致他们也选择下定决心并采取同样的行为结束自己的生命。因此,每当媒体报道大学生或者社会名人的自杀或他杀等恶性事件时,高校应迅速采取行动,在本校立即开展一次大学生心理危机排查,并做好大学生情绪的安抚工作,防范连锁反应的发生,做到对大学生心理危机事件预防在先。

第三节 大学生心理危机干预

一、大学生心理危机干预

(一) 干预的对象

《北京高校学生心理素质教育疾病预防与危机干预大纲》列出的心理危机的干预对象包括以下 12 类。

(1) 遭遇突发事件而出现心理或行为异常的大学生,如家庭发生重大变故、遭遇性危机、受到社会或自然意外刺激的大学生。

(2) 患有严重心理疾病者,如抑郁症、恐怖症、强迫症、癔症、焦虑症、精神分裂、情感性精神病等疾病的大学生。

(3) 既往有自杀未遂史或家族中有自杀者的大学生。

(4) 身体患有严重疾病、个人很痛苦、治疗周期长的大学生。

(5) 学习压力过大、学习困难而出现心理异常的大学生。

(6) 个人感情受挫后出现心理或行为异常的大学生。

(7) 人际关系失调后出现心理或行为异常的大学生。

(8) 性格过于内向、孤僻、缺乏社会支持的大学生。

(9) 严重环境适应不良导致心理或行为异常的大学生。

(10) 家庭贫困、经济负担重、深感自卑的大学生。

(11) 由于身边的同学出现个体危机状况而受到影响,产生恐慌、担心、焦虑、困扰的大学生。

(12) 其他有情绪困扰、行为异常的大学生。

对大学生中同时出现上述多种病症的,由于危险程度更大,应该成为重点干预的对象。

(二) 干预的形式

根据心理危机干预对象规模的大小,可以分为个体干预、团体干预。根据心理危机干预的方式、作用和目的的不同,可以把大学生心理危机干预划分为隐性干预和显性干预两种模式。

个体干预是大学生心理危机干预最常见的形式,也是最传统的干预方式。危机干预工作者与当事人采取一对一的方式进行交流。个体干预特别适用于心理危机比较严重的大学生或者对保密性要求较强的大学生。依照当事人的要求和危机的紧急程度,危机干预工作者可以进行上门干预、来访干预或在指定地点进行干预。个别干预有利于良好咨询氛围的营造和双方信任关系的建立。危机干预工作者也可以对当事人进行较为密切的关注,各种干预技术也可以得到很好地采用。

团体干预是相对于一对一的个体干预而言的,它是将心理问题相同或相似的人组成几组同时进行干预,让小组成员通过团体内的人际交互作用,分担紧张和焦虑,进而接纳自己的危机反应,并通过观察别人的行为来反思自己,考虑应付危机的方法,解除心理困扰。经历重大突发事件的危机人群适合进行团体干预。比如,对地震的经历者、入学适应困难的大学生、自卑的贫困生、网络成瘾的大学生等都可以通过团体心理活动进行干预。

隐性干预模式主要是针对全体大学生,而并不仅限于危机中的个体,它重事前预防、重教育与辅导,是一种预防教育和危机预警,使大学生在群体的学习中得到潜移默化的感染,增强自我的防范意识,具有普遍性、隐蔽性、投资小和作用深远的功效。其基本目标在于防患于未然,把有可能发生的心理危机遏制在萌芽状态。更高层次的目标在于增强个体抵御危机的能力,培养健全的心理机能,促进大学生成长和发展。隐性干预模式主要包括危机预防和危机预警两个方面。危机预防就是构建教育机制,进行预防教育。危机预警就是要构建预警机制,制定处理预案。根据各种收集的信息,按照应激源指标、应激反应指标、危机易感因素指标等对易感人群进行危机等级评定,根据以往个案的经验总结,提前制定各种危机干预方案。

显性干预模式主要是针对面临急性危机当事人及行为人群的一种紧急救助,一种在紧急情况下的短程心理治疗,它不求根治,只是在短时间内帮助当事人渡过难关,以解决问题为目的,不涉及行为人群的人格矫治,是对当事人的一种特别关注和陪护,具有选择性和针对性,同时还具有效果的不确定性。显性干预包括危机确认、危机控制、危机解决和危机恢复。危机确认即要构建处理机制,积极应对危机。危机控制即要构建协调机制,联动化解危机。危机解决即要构建恢复机制,消除不良影响。危机恢复即要构建转化机制,开创新的局面。

除了以上干预形式,还存在着电话干预、网络干预等形式,因其不用跟干预者直接接触而被广泛使用,但是,由于缺少表情、手势、姿态等的交流,对危机干预工作者的素质要求更高,需要其有一定的工作经验及判断能力。在实际的干预过程中,危机干预工作者可以将各种干预形式相结合,以便更好地帮助大学生解决心理危机。

(三)干预的技术

尽管大学生心理危机非常复杂,即使相同的危机在不同的个体身上也会有不同的危机干预方法。但还是可以找到相对直接有效的干预方法。危机干预六步法已经被危机干预工作者广泛采纳,操作中也比较有效。检查评估应该始终贯穿于整个六步法的干预过程,工作者可以灵活应用。[①]

第一步,确定问题,从危机者角度确定心理危机问题,用包括同情、理解、真诚、接纳以及尊重的核心倾听技术确定危机问题。

第二步,保证求助者安全,在危机干预过程中,保证危机者的安全是首要目标,要尽可能把自我和他人的生理和心理危险程度降到最低。

第三步,给予支持,强调与危机者的沟通和交流,无条件地以积极的方式接纳危机者,使其建立信心,寻找和接受帮护人员及相关支持系统的帮助。

第四步,提出并验证可变通的应对方式,帮助产生心理危机的大学生认识到有许多适当的方法或途径可供选择,如环境、社会的支持,使危机者用建设性的思维方式,最终实现处理其境遇的目的。

第五步,制订计划,在制订计划时,要与危机者合作,让其感到这是他(她)自己的计划,并应充分考虑患者的自控能力和自主性,让危机者不依赖支持者将计划付诸实施。

第六步,得到承诺,危机干预工作者要明确危机者在实施计划时是否达成同意合作的协议,在结束危机干预前,应该从危机者那里得到真实、直接和适当的承诺。

---

① 仲稳山.心理健康维护指南[M].苏州:苏州大学出版社,2010.

通过把危机转化为具体的问题,处理起来就能方便操作了。不过,由于各种危机的实际情况不同,相应选取的干预技术也应该有所不同,这样才能使心理危机得到合理的处理与化解。即使一次处理不能化解危机,也可以通过"危机再处理"的程序对危机进行再次或多次干预,最终使危机得到较合理、较满意的解决。

二、大学生自杀危机干预

(一)大学生自杀的危险征兆

大学生自杀常见的危险征兆有以下几方面。

(1) 表示要自杀。如直接说出"我希望我已经死去""我再也不想活了",或间接说出"我所有的问题马上就要结束了""现在没有人能够帮助我""没有我,他们会过得更好""我再也受不了了,我的生活毫无意义"。

(2) 谈论与自杀有关的事或开自杀方面的玩笑。

(3) 谈论自杀计划,包括自杀方法、日期和地点。

(4) 流露出无助或无望的心情。

(5) 突然与亲朋告别。

(6) 谈论一些易获得的自杀工具,出现突然的、明显的行为改变(如中断与他人的交往或出现很危险的行为,或者是一个对生活麻木且冷漠的人,自杀前突然像变了一个人,敏感而热情,或者相反);将自己珍贵的东西送人,或将常用的形影不离的东西送人;频繁出现意外事故;饮酒或吸毒的量增加。

(二)大学生自杀的原因

1. 个人身心健康状况

有些大学生自杀的原因是为了结束某种疾病的痛苦。某些身体上的疾病是非常痛苦的,或者有些疾病是致命的,他们感觉自己没有希望继续活在这个世界上,还不如早点结束自己的生命,能够减轻很多痛苦。有研究表明,95%的自杀者都患有抑郁症,情绪低落,意志消沉,对生活失去信心,自杀的人群也具有同样的特征。心理疾病也是自杀的一大原因。在案例10-4中,小五觉得谁伤害了他,就跟那个人一起去死,表面看是人际交往中出现的问题,实际上他已经患有抑郁症。

2. 家庭因素

生活环境中的压力事件是导致自杀的一大原因。有调查显示,3/4的企图自杀者有家庭问题。例如,父母酗酒或者有药物依赖性,家庭中出现身体虐待甚至性虐待,家庭结构不稳定,父母关系不好等,家庭经济困难等,都会对大学生产生不良的影响而成为其自杀的导火索。

3. 对死亡的错误观念

一些错误的观念是导致自杀的原因之一。例如,相信死亡是暂时的,人死了以后可以去天上过快乐的生活。当他们在现实生活中感到痛苦不堪的时候,就想到死亡能够将自己解脱。所以家长和教师在平时的教育中,抓住机会帮助孩子形成正确的死亡和生命的概念。

4. 学校及人际关系

现在学校对大学生的评价系统还相对单一,学习成绩成了重要依据甚至唯一依据。家长、教师一味关心他们的学习成绩,很难发现他们身上的其他才华,有些大学生得不到家长和教师的认可,自尊受损,感觉没有希望,自己没有价值。在屡次受挫之后没有信心再生活下去,选择自杀结束自己的生命。有些大学生在人际关系不良,恋爱关系破灭以后也会受到严重打击,承受能力弱的人,就容易一时冲动,走上自杀的道路。

5. 个人的性格

大学生自杀行为的发生主要源于他们自身的原因,面临相同人生经历的大学生,不一定都会选择自杀。个人的个性特征,如过度自卑、挫折耐受力差、解决问题能力差等,也会造成严重的心理困扰,从而选择自杀来解脱。

(三) 大学生自杀干预的原则

1. 五要

(1) 要保持平静、沉稳的心态,对当事人随之而来的暴风雨般的情绪要有心理准备。
(2) 要给当事人充分的倾诉机会,以便确定诱发事件及严重程度。
(3) 要在必要时询问客观问题,只要得当,可有镇静作用。
(4) 要直接面对事情,不要涉及深层次的及潜意识的原因(这些留待以后解决)。
(5) 要向学校、医务、法律等机构寻求援助(图 10-2)。

图 10-2 寻求援助

2. 十不要

(1) 不要对求助者进行责备或说教。
(2) 不要批评求助者或对他的选择、行为提出批评。
(3) 不要与其讨论自杀的是非对错。
(4) 不要被求助者所告知你的危机已过去的话所误导。
(5) 不要否定求助者的自杀意念。
(6) 不要过急,要保持冷静。
(7) 不要分析求助者的行为或对其进行解释。
(8) 不要让求助者保守自杀的秘密。
(9) 不要把自杀行为说成是光荣的、浪漫的、神秘的,以防别人盲目效仿。
(10) 不要忘记跟踪观察。

(四)大学生自杀干预的策略[1]

1. 干预前期

注重采取预防措施,通过给予各方面的支持,帮助个体在自身内部进行初级建构,提早认识到危机发生的可能性和严重性,并学习应对心态和积极措施。主要是防患于未然,构建大学生心理危机预防体系。

(1) 要利用选修课、讲座、心理辅导网站、热线电话、海报宣传等形式,宣传、普及心理健康与心理危机应对的基本知识,有针对性地开展心理危机教育,教会大学生及时处理心理危机的基本知识,引导他们树立防范心理危机的意识,帮助他们提高应对心理危机的能力。

(2) 要改善大学生的社会心理环境,开展丰富多彩的校园文化生活,形成积极向上的校园氛围,让大学生参与丰富的社会实践,培养大学生利用社会支持的主动意识和能力。

(3) 引导和教育大学生进行自我心理调节十分重要,让大学生在自我认知的基础上,从主观因素入手,通过调节来达到健康的人格,良好的人际关系,不断提高心理健康水平,化解心理危机。教会大学生合理地宣泄不良情绪,调整学习生活的目标和重心,并能够主动及时向自己信任的同学、老师、心理医生寻求帮助。

(4) 要开展心理危机教育。学校应及时就已发生的危机事件对全校师生进行有针对性的危机教育,引导他们树立防范心理危机的意识,帮助高危学生群体提高缓解心理压力的能力,使其了解在发生心理危机时应该如何寻求帮助。

2. 干预中期

对于在危机后很长一段时间不能摆脱阴影的个体,采取个体干预、集体辅导等措施进行干预,帮助他们积极采取应对措施,成功地解决问题,减轻焦虑,提高自我评价,恢复社会功能。

可以采用六步干预法进行干预,在干预过程中必须充分调动所拥有的资源,实施社会心理支持。其中,特别要注意发挥学校心理咨询中心、家庭心理支持网络的有效干预作用。此外,心理教师要帮助当事人分析其活着的理由,采取制定一份"不自杀承诺(协议)"的方法在干预过程中也比较有效。

3. 干预后期

在危机处理后,通过多种形式协助个体从心理问题中正确吸取经验教训,从中学习有效的自我调节方法,获得新的成长。

主要包括两类对象:自杀未遂者、自杀者的同学和相关的高危人群。对于自杀未遂者要进行个别的咨询和干预,防止再次出现自杀危机。要为当事人提供安全场所,让其发泄悲痛,自由地表达自己的感受。同时,相关专业人员、老师、同学要对其加强监护,并及时帮助其解决现实问题。对于自杀者的同学和相关高危人群,可在自杀事件发生后的72小时内运用团体辅导的方式进行干预。首先,正式宣告死亡的事实,说明经过,避免谣言等引起不必要的恐慌。其次,进行团体减压,让参与者表达自己的情绪。最后,对相关人群的干预一定要全面,千万不能操之过急。

---

[1] 宋歌. 谈大学生心理危机的预防[J]. 教育探索,2012(2):248.

课堂活动

一、活动[①]

（一）走出情绪的低潮

1. 目的

让大学生了解诱发情绪低潮的事件,学会在情绪低落时合理应对。

2. 时间

30分钟。

3. 场地

教室。

4. 程序

所有同学分成6~8人的小团体。每个团体将自己的海报分成三部分,每个成员在海报左边写下曾使自己陷入情绪低潮的时间,以箭头式的横线画到海报的中部,写出曾经用过的解决方法。每个团队进行内部讨论,寻找解决事件的更好的方式,并将其写在海报的右边。

（二）我的生命曲线

1. 目的

回顾往事,体验成长,展望未来,激励自我,整合自我。

2. 时间

30分钟。

3. 场地

教室。

4. 材料

每人一支笔、一张纸。

5. 程序

(1) 在下面的坐标图上画出你的生命曲线(图10-3)。

图10-3 生命曲线

(2) 在你现在的岁数上做一个标记,在标记左边写下你的过去,在标记右边写下你的将来。

(3) 列出过去三件你认为对你现在影响最大的事情,并在生命曲线上用"*"做出标记。

　　A. _____

　　B. _____

[①] 许燕.救援生命 重建希望——大学生自杀的鉴别与预防[M].北京:北京航空航天大学出版社,2007.

C. _____

(4) 展望未来,计划你的人生道路。

① 写下你希望活到的年龄。

② 写下你期望完成的三个任务,并在生命曲线上用"#"做出标记。

A. _____

B. _____

C. _____

二、心理测量

总体幸福感量表(GWB)

以下问卷涉及你近期对生活的感受与看法,无好坏之分,根据自己的现实情况和切身体验回答,并请你仔细阅读每道题目,在相应的答案数字上画"√"即可。

*1. 你的总体感觉怎样(在过去的一个月里)?

好极了　精神很好　精神不错　精神时好时坏　精神不好　精神很不好
　1　　　　2　　　　3　　　　4　　　　5　　　　6

2. 你是否为自己的神经质或"神经病"感到烦恼(在过去的一个月里)?

极端烦恼　相当烦恼　有些烦恼　很少烦恼　一点也不烦恼
　1　　　　2　　　　3　　　　4　　　　5

*3. 你是否一直牢牢地控制着自己的行为、思维、情感或感觉(在过去的一个月里)?

绝对的　大部分是的　一般来说是的　控制得不太好　有些混乱　非常混乱
　1　　　　2　　　　3　　　　4　　　　5　　　　6

4. 你是否由于悲哀、失去信心、失望或有许多麻烦而怀疑还有任何事情值得去做(在过去的一个月里)?

极端怀疑　非常怀疑　相当怀疑　有些怀疑　略微怀疑　一点也不怀疑
　1　　　　2　　　　3　　　　4　　　　5　　　　6

5. 你是否正在受到或曾经受到任何约束、刺激或压力(在过去的一个月里)?

相当多　不少　有些　不多　没有
　1　　　2　　　3　　　4　　　5

*6. 你的生活是否幸福、满足或愉快(在过去的一个月里)?

非常幸福　相当幸福　满足　略有些不满足　非常不满足
　1　　　　2　　　　3　　　　4　　　　5

*7. 你是否有理由怀疑自己曾经失去理智,或对行为、谈话、思维或记忆失去控制(在过去的一个月里)?

一点也没有　只有一点点　有些、不严重　有些、相当严重　是的、非常严重
　1　　　　　2　　　　　3　　　　　4　　　　　5

8. 你是否感到焦虑、担心或不安(在过去的一个月里)?

极端严重　非常严重　相当严重　有些　很少　无
　1　　　　2　　　　3　　　　4　　　5　　6

*9. 你睡醒之后是否感到头脑清晰和精力充沛(在过去的一个月里)?

天天如此　几乎天天　相当频繁　不多　很少　无
　　1　　　　　2　　　　　3　　　4　　　5　　6

10. 你是否因为疾病、身体的不适、疼痛或对患病的恐惧而烦恼(在过去的一个月里)？
　　所有的时间　大部分时间　很多时间　有时　偶尔　无
　　　　1　　　　　　2　　　　　3　　　4　　5　　6

*11. 你每天的生活中是否充满了让你感兴趣的事情(在过去的一个月里)？
　　所有的时间　大部分时间　很多时间　有时　偶尔　无
　　　　1　　　　　　2　　　　　3　　　4　　5　　6

12. 你是否感到沮丧和忧郁(在过去的一个月里)？
　　所有的时间　大部分时间　很多时间　有时　偶尔　无
　　　　1　　　　　　2　　　　　3　　　4　　5　　6

*13. 你是否情绪稳定并能把握住自己(在过去的一个月里)？
　　所有的时间　大部分时间　很多时间　有时　偶尔　无
　　　　1　　　　　　2　　　　　3　　　4　　5　　6

14. 你是否感到疲劳、过累、无力或精疲力竭(在过去的一个月里)？
　　所有的时间　大部分时间　很多时间　有时　偶尔　无
　　　　1　　　　　　2　　　　　3　　　4　　5　　6

*15. 你对自己的健康关心或担忧的程度如何(在过去的一个月里)？
　　不关心 0　1　2　3　4　5　6　7　8　9　10 非常关心

*16. 你感到放松或紧张的程度如何(在过去的一个月里)？
　　松弛 0　1　2　3　4　5　6　7　8　9　10 紧张

17. 你感觉自己的精力、精神和活力如何(在过去的一个月里)？
　　无精打采 0　1　2　3　4　5　6　7　8　9　10 精力充沛

18. 你忧郁或快乐的程度如何(在过去的一个月里)？
　　非常忧郁 0　1　2　3　4　5　6　7　8　9　10 非常快乐

19. 你是否由于严重的性格、情感、行为或精神问题而感到需要帮助(在过去的一年里)？
　　是的,曾经寻求帮助　　　1
　　是的,但未寻找帮助　　　2
　　有严重的问题　　　　　3
　　几乎没有问题　　　　　4
　　没有问题　　　　　　　5

20. 你是否曾经感到将要精神崩溃或接近于精神崩溃？
　　是的,在过去的一年里　　是的,在一年以前　　无
　　　　　1　　　　　　　　　2　　　　　　3

21. 你是否曾经有过精神崩溃？
　　是的,在过去的一年里　　是的,在一年以前　　无
　　　　　1　　　　　　　　　2　　　　　　3

22. 你是否曾因为性格、行为或精神问题在精神病院、综合医院精神病科病房或精神卫生诊所治疗？

是的,在过去的一年里　　是的,在一年以前　　无
　　　　1　　　　　　　　　　2　　　　　　　　3

23. 你是否曾因为性格、情感、行为或精神问题求助精神科医生、心理学家?
是的,在过去的一年里　　是的,在一年以前　　无
　　　　1　　　　　　　　　　2　　　　　　　　3

24. 你是否曾因为性格、情感、行为或精神问题求助于以下人员?
A. 普通医生(真正的躯体疾病或常规检查除外)　　1　2
B. 脑科或神经外科专家　　　　　　　　　　　　1　2
C. 护士(一般内科疾病除外)　　　　　　　　　　1　2
D. 律师(常规的法律问题除外)　　　　　　　　　1　2
E. 警察(单纯的交通违章除外)　　　　　　　　　1　2
F. 牧师、神甫等各种神职人员　　　　　　　　　1　2
G. 婚姻咨询专家　　　　　　　　　　　　　　　1　2
H. 社会工作者　　　　　　　　　　　　　　　　1　2
I. 其他正式的帮助　　是_____种类_____
　　　　　　　　　　否_____

25. 你是否曾与家庭成员或朋友谈论自己的问题?
是的,很有帮助　是的,有些帮助　是的,但没有帮助　否,没有人可与之谈论
　　1　　　　　　　2　　　　　　　　3　　　　　　　　4
否,没有人愿意与我谈论　　否,不愿与人谈论　　没有问题
　　　　5　　　　　　　　　　　6　　　　　　　　7

【记分】
按选项0~10累积相加,其中带*的选项为反向记分项。全国常模得分男性为75分,女性为71分,得分越高,主观幸福感越强烈。

【说明】
总体幸福感量表(GWB)是为美国卫生统计中心制定的一种定式型测查工具,用来评价受试对幸福的陈述。本量表共有33项。得分越高,幸福度越高。段建华(1996)对本量表进行了修订。

本量表比其他焦虑和抑郁量表的效能好。除了评定总体幸福感,本量表还通过将其内容组成6个分量表从而对幸福感的6个因子进行评分。这6个因子是:对健康的担心、精力、对生活的满足和兴趣、忧郁或愉快的心境、对情感和行为的控制以及松弛与紧张(焦虑)。

参考文献

1. 黄希庭.心理学导论.2版[M].北京:人民教育出版社,2007.
2. 张大均.教育心理学[M].北京:人民教育出版社,1999.
3. 黄希庭.人格心理学[M].杭州:浙江教育出版社,2002.
4. 桑志芹.大学生心理健康学[M].北京:科学出版社,2007.
5. 顾雪英.大学生职业指导[M].北京:人民教育出版社,2005.
6. 桑志芹.青春阳光之路——大学生心理健康教程[M].南京:南京大学出版社,2010.
7. 吴畏.大学生心理健康[M].苏州:苏州大学出版社,2009.
8. 吴继霞,黄辛隐.大学生心理健康学[M].上海:学林出版社,2007.
9. 夏新颜,杜智娟,赵辉.大学生健康心理学[M].南京:南京大学出版社,2011.
10. 吴菁.大学生心理健康教程[M].苏州:苏州大学出版社,2009.
11. 于立东.大学生心理健康教育[M].南京:南京大学出版社,2010.
12. 陶爱荣.微笑成长——高职院校心理健康教育[M].南京:南京大学出版社,2010.
13. 王建华.现代思想政治教育研究[M].哈尔滨:黑龙江人民出版社,2006.
14. 张耀灿,陈万柏.思想政治教育学原理[M].北京:高等教育出版社,2007.
15. 刘沧山.中外高校思想教育研究[M].北京:人民出版社,2007.
16. 曹正善,熊川武.教育信任[M].上海:华东师范大学出版社,2009.
17. 张耀灿.思想政治教育学前沿[M].北京:人民出版社,2006.
18. 潘懋元.新编高等教育学[M].北京:北京师范大学出版社,1996.
19. 章志光.社会心理学[M].北京:人民教育出版社,2001.
20. 陈桂生.教育原理[M].上海:华东师范大学出版社,1993.
21. 钱伯毅.大学教学论[M].合肥:中国科技大学出版社,1991.
22. 李延保.沟通[M].广州:中山大学出版社,2008.
23. 王秀阁.大学生人际交往理论与方法[M].北京:人民出版社,2010.
24. 刘欣.沟通技巧:中国人的交际智慧[M].沈阳:万卷出版公司,2009.
25. 周家华,王金凤.大学生心理健康教育[M].北京:清华大学出版社,2007.
26. 刘志红,王辅贤.社会心理学[M].北京:中国劳动社会保障出版社,2007.
27. 米尔顿·赖特.倾听和让人倾听[M].北京:新世界出版社,2009.
28. 戴尔·卡耐基.沟通的艺术[M].天津:天津社会科学院出版社,2010.
29. 张明.学会人际交往的技巧[M].北京:科学出版社,2006.
30. 游永恒.大学生心理咨询案例集[M].成都:四川大学出版社,2005.
31. 吴增强.当代青少年心理辅导:向成熟发展的科学[M].上海:上海科学技术文献出版社,2003.

32. 何少颖.大学生心理健康教育与训练[M].厦门:厦门大学出版社,2003.
33. 杨敏毅,鞠瑞利.学校团体心理游戏教程与案例[M].上海:上海科学普及出版社,2006.
34. 邰启扬.减压其实很简单[M].北京:社会科学文献出版社,2011.
35. 葛宝岳.大学生心理健康双向脚本——我心飞扬[M].长春:吉林大学出版社,2011.
36. 明晓辉,魏桂娟.大学生心理健康教育实用教程[M].长春:吉林大学出版社,2010.
37. 王晓虹.生命教育论纲[M].北京:知识产权出版社,2009.
38. 仲稳山.心理健康维护指南[M].苏州:苏州大学出版社,2010.
39. 王文科.生命教育概论[M].广州:广东高等教育出版社,2008.
40. 李娅.当代大学生生命教育实践探究[D].南京师范大学,2011.
41. 许燕.救援生命　重建希望——大学生自杀的鉴别与预防[M].北京:北京航空航天大学出版社,2007.
42. 张本钰.我国大学生心理危机干预工作发展研究[D].福建师范大学,2008.
43. 宋保民.论大学生生命教育[D].武汉工业学院,2011.
44. 车雪梅.高校生命教育的实践研究[D].重庆交通大学,2010.
45. 王为正,韩玉霞.大学生心理自助读本——感恩·求索·升华.北京:科学出版社,2010.
46. 王新塘,等.大学生心理健康教育.西安:陕西人民教育出版社,2009.
47. 关艳丽.高职学生自我意识的特点调查研究[J].益阳职业技术学院学报,2010(12).
48. 周凯,何敏媚.青少年的自我意识与心理健康的现状及其相关研究[J].中国学校卫生,2003(6).
49. 韩庆云.高职大学生自卑心理的表现、原因和治疗对策分析[J].当代教育理论与实践,2011(8)
50. 冯江平.国外关于挫折心理理论研究述评[J].河北师范大学学报,1993年第1期.
51. 张萌,张骞.大学生抗挫折心理问题分析及教育对策[J].高校辅导员,2010年第5期.
52. 刘瑜,孙朝阳.大学生心理危机研究现状的评述[J].中国科技论文在线,http://www.paper.edu.cn.
53. 宋歌.谈大学生心理危机的预防[J].教育探索,2012,(2):248

郑重声明

高等教育出版社依法对本书享有专有出版权。任何未经许可的复制、销售行为均违反《中华人民共和国著作权法》，其行为人将承担相应的民事责任和行政责任；构成犯罪的，将被依法追究刑事责任。为了维护市场秩序，保护读者的合法权益，避免读者误用盗版书造成不良后果，我社将配合行政执法部门和司法机关对违法犯罪的单位和个人进行严厉打击。社会各界人士如发现上述侵权行为，希望及时举报，我社将奖励举报有功人员。

反盗版举报电话　（010）58581999　58582371

反盗版举报邮箱　dd@hep.com.cn

通信地址　北京市西城区德外大街 4 号
　　　　　高等教育出版社知识产权与法律事务部

邮政编码　100120

读者意见反馈

为收集对教材的意见建议，进一步完善教材编写并做好服务工作，读者可将对本教材的意见建议通过如下渠道反馈至我社。

咨询电话　400-810-0598

反馈邮箱　gjdzfwb@pub.hep.cn

通信地址　北京市朝阳区惠新东街 4 号富盛大厦 1 座
　　　　　高等教育出版社总编辑办公室

邮政编码　100029

防伪查询说明

用户购书后刮开封底防伪涂层，使用手机微信等软件扫描二维码，会跳转至防伪查询网页，获得所购图书详细信息。

防伪客服电话　（010）58582300